# 古代マヤ・アステカ・インカ解剖図鑑

三千年以上続いた
謎多き文明のすべて

監修／実松克義

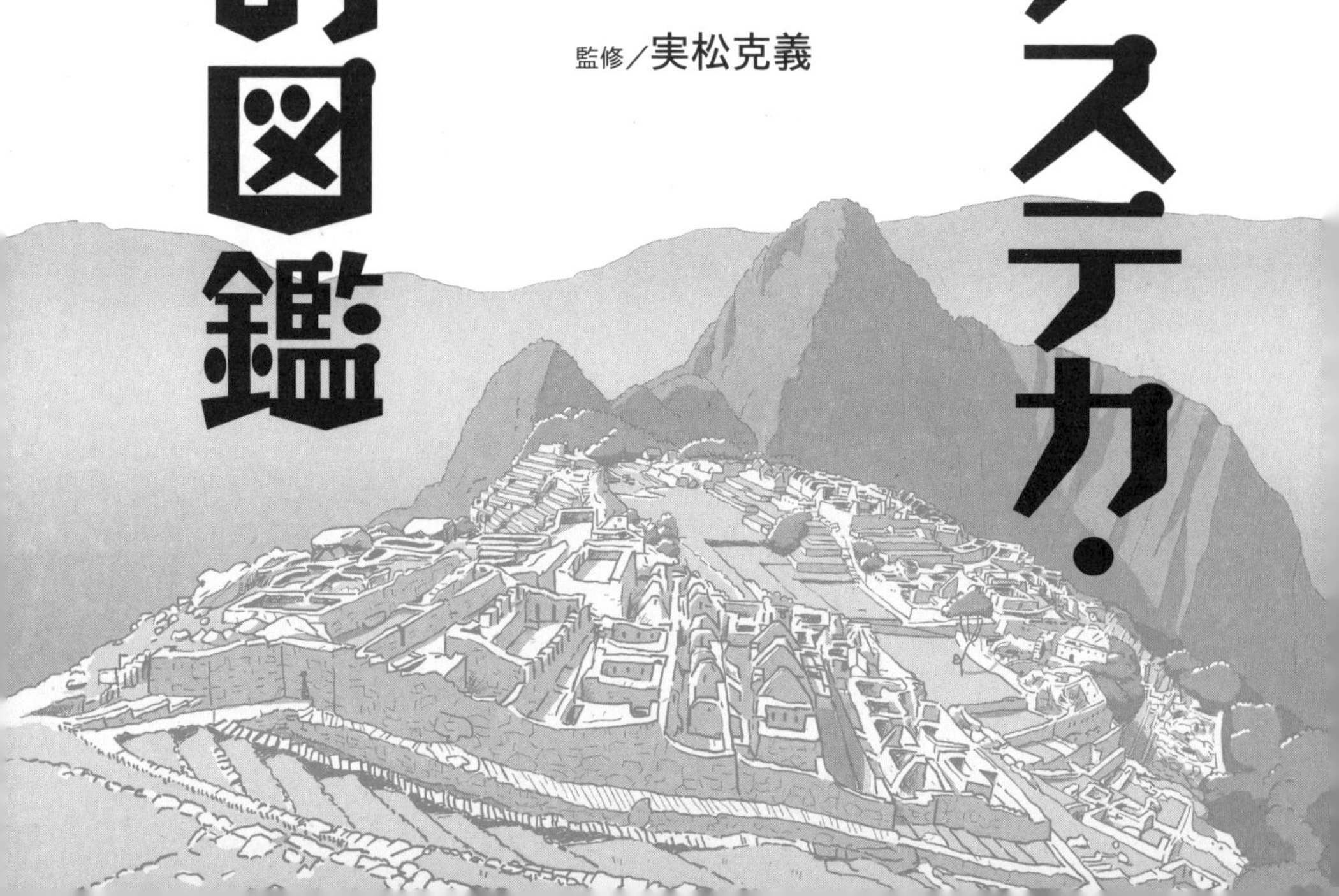

# はじめに

本書はアメリカ大陸の三つの古代文明を取り上げて、その特色をやさしく解説したものです。マヤ文明、アステカ文明、インカ文明は世界的に有名な文明です。しばしばテレビや雑誌で特集が組まれ、また古代文明展が開かれています。それほど人気のあるテーマです。ただ「分かりやすい文明か」と聞かれれると、返答に窮してしまいます。これらの文明には、ユーラシア大陸の諸文明（古代エジプト文明を含む）にはない異質な特色があります。そして、それが理解を遠ざけているように思います。本書は、その特色を少しでも分かりやすくするために書かれました。

マヤ文明は中米のマヤ地域に栄えました。現在のメキシコ南東部、ユカタン半島、グアテマラ、ベリーズなどです。ここに多くの都市国家が現れ、百花繚乱と文化の花を咲かせました。マヤ文明といえばチチェン・イッツァ遺跡のククルカンのピラミッドに現れる大蛇の影、またパレンケ遺跡のパカル王の石棺蓋の「宇宙飛行士」のレリーフが有名です。また古代マヤ人は天文学に関心を持ち、多くのカレンダーを作ったことで知られています。

アステカ文明を建設した民族の出自は謎に包まれていますが、彼らはメキシコ中央高原のテスココ湖（現在はメキシコシティー）の小島に定着し、強大な軍事力でメキシコ湾から太平洋岸まで広大な地域を支配しました。アステカ人は高度な都市計画・土木建築技術、また農業技術を持っていました。征服者コルテスが見た首都テノチティトランは、人口30万の壮麗な水上都市でした。

インカ文明は南米大陸、中央アンデスの古都クスコに発祥し、短期間に拡大して世界史上最大規模の大帝国に発展しました。インカと言えばやはりマチュピチュ遺跡が有名です。絶景に建設されたこの天空の都市は、訪れる人を驚嘆させます。インカ文明は高度な石組み技術、土木建築技術を持っていました。至るところに巨石構造物があります。またクスコの黄金庭園、黄金都市ビルカバンバなど、黄金伝説でも有名です。

では、これらはいったいどういう文明だったのでしょうか。

まずは本書をめくってみてください。

実松克義

2024年6月

はじめに……2

序章 マヤ・アステカ・インカ文明を知る前に 7

文明圏 マヤ・アステカ・インカ文明の場所……8
年表 マヤ・アステカ文明年表……10
インカ文明年表……12
column モホス文明……14

第1章 ジャングルに現れた大遺跡の謎 15

時代区分 マヤ文明三つの時代区分……16
遺跡地図 マヤの主要遺跡……18
オルメカ メソアメリカ最古の都市文明……20
先古典期の遺跡 高地マヤの中心地「カミナルフユ」……22
祭祀の中心「ヤシュチラン」……24
断崖の丘陵に栄えた「セイバル」……25
マヤ最大の都市「エル・ミラドール」……26
マヤ・カレンダー発祥の地「イサパ」……28
古典期の遺跡 古典期最大級の大都市「カラクムル」……30
パカル王と赤の女王の都「パレンケ」……32
古典期マヤの大都市「ティカル」……34
モザイク石碑が林立する「コパン」……36
プウク様式が華開く「ウシュマル」……38
column 神殿ピラミッドとは何か?……40
ヒスイとカカオの交易地「キリグア」……42
太陽観測施設が残る「ワシャクトゥン」……43
色鮮やかな壁画が残る「ボナンパク」……44
モザイク彫刻で飾られた「ラブナー」……45
後古典期の大都市「チチェン・イツァ」……46
後古典期の遺跡 マヤ最後の大国「マヤパン」……50
仮面の神殿が屹立する「カバー」……52
沿岸の要塞都市「トゥルム」……53
マヤ滅亡の謎 マヤ文明はなぜ滅亡したのか?……54
マヤの建築 マヤの多彩な建築様式……56
column マヤ王族たちのファッション……58

第2章 驚愕のマヤ文明・文化を探る 59

マヤの王
冥界シバルバーに降りるマヤの王 …… 60
基壇の上の住居 …… 70
マヤの音楽と踊り …… 71
複雑で絵のような文字 …… 72
マヤ魅惑の美術装飾 …… 74
高度な天文学と暦 …… 76

マヤの社会
二分された社会階層 …… 62
交易で発展したマヤ文明 …… 64
繰り返された戦争 …… 66

マヤのくらし
人々は何を食べていたのか？ …… 68

マヤの信仰
樹から生まれた世界観 …… 80
マヤの神話『ホップ・ヴフ』 …… 82

column
マヤの神々 …… 86

生け贄の文化
神とつながる人身供犠 …… 90
神聖な儀式としての「球戯」 …… 92

column
マヤ庶民のファッション …… 94

## 第3章 アステカ王国の建設者 95

遺跡地図
アステカ文明の主要遺跡 …… 96

アステカの建国史
アステカの国はいつできたか？ …… 98

アステカの遺跡
王都「テノチティトラン」 …… 100

メキシコ中央高地の遺跡
神々が集う場所「テオティワカン」 …… 104
トルテカ文明の中心地「トゥーラ」 …… 108

文明の終焉
スペイン人による征服 …… 110

column
アステカ王族のファッション …… 112

## 第4章 軍事強国アステカの社会と文化 113

アステカの社会
絶対君主と階級社会 …… 114
特権階級だった交易商人 …… 116
鷲の戦士とジャガーの戦士 …… 118

アステカの芸術
アステカの芸術・装飾品 …… 120

アステカの信仰
アステカの創世神話 …… 122

column
アステカの神々 …… 126

生け贄の儀式 …… 130

column
アステカ庶民のファッション …… 132

第5章

# インカ帝国の繁栄と滅亡

133

インカ以前の南米
プレ・インカ文明 …… 134
インカの歴史
インカ帝国の誕生 …… 137
インカの社会
インカ帝国4つのエリア …… 138
インカ道と宿駅とチャスキ …… 139
インカの遺跡
インカの首都クスコ …… 140
インカの主要遺跡 …… 142
空中都市「マチュ・ピチュ」 …… 144
「サクサワマン」と石組み技術 …… 147
インカの最期
インカ帝国の滅亡 …… 148
インカのくらし
数を表す仕組み「キープ」 …… 150
外科治療と人工頭蓋変形 …… 151
アンデスの作物と牧畜 …… 152
インカの信仰
太陽崇拝と祖先崇拝、ワカ信仰 …… 154
インカの神話と暦 …… 156
column
インカ王と貴族のファッション …… 158

参考文献 …… 159

装丁　宗方 健之輔
イラスト　土田菜摘、濱田優美香
DTP　スパロウ（塩川丈思、納屋楓、新井良子）
編集　ロム・インターナショナル
編集協力　別府美絹（エクスナレッジ）
柴山幸夫（有限会社デクスト）

序章

# マヤ・アステカ・インカ文明を知る前に

文明圏

# マヤ・アステカ・インカ文明の場所

## 旧大陸文明の影響を受けることなく、独自に興った古代アメリカの文明

本書では、現在のメキシコ南東部や、グアテマラなど中米に興ったマヤ文明、メキシコ中央部のアステカ文明、さらに南米のペルー、ボリビアを中心としたインカ文明を取り上げる。

旧大陸の四大文明とは異なり、この三つの文明は謎の文明として扱われてきた。生け贄の儀式ばかりが強調され、宇宙人による神殿ピラミッド建造や地上絵など、偏った考え方が植えつけられてきたのだ。

確かに、古代遺跡や発掘品の数々を前にすると、現代人の固定観念をいとも簡単に破壊してしまう営みが見て取れるだろう。しかし、マヤ、アステカ、インカはそれぞれに固有の文明圏を持ち、時代の変遷の中で文化を発展させてきた。一括りに「古代アメリカ文明」と語ってしまうのは乱暴だ。

一つ言えることは、どの文明にも独創的かつ知的で高い人間性があったということだ。そして、スペインによる征服という悲劇の事実が横たわっている。

### マヤ・アステカ・インカ文明圏全域図

マヤ、アステカ文明は中米に、インカ文明は南米に存在した。多種多様な自然環境、文化伝統を反映して多彩な都市が発展した。

## マヤ・アステカ文明圏

マヤ文明はマヤ地域の変化に富む地理環境に、またアステカ文明はメキシコ中央高原テスココ湖一帯に成立した。

## インカ文明圏

インカ文明はアンデス山脈地域に沿って広がっていた。同地域では実に多くの都市国家が興亡を繰り返した。

年表

# マヤ・アステカ文明年表

## マヤ地域、メキシコ湾岸や中央高原地域など、メソアメリカ文明の歴史

［西暦］ 紀元前 2500 2000 1500 1000 800 700 400 紀元後 100

［時代区分］ 古期／先古典期（前期・中期・後期）

- トウモロコシの栽培（BC7000？〜）
- マヤ長期暦法起点（BC3114）
- マヤ農業の成立（BC3000頃？）
- マヤ天文学、数学の発祥（BC2500頃？）
- マヤ太陽暦・神聖暦の発祥（BC2000頃？）
- 初期の都市が形成される（BC1600頃）
- オルメカ文明が興る（BC1500頃）
- 交易ネットワークの確立（BC1000頃）
- オルメカ文明の影響　（BC1400〜400頃）
- マヤ農業の発展（BC800頃）
- マヤ最初の大都市が形成される（BC800頃）
- マヤ科学技術の発展（BC700頃）
- オルメカ文明の衰退（BC400頃）
- マヤ文字の出現（BC400頃？）
- 太平洋岸地域でマヤ長期暦が使われ始める（BC400頃？）
- エル・ミラドールの衰退（150頃）

マヤ地域

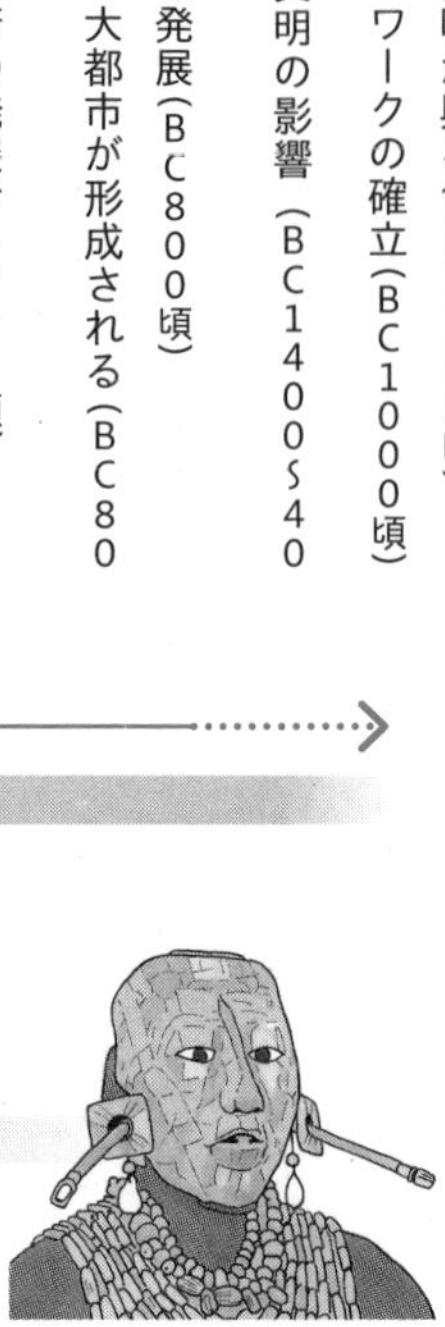

**パレンケ**
**パカル王のヒスイの仮面**
ヒスイは最も高貴なものとされた。

メキシコ湾岸地域

オルメカ

オアハカ地域

メキシコ中央高原地域

クイクイルコ

**オルメカ**
**巨石人頭像**
大きいものは高さ3mにもなる。

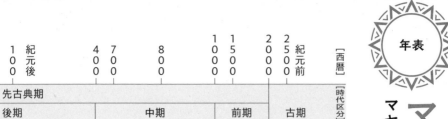

|  |  |
|---|---|
| 200〜250 | |
| 250〜600 | 古典期 前期 |
| 600〜800 | 古典期 後期 |
| 800〜900 | 古典期 末期 |
| 900〜1200 | 後古典期 前期 |
| 1200〜1500 | 後古典期 後期 |
| 1500〜1800 | 植民地時代 |
| 1800〜 | |

- テオティワカン、太陽のピラミッドなど建設（200頃）
- ティカル、カラクムルなどの主要都市が誕生、王権が栄える（250〜）
- テオティワカン、マヤへの侵入（300頃）
- 古典期マヤ全盛期（600頃）
- パレンケ、パカル王即位（615〜750）
- テオティワカン滅亡（750？）
- マヤ人口の激増（700頃）
- トルテカ建国（800頃）
- 古典期マヤの崩壊、トルテカの侵入？
- チチェン・イツァ最盛期（900〜1000頃）
- チチェン・イツァ滅亡（1250頃？）
- アステカ王国の建国（1325年）
- アステカ王国、三国同盟で領土を拡大（1428）
- スペイン人、テノチティトランに侵入（1519）
- テノチティトラン陥落、アステカ滅亡（1521）
- スペイン人による征服（1524〜1547）
- グアテマラ・マヤ民族の迫害（1960〜1996）
- 長期暦の刷新（2012）

マヤ文明

ジビルチャルトゥン
トゥルム
マヤパン
チチェン・イツァ
ウシュマル
エズナ
カラクムル
エル・ミラドール
ワシャクトゥン
ティカル
コマルカルコ
パレンケ
ヤシュチラン
ポナンパク
ドス・ピラス
キリグア
コパン
カミナルフユ
イサパ

アステカ 1521
ワステカ
タヒン
ミシュテカ
サポテカ
トゥーラ
テオティワカン

**テノチティトラン
エエカトル神像**

風を司る神とされ、鳥のくちばしのような口が特徴的。

年表

# インカ文明年表

## インカ帝国に至るまでのアンデス文明の海岸や高地の歴史

| [西暦] | [時代区分] |
|---|---|
| 紀元前 3000 | 先土器期 |
| 2100 | 草創期 |
| 1300 | |
| 1200 | 前期ホライズン |
| 200 | 前期中間期 |
| 100 | |
| 紀元後 1 | |

カラル文化がペルー北部で発展（BC3000頃〜）

チャビン文化が中央アンデスで栄える（BC1300〜400頃）

都市国家ティワナクの成立（BC200頃）

ナスカ文化が南アンデスで栄える（BC100〜AD400頃）

モチェ文化がモチェ川流域で栄える（紀元前後〜AD700頃）

|  | |
|---|---|
| 北海岸 | モチェ、ガイナソ、サリナール、クピスニケ |
| 北高地 | 前期カマハルカ、ライソン、後期ワカロマ、前期ワカロマ |
| 中央海岸 | アンコン（チャビン）、カラル |
| 中央高地 | ワラス、チャビン、コトシュ=チャビン、コトシュ、ワイラヒルカ、ミト |
| 南海岸 | ナスカ、パラカス |
| 南高地 | ティワナク |

**ティワナク遺跡　半地下神殿**

ティワナクはティティカカ湖南東の遺跡。

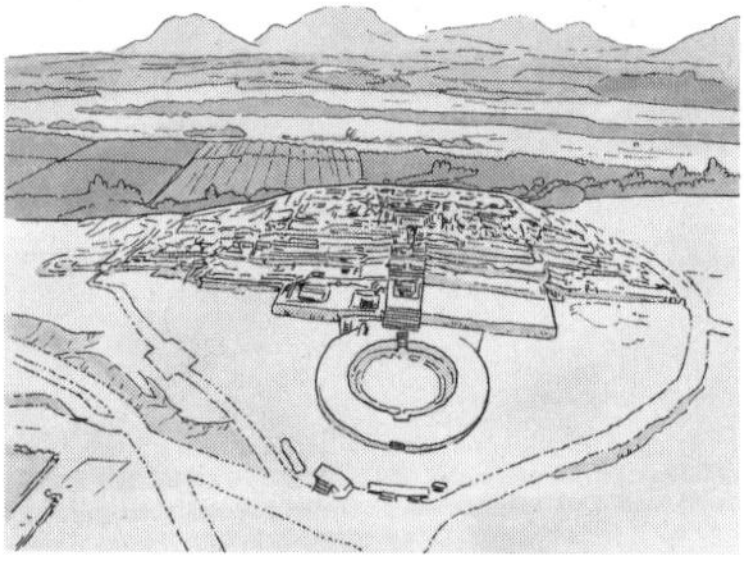

**カラル遺跡**

2009年、ユネスコ世界遺産に登録された。

| 1800 1600 | 1500 | 1400 1200 | 900 700 600 |
|---|---|---|---|
| 植民地時代 | 後期ホライズン | 後期中間期 | 中期ホライズン |

ワリ文化が栄える（600〜1000頃）

ティワナク帝国（750〜1100頃）

クスコでインカ王朝の形成（1200頃）

初代皇帝マンコ・カパック即位（1200頃）

インカ帝国支配拡大（1400頃〜）

9代皇帝パチャクテク即位、インカ帝国の黄金時代（1438）

スペインの征服者ピサロがインカ帝国に侵攻、13代皇帝アタワルパを処刑（1533）

ピサロがクスコを占拠、インカ帝国は事実上滅亡（1533）

スペインによる植民地支配（1533〜1572）

インカ皇帝トゥパク・アマル処刑、インカ帝国終焉（1572）

ペルー、スペインからの独立宣言（1821）

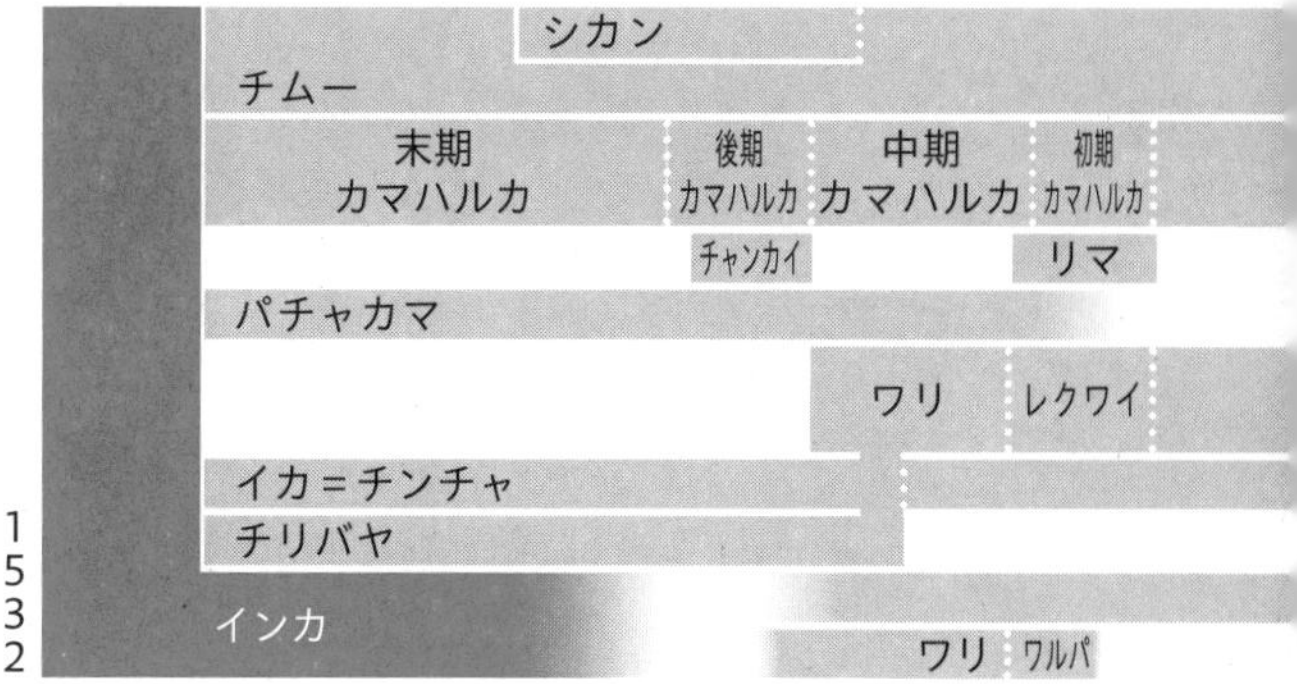
シカン
チムー
末期カマハルカ
後期カマハルカ
中期カマハルカ
初期カマハルカ
チャンカイ
リマ
パチャカマ
ワリ
レクワイ
イカ＝チンチャ
チリバヤ
1532
インカ
ワリ
ワルパ

**クスコ　太陽の神殿**

現在はサント・ドミンゴ教会となっている。

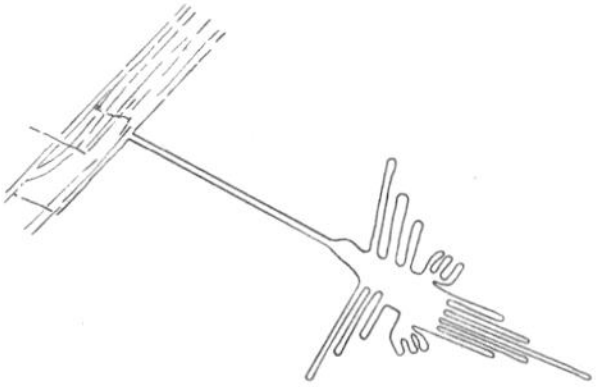

**ナスカ　地上絵**

ナスカの砂漠地帯に描かれたハチドリの地上絵。

**ラクチ遺跡**
**ビラコチャ神殿**

壁や円柱などが残されている。

column

# モホス文明

## アマゾン川上流の大平原に築かれた巨大な農耕文明社会

モホス文明は、現在のボリビア北東部のモホス大平原に成立した大規模社会である。

発生と滅亡年代にはいまだに謎が多いものの、アマゾン川上流の大地において、「アマゾン川流域に文明は発生しなかった」という文明の通念を覆した。

モホス大平原は25万㎢あり、その面積は日本の本州に匹敵する。ここに、盛り土による居住地跡2万個余り、総延長10万kmにも及ぶ道路網や水路・運河網、さらに2000個の巨大な人造湖、広大な農耕地跡、大規模な養魚場跡などが発見された。アマゾンの古代人によって人工的に生態系が作られ、大規模に自然が改変されていたのだ。

また、古代の居住地ロマ・チョコラタリトをはじめとする多くの発掘調査により、膨大な量に上る多種多様な古代の遺物が出土。高度な文化を有する巨大な農耕・水利文明社会の存在が証明されることとなった。

**モホス文明の痕跡**

モホス文明の調査・分析は、日本・ボリビア合同の学術調査プロジェクトによって2006～09年にかけて行われた。

文明の遺構
運河と湖
農耕地跡
ロマ（居住地跡）と
テラプレン（直線道路網）
ブラジル
イテネス（グアポレ）川
サンタ・アナ・
デ・ヤクーマ
マモレ川
ミニ川
バウレス
ロマ・チョコラタリト
トリニダード
サン・
イグナシオ・
デ・モホス
100km


モホス文明の痕跡（Barba, Josep et al., Moxos: Una Limnoculturaに基づく）

**8つの突起を持つ儀式用壺**

ロマ・チョコラタリトのごく平凡な居住地跡から、実に3万3,000点もの土器片が出土した。

# 第1章

# ジャングルに現れた大遺跡の謎

時代区分

# マヤ文明三つの時代区分

## 「先古典期」「古典期」「後古典期」に区分されるマヤ文明

マヤ文明の主な時代区分は、一般的に「先古典期」「古典期」「後古典期」の三つとされる。*1

**●先古典期**（前2000～後250年）

先古典期前期はマヤ文明の黎明期であり、ソコヌスコ地方（メキシコ～グアテマラの太平洋岸）、ペテン地域（グアテマラ北部）～ベリーズ（ユカタン半島南東部）などに小規模の祭祀センターや都市が出現した。一部において、すでにマヤの暦の概念に基づいた都市建設が行われていた。

中期になると、文明圏はマヤ全域に広がり、祭祀センターや都市が大規模化。社会・政治機構が複雑なものとなった。オルメカ文明の影響を受け始め、石像や土器などにその特徴が見て取れる。トウモロコシの栽培が確立したのもこの時期である。

後期になると、マヤ文明はピークを迎え、マヤ文明史上最大の都市エル・ミラドールが台頭する。道路網が整備され、マヤ全体に通商経済が発展した。マ

**カミナルフユ**
先古典期から古典期まで、高地マヤの中心地であった。多くの遺跡は現在のグアテマラシティに埋もれている。

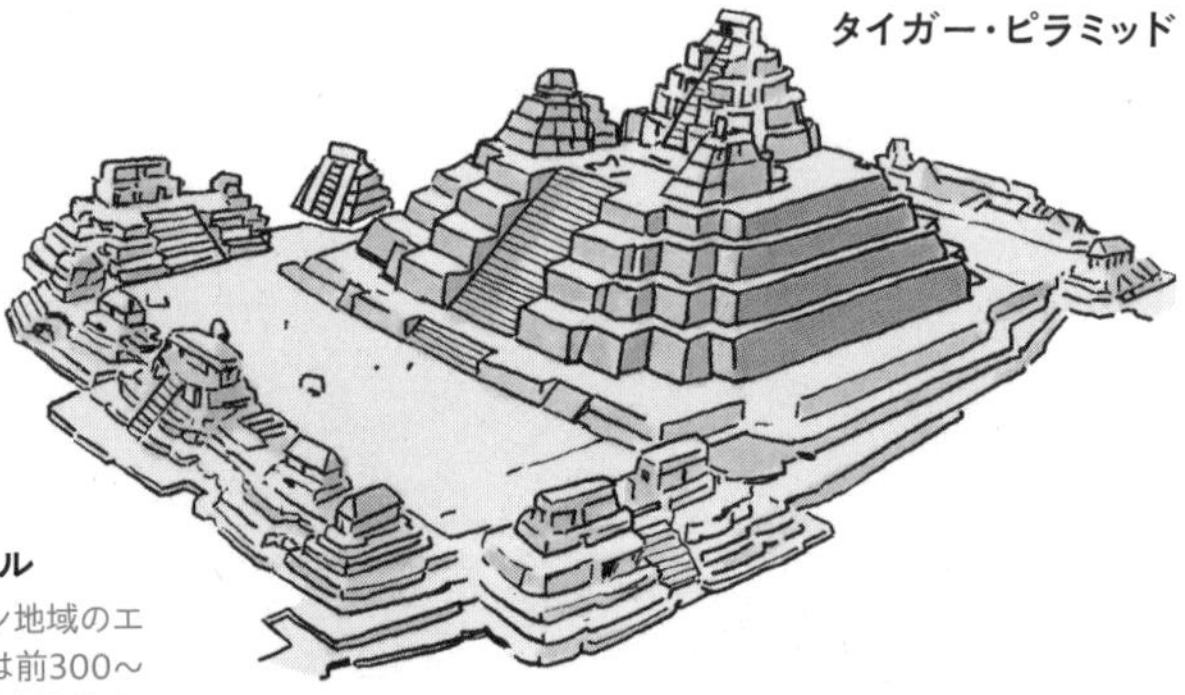


**エル・ミラドール**
先古典期。ペテン地域のエル・ミラドールは前300～後100年に最盛期を迎えた。

*1　さかのぼれば、「古インディアン期」（紀元前20,000～8,000年）、「古期」（紀元前8,000～2,000年）があるが、これらは文明前史ともいうべきものである。

ヤの主要カレンダーの完成も挙げられる。

**●古典期**（後２５０～９００年）

マヤの黄金時代と呼ばれるのが古典期である。ペテン地域、チアパス地域（メキシコ南部）を中心として、多くの都市が各地に乱立。経済的にも文化的にも最盛期を迎えることとなった。しかし同時に、戦争と社会的激動の時代でもあったことが、発掘調査および碑文の解読が進んだことによって、明らかになっている。

また、複雑な階級社会となり、人々は、王を頂点として、貴族、神官、戦士、商人、職人、農民などに分化した。

古典期は長くは続かず、８００年頃からペテン地域の都市が放棄され、都市のほぼすべてが９００年頃までに消失する。マヤ文明はその中心をユカタン半島北部に移動して存続した。

**●後古典期**（後９００～１５２４年）

９００年頃に始まった後古典期は、16世紀初めのスペイン人による征服の時期まで続く。[*2] しかし、この時代を証明するマヤ文字の碑文は存在しない上に、考古学的史料も限られている。

マヤ文明が征服された後、16世紀半ばから20世紀初頭までの長い間、植民地時代が続くことになった。

カスティーヨ

マヤパン

後古典期、ユカタン半島におけるマヤの政治の中心として、1220年代後半から1440年代まで繁栄した。

ティカル

古典期、ペテン低地に広がる熱帯雨林地帯最大の大都市。テオティワカンやカラクムルに攻められつつも、4世紀から9世紀にかけて繁栄を極めた。

＊2　マヤ文明の滅亡時期は、場所によって大きな違いがある。とりわけグアテマラ南部、チアパス地域は早く、1530年代にスペインによる征服が完了した。ユカタン半島ではマヤパンが1460年代初めに滅亡したものの、スペインがユカタン半島全域を制圧するのは1540年以降のことである。

遺跡地図

# マヤの主要遺跡

## マヤの都市国家は、多様な自然環境のもとで誕生した

ウシュマル
古典期後期から後古典期の都市。保存状態のよいプウク様式の建物で知られる。1996年世界文化遺産登録。[38頁]
チチェン・イツァ
後古典期。ククルカンを祀るピラミッドや天文台、セノーテ、巨大球戯場で知られる。1988年世界文化遺産登録。[46頁]
カラクムル
先古典後期〜古典期の最大級都市。ティカルのライバル。2002年世界複合遺産登録。2014年生物圏保護区拡張。[30頁]
エル・ミラドール
タイガー・ピラミッドとダンタ複合というマヤ遺跡最大級のピラミッドで知られる。[26頁]
メリダ
マヤパン [50頁]
トゥルム [53頁]
チュマイエル
カバー [52頁]
ラブナー [45頁]
ハイナ島
カリブ海
ユカタン半島（北部低地）
ティカル
多くの都市国家が林立する古典期を支配していた大都市の一つ。1979年世界複合遺産登録。[34頁]
ワシャクトゥン [43頁]
コマルカルコ
中部低地
ラ・ベンタ
ヤシュチラン [24頁]
カラコル
パレンケ
碑文の神殿やパカル王のヒスイの仮面、赤の女王のマスクなどで有名な古典期の都市。1987年世界文化遺産登録。[32頁]
トニナー
ボナンパク [44頁]
キリグア [42頁]
南部高地
テワンテペック湾
南部太平洋岸
イサパ
マヤ・カレンダーの発祥地となったと考えられている、太平洋岸丘陵に位置する先古典期遺跡。[28頁]
カミナルフユ
「死者の丘」を意味する。峠に位置することから、北部低地や南部太平洋岸との交易に有利であったとされる。[22頁]
セイバル
先古典期中期から古典期にかけての都市国家。ペテン地域、パシオン川西岸の急峻な断崖上の丘陵に栄えた。[25頁]
コパン
歴代王の姿が石碑として製作され、豊富な文字資料が残されている古典期の遺跡。[36頁]

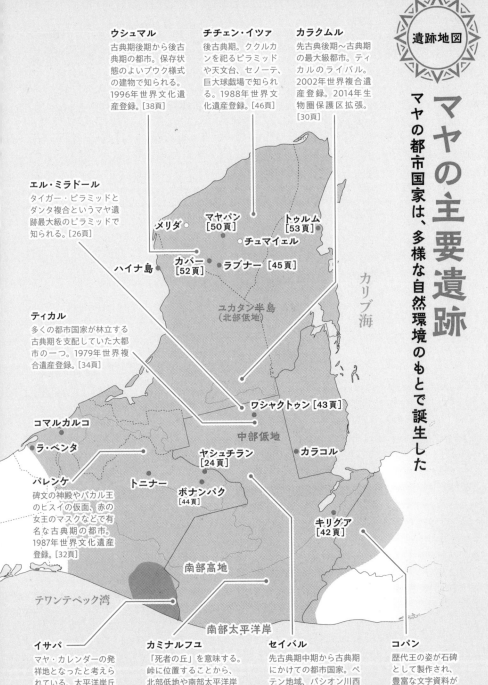

マヤ文明の地理的範囲は、メキシコ（南部チアパス地域、ユカタン半島）、グアテマラ、ベリーズ、ホンデュラス（西部）、エル・サルバドルの5カ国に及んでいる。

マヤ地域は、「南部高地」「中部低地」「北部低地」と「南部太平洋岸平地」の四つに分けられる。

「南部高地」はチアパス高地とグアテマラ高地。「中部低地」はユカタン半島南部、グアテマラ北部ペテン地域、ベリーズ〜ホンデュラス西部で、「北部低地」はユカタン半島北部である。

これらの地域は、火山のある山岳地帯、丘陵の連なる高原地帯、低地ジャングル地帯、湿地帯、砂漠などにより、気候や植生を含め、複雑な自然環境を形成している。

加えて、マヤには30を超える言語が存在する。こうした多様な自然と文化の存在は、マヤ文明に少なからぬ影響を与えたことだろう。

トゥーラ
メキシコ湾
テスココ湖
テオティワカン
サン・ロレンソ
テノチティトラン
（メキシコ・シティー）
モンテ・アルバン
太平洋
0
200km

オルメカ

# メソアメリカ最古の都市文明

## マヤの基礎をつくったオルメカの中枢都市ラ・ベンタ

紀元前1500年頃、メソアメリカ最古の都市文明、オルメカ文明*はメキシコ湾岸平野部の熱帯低地で開花した。ベラクルス州南部にあるサン・ロレンソ遺跡やトレス・サポーテス遺跡、タバスコ州のラ・ベンタ遺跡などがオルメカ文明を代表する遺跡である。彼らはすでに絵文字やゼロの概念を含めた数字を使っており、マヤ文明に大きな影響を与えた。

各遺跡に見られるのが、オルメカ文明の代名詞とも言える「巨石人頭像」だ。ヘルメット部分の装飾から、オルメカ王を様式的に表現した肖像と考えられ、玉座として使われたとする説もある。

メキシコ湾に面したラ・ベンタは、オルメカ文明最大の都市であった。ラ・ベンタ遺跡には、巨石人頭像の他に、祭壇や石碑などの宗教儀式に関する石造物、ジャガーや鷲など、神として崇められた動物の彫像が残されている。

### オルメカの象徴、巨石人頭像

サン・ロレンソ記念碑1号のレプリカ。メキシコ、ベラクルス州都ハラパのベラクルス州立博物館に収蔵されている。この他、ベラクルス州のサン・ロレンソで10個体、トレス・サポーテスで2個体、タバスコ州のラ・ベンタで4個体、ランチョ・デ・コルバタで1個体確認されている。

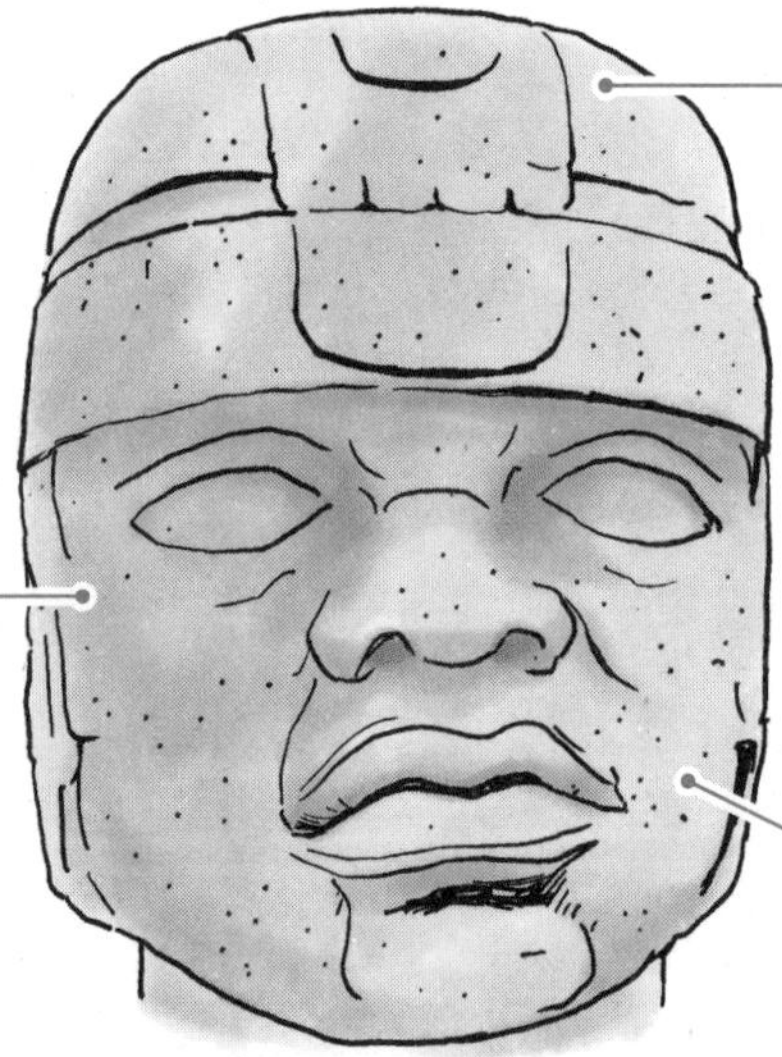
ヘルメットのような意匠が施されている。
ラ・ベンタの北方80kmのトウシュトラ山塊から運んだ玄武岩が使用されている。
どの作例も分厚い唇と平たい鼻が特徴で、戦士、球戯者、支配者といった人物と考えられている。最大40～50t。高さは2～3m。

*オルメカとは、ナワトル語で「ゴムの人」を意味する。

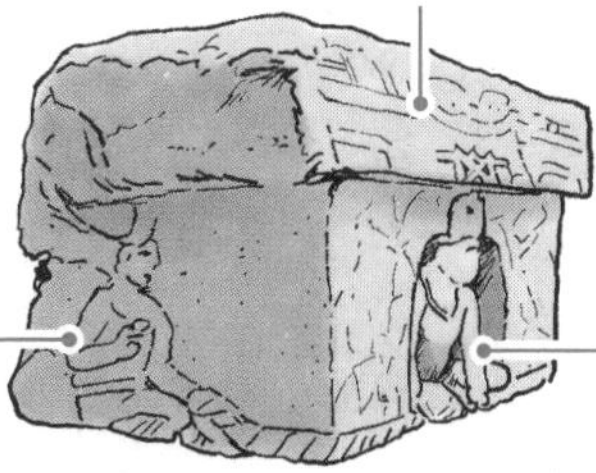
縄につながれた捕虜。
祭壇上部にはジャガーの顔が彫られている。
座った人物は左右の側面にある捕虜につながれた綱を持っている。

**勝利者の祭壇**

ラ・ベンタに残る石造物。「祭壇」はあくまで通称であり、実際の用途は不明である。

## 神と崇められたジャガーの痕跡

ジャガーは、大地や雨、豊穣の象徴として、オルメカ王家の崇拝の対象となっていた。ジャガーとの結びつきを示し、王権勢力を維持しようとしたのだろう。

歯
目
鼻
目
額

**ジャガーのモザイク**

蛇紋岩を敷き、様式化されたジャガーの顔を表現しているとされる。

## 宗教的観念を表す幼児像

オルメカ文明圏では、ジャガー信仰の宗教儀式に関係すると考えられる幼児の像や頭蓋変形の幼児像が出土している。頭蓋変形はマヤ、アステカ、インカの古代文明に共通する習慣である。この他、座った姿勢で両肘を左右に張ったレスラー像などもある。

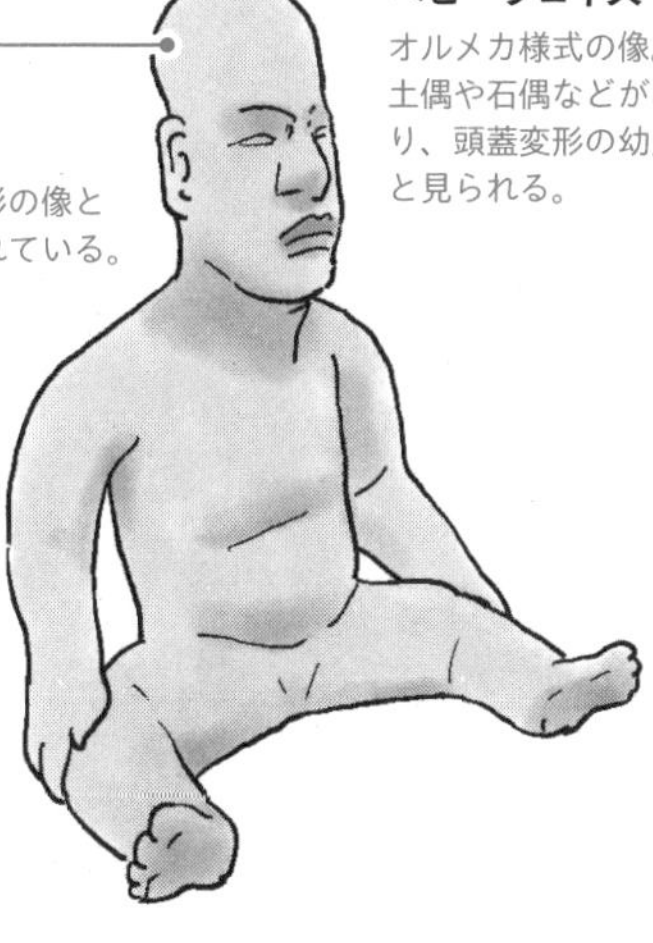
頭蓋変形の像と考えられている。

**ベビーフェイス**

オルメカ様式の像。土偶や石偶などがあり、頭蓋変形の幼児と見られる。

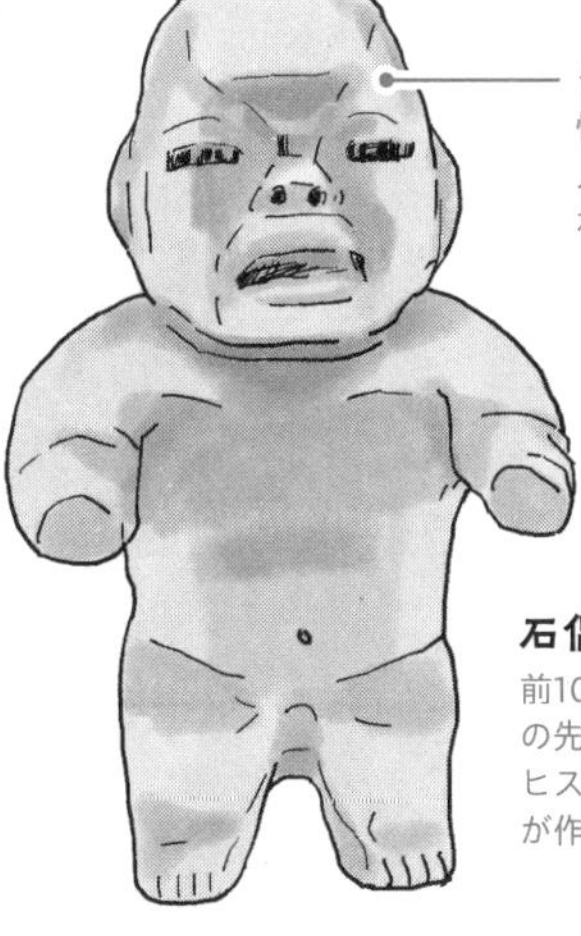
ジャガーと人間の女性の間に生まれた半人半獣の幼児像とされる。

**石偶（ジャガー・人間）**

前1000～前400年頃の先古典期中期には、ヒスイなど緑色岩の像が作られた。

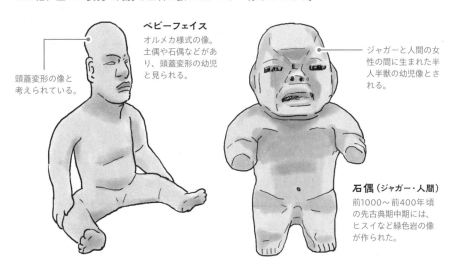

先古典期の遺跡

# 高地マヤの中心地「カミナルフユ」

## 原マヤ形成に重要な役割を果たした、先古典期後期の中核都市

カミナルフユ*はマヤ文明の原型とも言える遺跡の一つであり、先古典期から古典期にかけて高地マヤの中心的存在であった。現在のグアテマラシティ、標高1500mの高原地帯に位置し、南に太平洋岸平地、北に広大な中部低地を控えていた。

前1800年頃～後1200年頃に至る長大な歴史を持つカミナルフユの全盛期は、ミラ・フローレス期と呼ばれる前800年頃～前300年頃である。数百のピラミッドや神殿が立ち並び、数万の人口を誇る大都市であった。カミナルフユはその後衰退するが、古典期前期にテオティワカンの影響下（あるいは支配下）に復活し、再び文化的・経済的繁栄を迎えるのである。

建造物は後の時代の遺跡の多くが石でできているのに対し、土（日干しレンガ）でできている。また、一つの建造物には時代の異なる建物が入れ子構造になって何層にも重なり、最大で20層にも及んでいる。

### 各遺跡から発見されたマルカドール

マヤ文明では神聖な儀式の一つとして、ゴム製のボールを使った球戯があった。これらは、遺跡ごとに豊富なバリエーションを見せる球戯場のマーカーである。

**マルカドール**

マルカドールは球戯場のゴールマーカー。カミナルフユのみならず、テオティワカンやティカルでも近い形状のマルカドールが出土している。

*カミナルフユとは、キチェー語で「死者の丘」「祖先の丘」を意味する。

## テオティワカンとの関連性を示す遺跡や石碑

カミナルフユが先古典期末期の衰退から復活したことについて、テオティワカンと交易があり、大きな影響を受けたことは明らかにされている。しかし、自力で復活したのか、それともテオティワカンにより再建されたのかについては意見が分かれている。

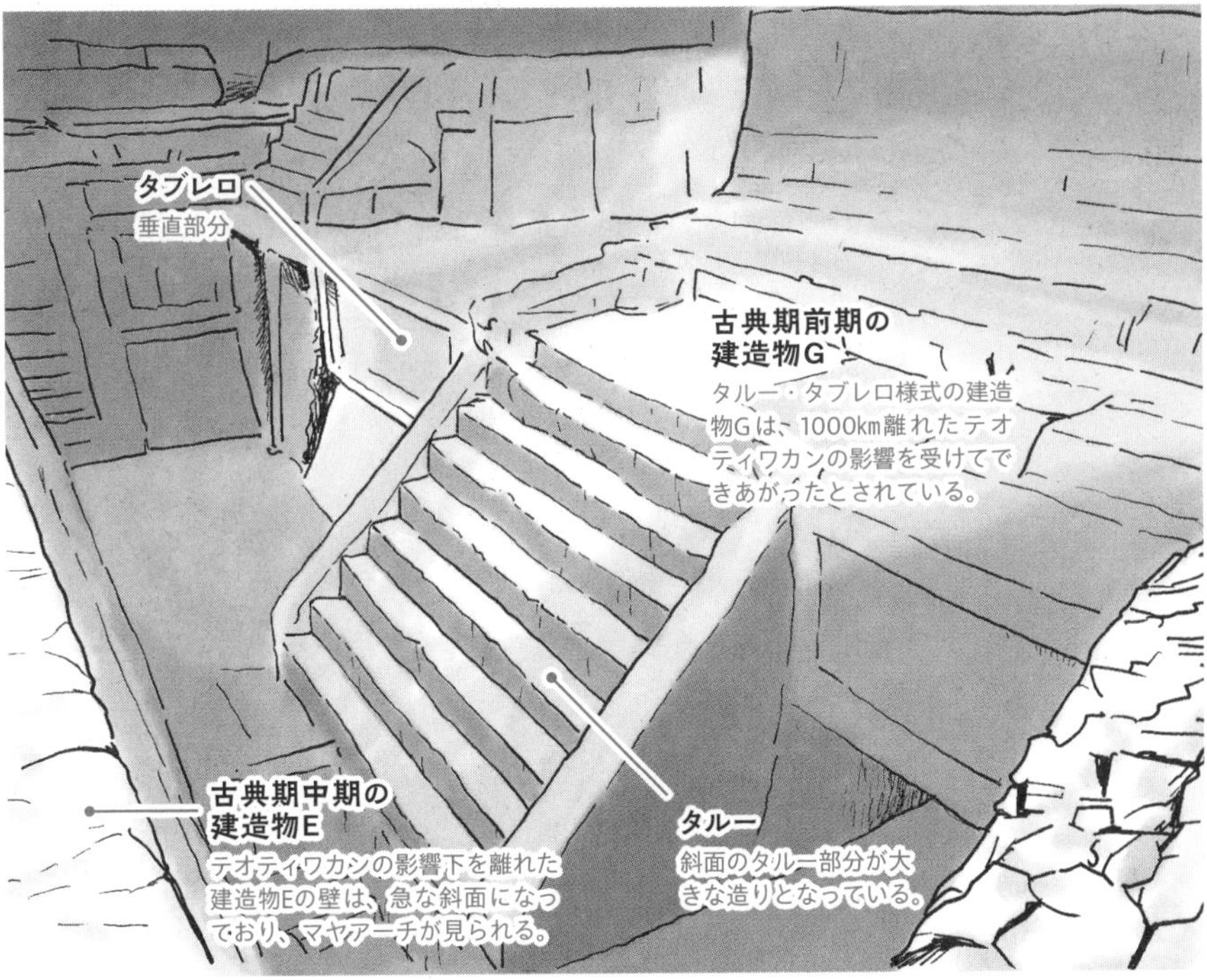
タブレロ
垂直部分
古典期前期の建造物G
タルー・タブレロ様式の建造物Gは、1000km離れたテオティワカンの影響を受けてできあがったとされている。
古典期中期の建造物E
テオティワカンの影響下を離れた建造物Eの壁は、急な斜面になっており、マヤアーチが見られる。
タルー
斜面のタルー部分が大きな造りとなっている。

**タルー・タブレロ様式の建造物**

建造物Gは古典期前期のもの。左側の建造物Eは古典期中期のもの。このように時代区分の異なる別々の建造物が、入れ子のように重なり合っている。

### TOPICS

#### タルー・タブレロ様式

タルーは斜面部分の基壇、タブレロは直線的で平坦な基壇の部分を指し、「タルー・タブレロ様式」とは、両者を組み合わせた建築様式のことをいう。
タルー・タブレロ様式の建造物はマヤ古典期にメソアメリカ全域に普及し、オアハカ地方のモンテ・アルバンなどでも建設された。テオティワカンの「羽毛の蛇神殿」やティカルの建造物5D-43のようにレリーフが彫りこまれたり、フレスコで彩色がなされる場合もあり、地域によってさまざまなバリエーションが存在していた。

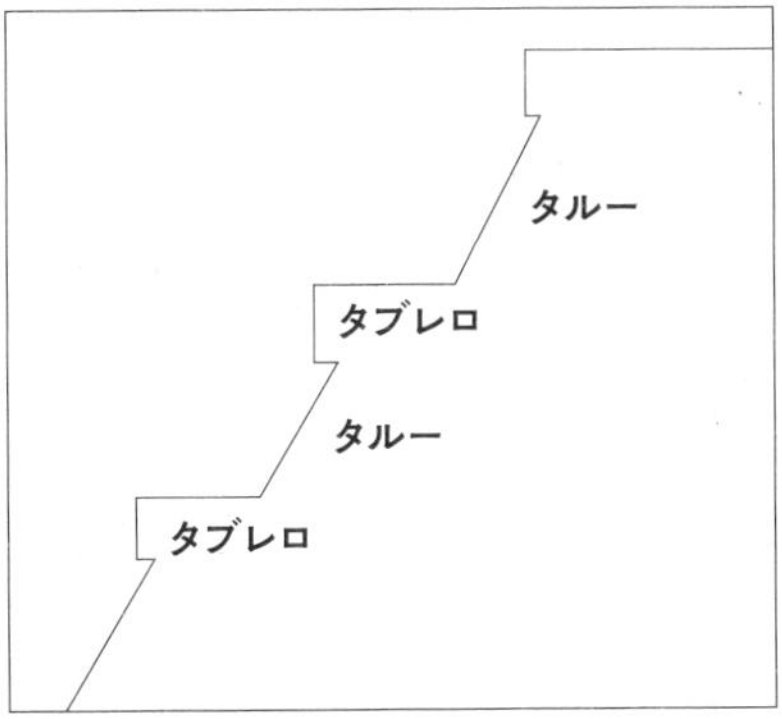
タルー
タブレロ
タルー
タブレロ

先古典期の遺跡

# 祭祀の中心「ヤシュチラン」

## 古典期後期に繁栄を極めた、マヤ中部低地の祭祀センター

ヤシュチラン*は、マヤ中部低地のメキシコ（チアパス州）とグアテマラ（ペテン地域）を分けるウスマシンタ川の上流域にある祭祀センターである。祭祀センターとは、公共的祭祀を行う神殿など特別な建物のある聖域であり、マヤ地域においては社会の中心的機能を果たした都市を指す。

マヤの言葉で「緑の石」を意味するこの都市は、681年に即位したイツァムナーフ・バラム2世の60年に及ぶ治世によって多くの建築物が建造され、古典期後期の600～700年頃に最盛期を迎えた。

とりわけ大きな屋根飾りが特徴的な「建造物33」は、この時代の建築である。*

主な建築物の入り口の上には、「リンテル（水平に渡された石のブロック、まぐさ石ともいう）」が置かれている。リンテルには、王の前で王妃が放血儀礼を行う様子や王の即位の様子、捕虜などのモチーフが装飾的に彫刻されている。

### グランアクロポリスの中心

鳥ジャガー４世（在位752-768）の即位記念で建てられた建造物33。ヤシュチランの建造物の中でも最も保存状態がよい。

建物の上部は高い飾り屋根によって占められている。
３つの入口を備え、梁部分にリンテルがある。

### 王の姿や碑文が刻まれたリンテル

王や王妃は棘や尖頭器で体に穴を空け、神に血を捧げる儀式を行った。生け贄とは異なる儀礼である。

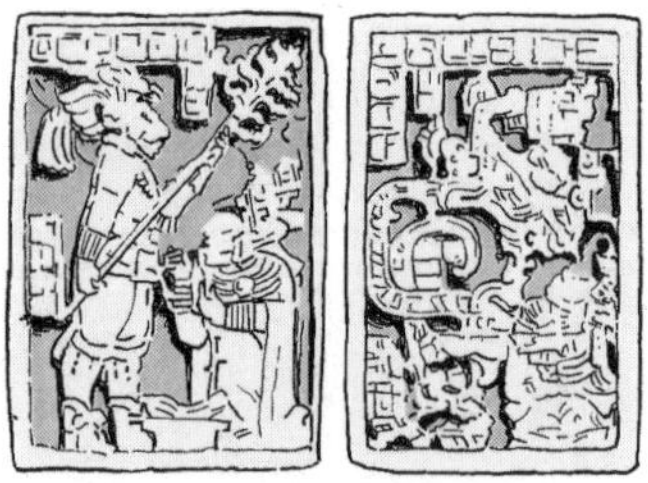

**リンテル24号（左）と25号（右）**
いずれのリンテルも楯ジャガー2世（在位681-742）。王の前でレディ・ショク王妃が放血儀礼を行う様子が描かれている。大英博物館蔵。

*ヤシュチランとは、マヤ語で「緑の石」を意味する。同地では多くの建造物が発見されており、うち、89号まで番号が割り振られている。

先古典期の遺跡

# 断崖の丘陵に栄えた「セイバル」

## メキシコ湾沿岸地方の影響を受けて栄えた小都市

セイバル*はペテン低地を流れるパシオン川沿いの断崖上に築かれた小都市で、先古典期中期から古典期末期まで盛衰を繰り返した。

735年、近隣のドス・ピラス（ティカルの分家）によって支配されたが、他の低地マヤの多くが衰退する中にあって、古典期後期終末に最有力都市となっていたのがセイバルであった。

セイバルは830年頃から全盛期を迎えるが、この時期にメキシコ湾南西部沿岸に住むプトゥン・マヤ（チョンタル・マヤ）と呼ばれた武装交易商人集団の侵入があった可能性がある。

また、最後の王ワトゥル・チャテルが849年に建立した建造物A－3および5つの石碑の記念式典に、ティカル王とカラクムル王が参列したことがわかっている。

他勢力の侵略にさらされたセイバルであったが、900年頃まで繁栄した。

### セイバルの新しい支配者と公共祭祀の痕跡

石碑に、セイバルの新しい支配者とされるプトゥン・マヤのア・ボロン・トゥンが登場する。また、マヤ長期暦の儀礼の際、ティカル王の来訪を裏づける記述もなされている。

**石碑10**

他のマヤの石碑には見られない、珍しい髪型や髭を持つ、人物像が描かれている。

**建造物C-79**

3層の円形ピラミッド。階段の前に祭壇がある。

神殿上部と基壇の四方に計5本の石碑がある。
神殿
3層の矩形の基壇

**建造物A-3**

神殿内部はマヤアーチと呼ばれる持送りアーチ（擬似アーチ）が多く使われている。

＊セイバルとは、スペイン語で「セイバの木のある場所」を意味する。

先古典期の遺跡

# マヤ最大の都市「エル・ミラドール」

## 人口20万人を誇る先古典期マヤ低地の巨大都市

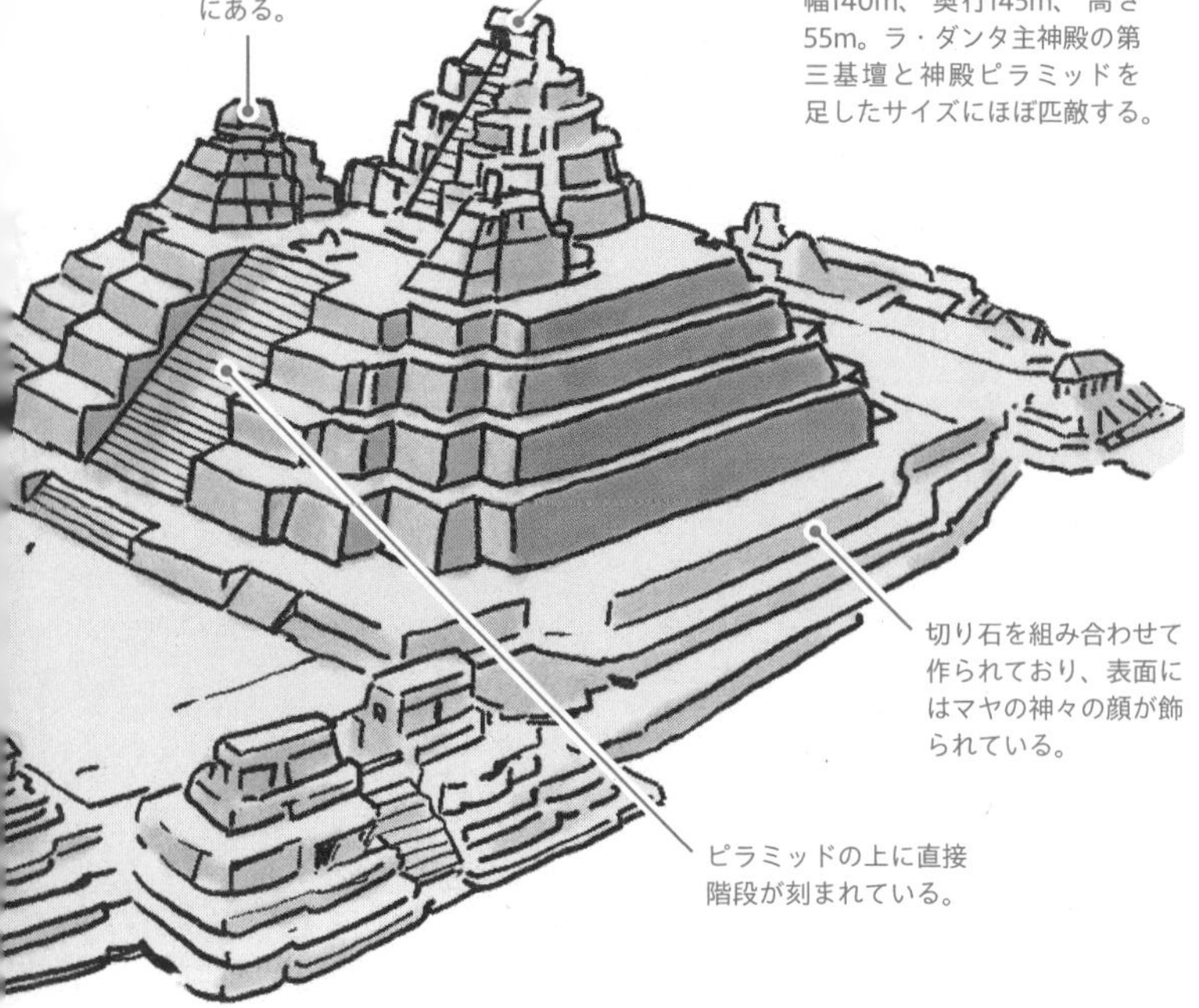
脇神殿
主神殿の左右にある。
主神殿
エル・ティグレ（タイガー・ピラミッド）
幅140m、奥行145m、高さ55m。ラ・ダンタ主神殿の第三基壇と神殿ピラミッドを足したサイズにほぼ匹敵する。
切り石を組み合わせて作られており、表面にはマヤの神々の顔が飾られている。
ピラミッドの上に直接階段が刻まれている。

エル・ミラドール*は、マヤ中部低地のほぼ中央に位置し、グアテマラのペテン地域の北端のメキシコ国境付近、ジャングルの奥深くにある。先古典期中期の前1000年頃から繁栄を始め、前300～後100年頃に全盛期を迎えた。当時の人口は20万人に達していたとされる。

ティカル［34頁］やパレンケ［32頁］、チチェン・イツァ［46頁］のようなマヤの大都市が古典期に誕生しているのに対し、エル・ミラドールはすでに先古典期の段階で最大規模になっていたのである。

都市の規模もさることながら、建造物の巨大さでも群を抜いている。エル・ティグレ（タイガー・ピラミッド）は高さ55m、ラ・ダンタ主神殿に至っては実に72mに達する（第一基壇からの高さ合計）。また、モノス（高さ42m）と呼ばれるピラミッド複合がある。

150年頃に建設活動が停止して以降、何世紀にもわたって都市は放棄されたままとなっていたが、古

*エル・ミラドールとは、スペイン語で「見晴らし台」を意味する。

典期後期になって再び都市が部分的に再建され、人が住むようになった。最終的に都市が放棄されたのは900年代後半であった。

なお、エル・ミラドールとすぐ北方の超大国カラクムル〔30頁〕とは密接な関係があったとされており、サクベという舗装された堤道で結ばれていたことがわかっている。

## 1 エル・ミラドールにそびえる最大級の神殿ピラミッド

エル・ミラドール最大規模の神殿複合エル・ティグレは、規模や構造など、カラクムル最大の建造物2と似ているとされる。堤道で結ばれていただけでなく、両都市が宗教や文化の点でも深い関係にあったことが推測できる。

**ジャガーの鉤爪の神殿**
巨大な仮面の漆喰彫刻がある。

高さは第一基壇から合計すると、マヤ最高の72m。

**ラ・ダンタ主神殿**
第一基壇から第三基壇を登り切ると見えてくるのが空高くそびえる神殿ピラミッド。

### TOPICS

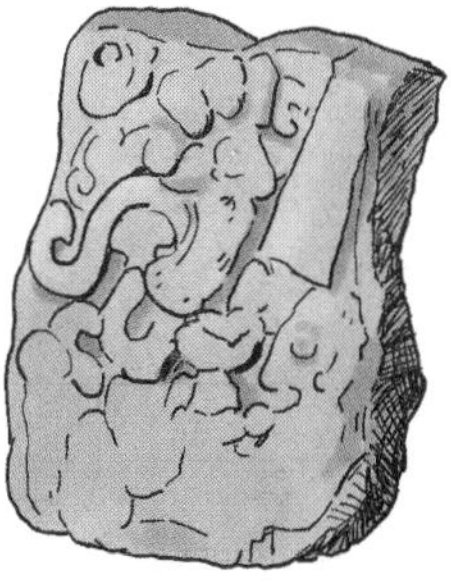

**マヤ文字以前の石碑**

エル・ミラドールの石碑2号。蛇と鳥のくちばしが見える。マヤ神聖文字は確認されず、右上のパネル下部に未確定の文字が刻まれている。石碑にはマヤ長期暦に関する記載もない。

先古典期の遺跡

# マヤ・カレンダー発祥の地「イサパ」

## 太平洋岸丘陵の先古典期遺跡

### マヤ神話『ポップ・ヴフ』最初の主人公

イサパの石碑2には『ポップ・ヴフ』の第一の歴史時代の主人公である「七つのコンゴウインコ」が描かれていると考えられている。

石碑2（ヴクブ・カキッシュ）

ヴクブ・カキッシュは「七つのコンゴウインコ」であると同時に、「七つの火の羽根」という神的存在ともいわれている。

ヴクブ・カキッシュと同様の主鳥神は、コパンのペロータ球戯場やパレンケのパカル王の石棺にも描かれている。

ヴクブ・カキッシュの下には、「生命の樹」が描かれている。

イサパ*1は、チアパス州最南端の太平洋岸の丘陵に位置する一大祭祀センターであった。先古典期前期から古典期前期まで栄え、特に先古典期後期には複雑なモチーフを持つ多くの大型石碑が作られた。

古代マヤ人は多くの「生命の樹」を描いたが、なかでも最も古く重要なのがイサパの石碑5である。前300年頃に製作され、古代マヤ人が考えた世界の構造、生命のサイクルを表していると考えられる。

また、石碑2や25には『ポップ・ヴフ』*2に登場する「ヴクブ・カキッシュ」を表すと見られる大きな鳥が描かれている。当初この鳥は太陽の象徴かと思われたが、実は北斗七星の象徴であった。同様の石彫がコパンのペロータ球戯場にも描かれている。

イサパは北緯15度0分線上に位置し、260日と105日に分かれる太陽の天頂通過周期を観測することができた。ここからマヤ・カレンダー［79頁］の神聖暦と太陽暦が発祥したと考えられている。

*1　イサパの名称の由来についてはよくわかっていない。

*2　マヤ・キチェー神話を記す聖なる時間の書。通称『ポップ・ヴフ』。[82頁]

## マヤの十字架の原型となった「生命の樹」

イサパの「生命の樹」のレリーフは、紀元前300年前後に作られたとされる。世界中に見られる「生命の樹」のシンボルの原型とも言うべき芸術性の高い作品である。

古代マヤ人がデザインした多くの「生命の樹」のうち、最も有名なのが、イサパの石碑5のレリーフである。

生命の樹が中央に聳え、無数の枝は大きくたわみ、多くの生命の果実をもたらしている。

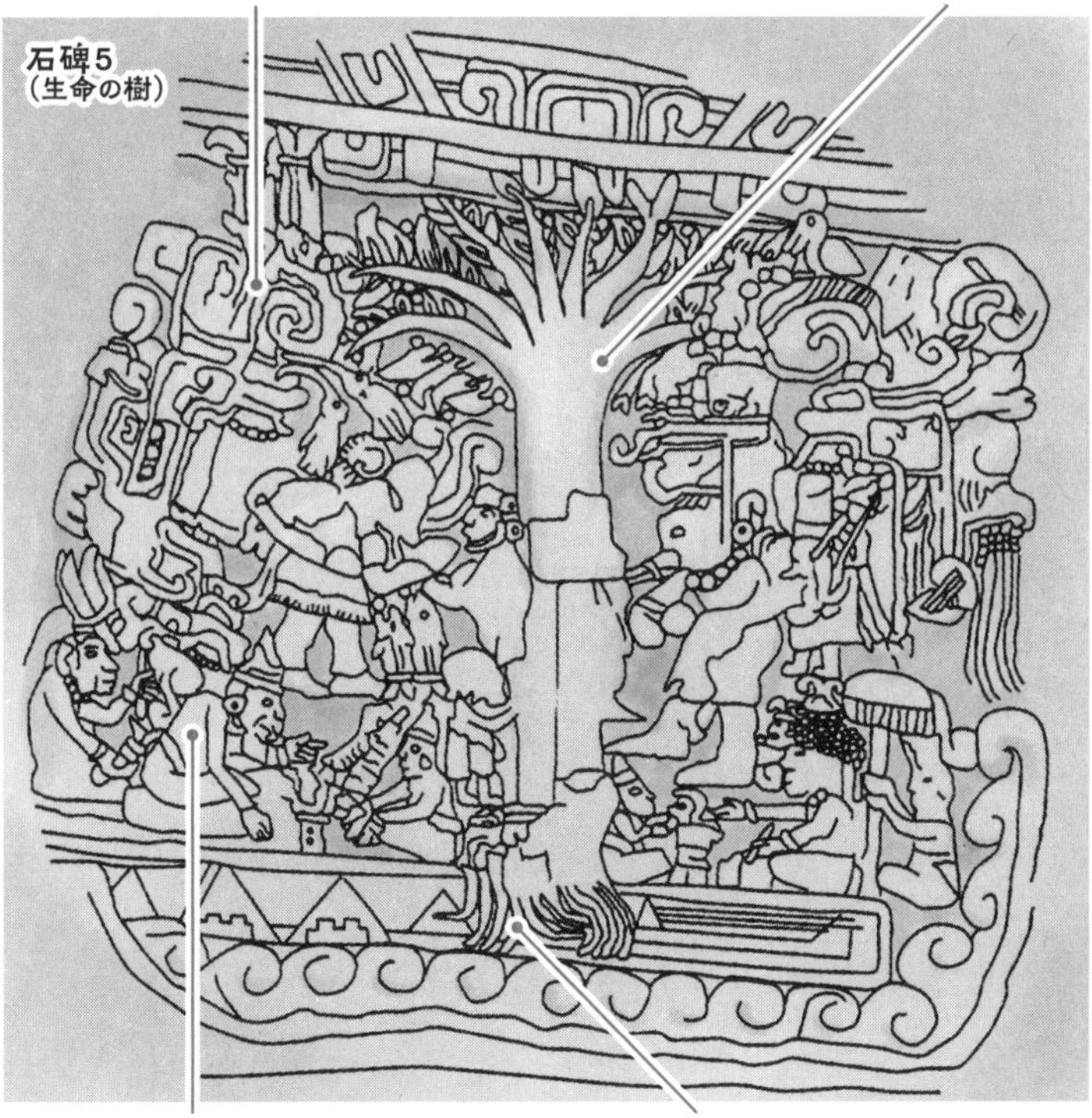


ここには12人の人間、12匹以上の動物、25個以上の植物や物体、そして九つの神々の顔が描かれているとされている。

「生命の樹」はしっかりと根を張り、さらにその下に豊かな水がある。全体が船の上にあり、水の上を進んでいるようにも見える。

### TOPICS

#### 先古典期中期の球戯場

前50年頃に建設が始まったとされるイサパの建造物群Fの球戯場。古典期のもの（35ページ参照）とは形態が違うが、すでに球戯が行われていたことがわかる。球戯場は冬至に太陽が昇る方向に向けられて配置されている。建造物群Fにはカエルが丸彫りされた祭壇もある。

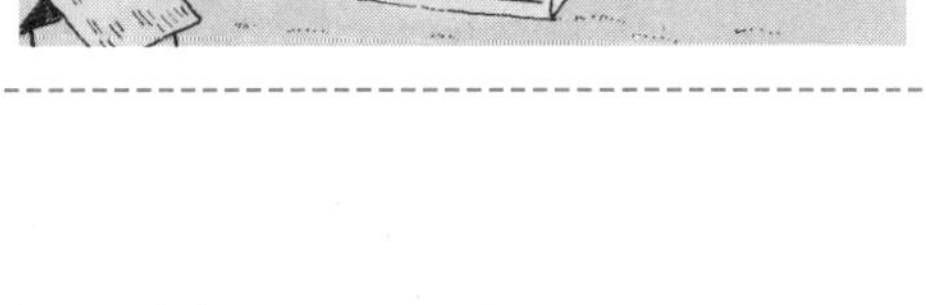

# 古典期最大級の大都市「カラクムル」

## ティカルのライバル都市

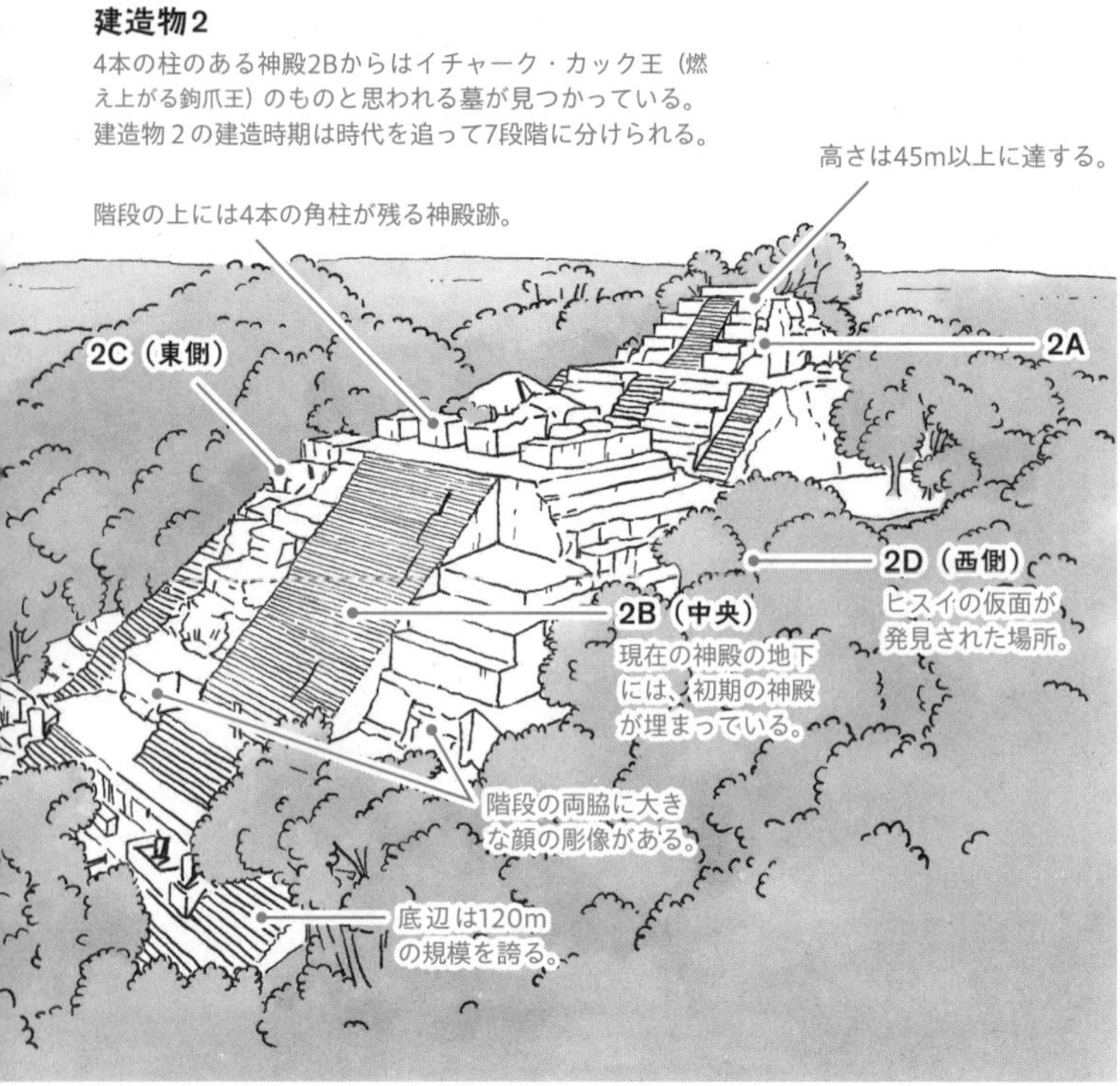
建造物2
4本の柱のある神殿2Bからはイチャーク・カック王（燃え上がる鉤爪王）のものと思われる墓が見つかっている。建造物２の建造時期は時代を追って7段階に分けられる。
高さは45m以上に達する。
階段の上には4本の角柱が残る神殿跡。
2A
2C（東側）
2D（西側）
ヒスイの仮面が発見された場所。
2B（中央）
現在の神殿の地下には、初期の神殿が埋まっている。
階段の両脇に大きな顔の彫像がある。
底辺は120mの規模を誇る。

古典期に入ると、巨大都市が続々と誕生する。カラクムル*の始まりは、石碑の文字などから5世紀初期とされているが、王の即位が長期暦に記されていないことから確定できていない。

メキシコ（カンペチェ州）の中部地域の密林に広がり、ティカル［34頁］と並び称される古典期最大級の大都市として栄華を極めた。

50㎢を超える規模の都市の中に6750以上の建造物、117基の石碑があり、外部衛星都市とも結ぶサクベ（堤道）が張り巡らされていた。王の治世は16代にわたり、王朝が管理していた人工の水路や貯水池がいくつも発見されている。

カラクムル最大の建造物は「建造物2」であり、基底120m四方、高さ45m以上に達する。5層の基壇を登ると2Bを中心に三つの神殿が並び、背後に5層の基壇、さらに上部に4層の基壇（2A）がある。ここからは複数の王墓が発掘され、ヒスイの仮面も

＊カラクムルは現代の名称で、「二つの隣接するピラミッド」の意味。

## ティカルに戦争を挑んだマヤ低地最大都市

カラクムルの広さは30㎢とも70㎢とも言われ、中部低地の辺り一帯を埋めつくすジャングルに阻まれて、全貌を見ることはできない。高さのある神殿ピラミッドや、広い面積を持つ建造物だけが辛うじて緑の中から顔を出しているのだ。

**建造物1**

建造物2と建造物1の二つを合わせて「二つの連なる丘」と呼ばれ、カラクムルの名称のもととなっている。

2014年、周辺の生物圏保護区の半分程度が拡大推薦され、「カンペチェ州カラクムルの古代マヤ都市と熱帯保護林」となった。

見つかっている。

建造物2は7層の建物で重層的に構成されており、最も古い初期の神殿の建造は先古典期後期にさかのぼる。さらに、「建造物1」（底辺95×85m、高さ50m）やペテン様式で作られた「建造物3」などの神殿ピラミッド、グラン・アクロポリスや球戯場が控えている。

695年、ユクノーム・イチャーク・カック王は、ティカル王ハサウ・チャン・カウィール1世との戦いに敗れ、これ以降カラクムルは衰退の道を辿っていった。

### TOPICS

#### 生命を象徴するヒスイの仮面

マヤの王たちはヒスイの仮面をつけて埋葬された。この仮面は、建造物2Dの神殿床下から発見された墓から出土した。仮面はヒスイのモザイクが施され、目や鼻飾り、口の部分に黒曜石と貝が使われている。

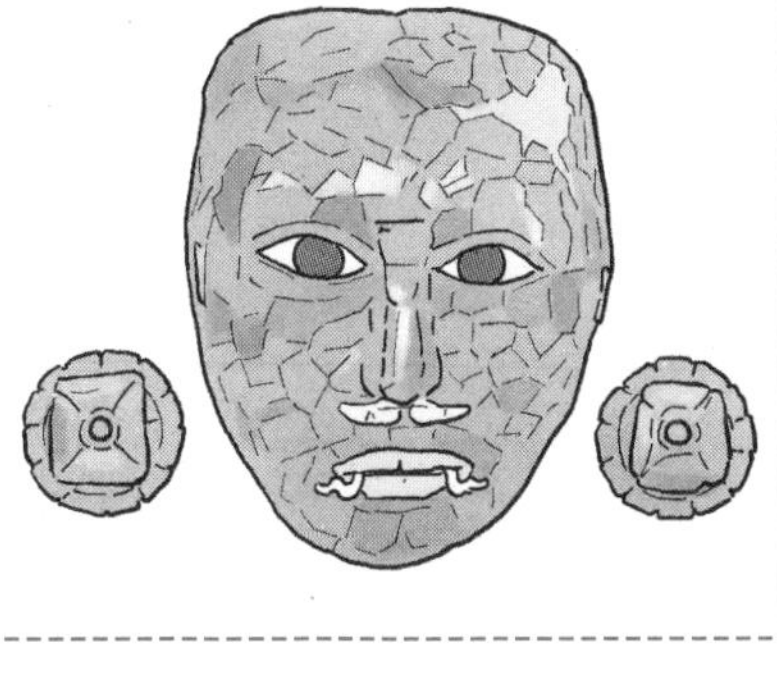

古典期の遺跡

# パカル王と赤の女王の都「パレンケ」

## 歴代の王が競うように建てた優美な建築群が並ぶ

パレンケ*1はマヤ中部低地の西端に位置し、メキシコ南東部のチアパス州の丘陵にある。5世紀から繁栄し、パカル王の7世紀に最盛期を迎えた。

パレンケ発掘のトピックは、1952年、メキシコの考古学者アルベルト・ルス・ルイリエの発見である。「碑銘《ひめい》の神殿」の地下室で石棺の蓋を外したとき、豪華な副葬品の中からパレンケの最盛期に君臨したパカル王（在位615－683）が現れたのだ。

碑銘の神殿のピラミッド基壇は9層からなっており、マヤの地下界における階層［40頁］と一致する。石棺の蓋にはパカル王が冥界シバルバーに降りていく様子が描かれている*2（詳細は60頁）。

パレンケの遺跡では、彫刻の施された多くの優美な建造物が都市景観を作っているが、多くの神殿・複合施設がパカル王によって築かれた。パカル王の後、パレンケには少なくとも4人の王が立ったが、9世紀前半には都市が放棄されたと考えられている。

### マヤ遺跡における唯一の四重の塔

宮殿内の四重の塔は、パカル王の息子キニチ・カン・バラム2世によって建てられた。マヤ文明では他に見られない形状である。

冬至の夕方には碑銘の神殿の後ろに太陽が沈む。まるで地下界に下りていくかのような光景であったろう。
天体観測に使われていたという説や、監視に使われていたという説がある。
塔は王族の住居の中央部に位置する。


*1　パレンケとは、スペイン語で「柵に囲まれた砦」の意味。16世紀にスペイン人入植者が名づけた。
*2　「冥界から復活している」という説もある。

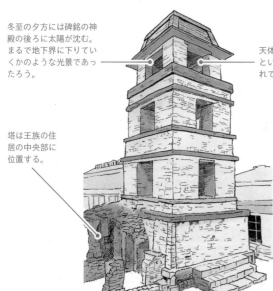

## パカル王に始まる建築ラッシュ

パカル王（キニチ・ハナーブ・パカル1世）と、その息子であり後継者であるキニチ・カン・バラム２世（在位684-702）の二人がパレンケの建造物群のほとんどを作った。「碑銘の神殿」はカン・バラム２世によるもの。マヤの建築王といってもいいだろう。

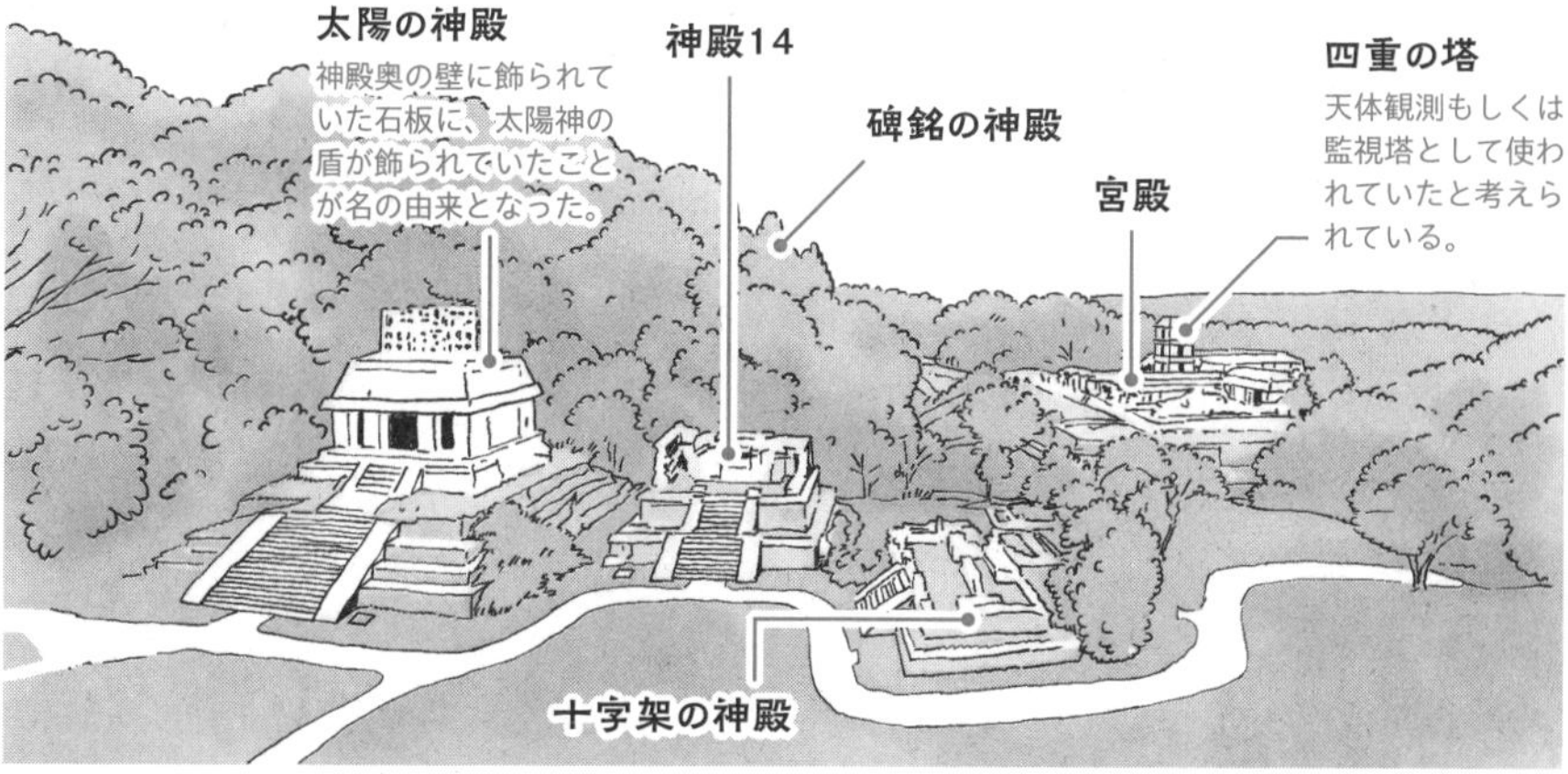
太陽の神殿
神殿奥の壁に飾られていた石板に、太陽神の盾が飾られていたことが名の由来となった。
神殿14
碑銘の神殿
宮殿
四重の塔
天体観測もしくは監視塔として使われていたと考えられている。
十字架の神殿

**パレンケの全景**

左の大きな屋根飾りの建物が「太陽の神殿」。右奥には「宮殿」が広がる。高さ23mの「碑銘の神殿」は木立に隠れて先端しか見えないが、宮殿の西南側。さらにその奥に「赤の女王の神殿」がある。

### TOPICS

#### 碑銘の神殿は王の墓

マヤの神殿のほとんどは、ピラミッド基壇の上に建てられている。神殿ピラミッドは、王の先祖となる神々が宿る神聖な山の象徴でもあった。パカル王もここに眠り、後の世の行く末を見つめていたのかもしれない。

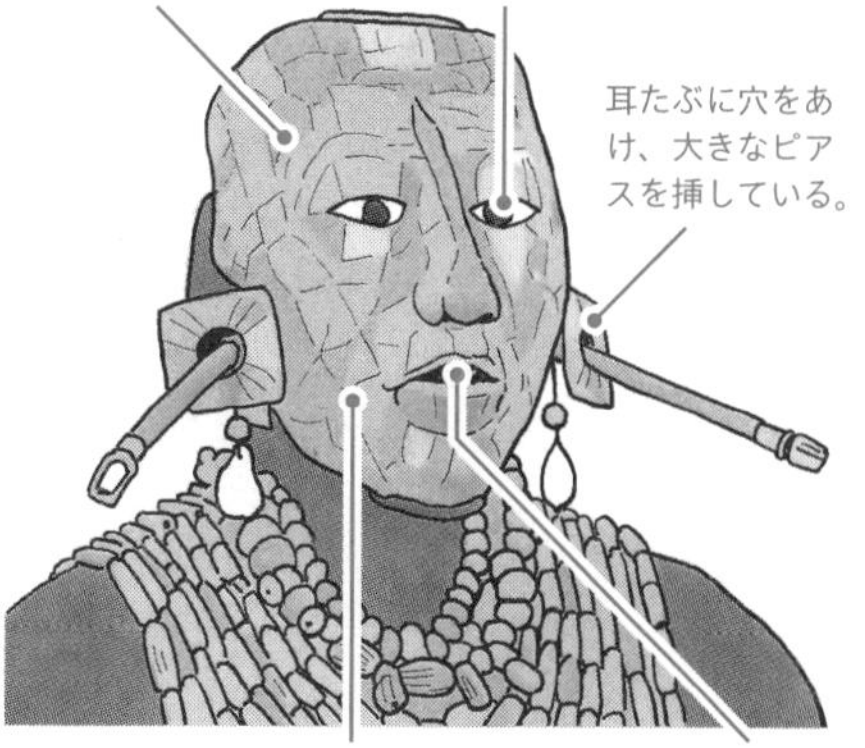
モザイク状にヒスイを張りつけている。
目には黒曜石、ヒスイ輝石岩が使われている。
耳たぶに穴をあけ、大きなピアスを挿している。
ヒスイの緑は世界の中心の色であり水や植物、命を表す聖なる色と考えられていた。
口の中にヒスイの玉がある。

**パカル王のヒスイの仮面**

亡くなった支配者は神格化され、人間界と神々の世界をつなぐ役割を与えられた。

古典期の遺跡

# 古典期マヤの大都市「ティカル」

## テオティワカン支配やカラクムル戦の敗北を乗り越え、栄光を勝ち取った

ティカル*はマヤ中部低地（グアテマラ、ペテン地域）にあり、マヤの政治経済の中心地として、特に4世紀から9世紀にかけて繁栄を誇った。

378年、テオティワカンの将軍シヤハ・カックに征服され、テオティワカンによる支配が長期にわたり続いた。また、562年、21代王ワック・チャン・カウィールがカラクムルとの戦いで殺害されて以降、ティカルは長い停滞期にあった。

695年、第26代王ハサウ（ハサウ・チャン・カウィール1世）は長年のライバルであったカラクムルとの戦いに勝利し、ティカルを再び栄光に導いた。このハサウの墓が発見されたのが、「1号神殿」（大ジャガーの神殿）である。一方、天上界を象徴する「北のアクロポリス」のピラミッドは上部が崩れ、昔年の面影はほぼない。繁栄を極めたティカルだが、9世紀以降徐々に衰退していく。都市が放棄されたのは10世紀に入ってからのことであった。

### 2基の神殿ピラミッドが向かい合うティカルの中心部

中央のアクロポリスは、テオティワカンの建築様式であるタルー・タブレロ様式。王や貴族たち政治を行う場所であり、居住区域だった。神殿ピラミッドとアクロポリスはサクベ（堤道）で結ばれていた。

グランプラザ
いくつもの石碑が立っている。
2号神殿
基壇3層の高さは38m。屋根飾りのレリーフがあることから、「仮面の神殿」と呼ばれ、王妃の神殿だったと考えられている。


*ティカルとは、ユカテコ語で「水たまり、泉」の意味とされる。

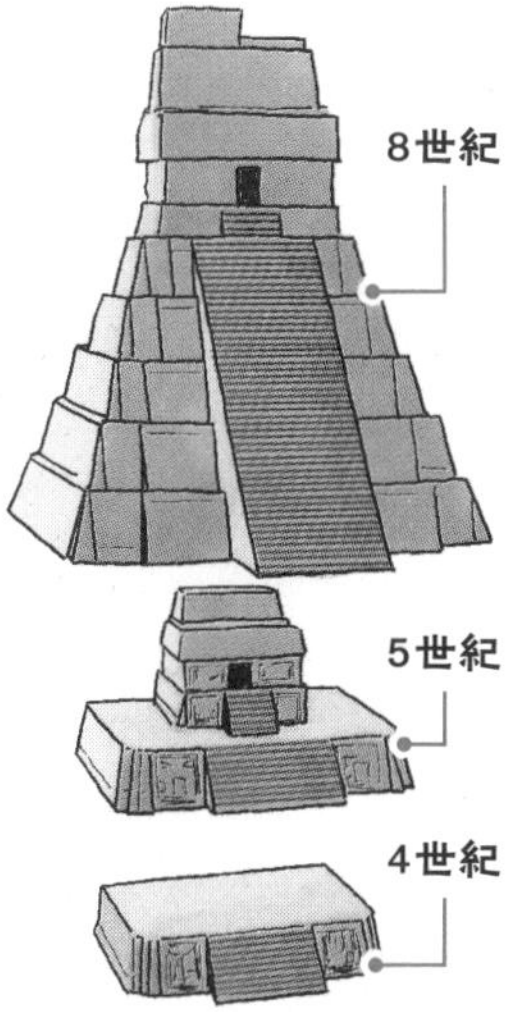
8世紀
5世紀
4世紀

### 33号神殿は3層構造

北のアクロポリスの中央に立つ33号神殿。一番下は4世紀、その上に5世紀、一番上に8世紀に造られた建物が乗せられている。間の6～7世紀はティカルの停滞期に当たると考えられる。

## 神殿ピラミッドとコンプレックス

ティカルには5基の神殿ピラミッドの他、東西に二つピラミッドが並んだコンプレックス（複合体）が数多く残っており、カトゥン（マヤ長期の一つの単位で約20年）の終わりに行われる祭祀の場所として約20年ごとに造られていた。

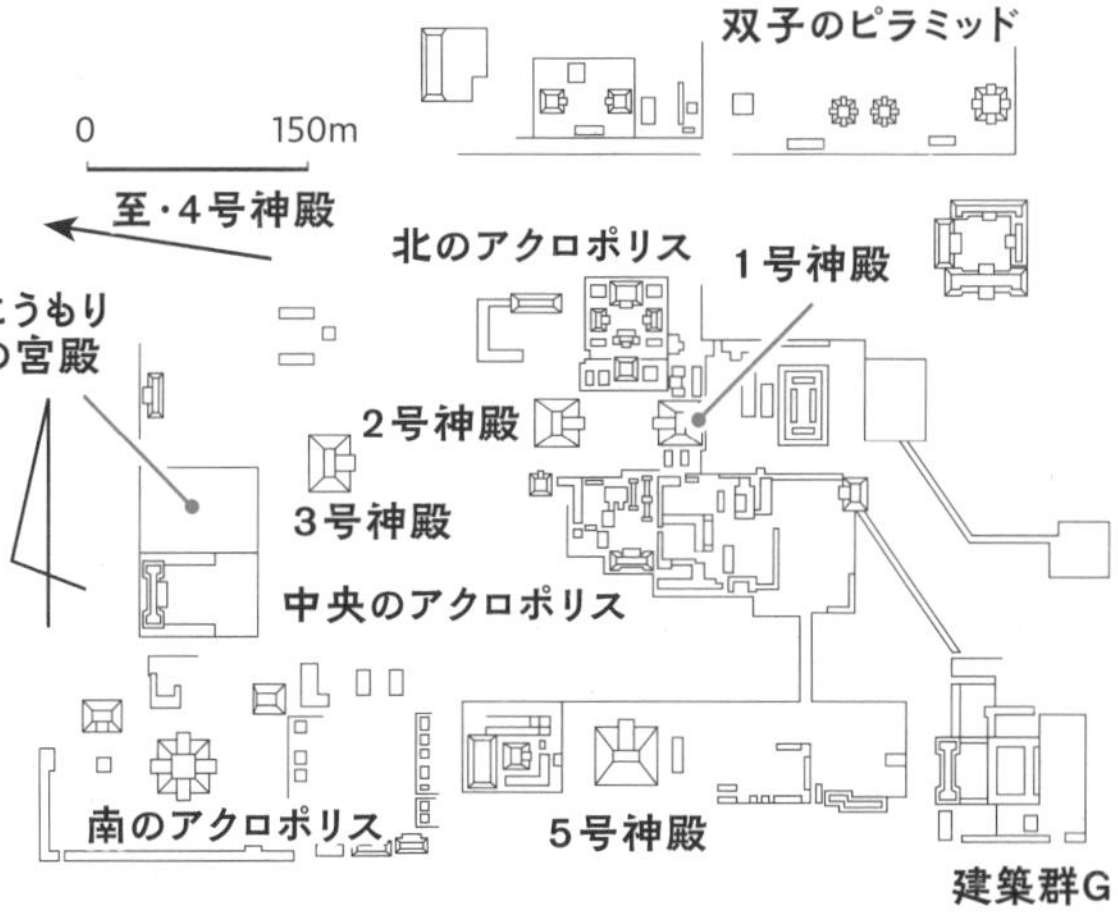
双子のピラミッド
0
150m
至・4号神殿
北のアクロポリス
1号神殿
こうもりの宮殿
2号神殿
3号神殿
中央のアクロポリス
南のアクロポリス
5号神殿
建築群G

## TOPICS

### 巨大な基壇の北のアクロポリス

北のアクロポリスは全体の基礎となる巨大な基壇があり、代々の王が眠る16もの建造物群が乗っている。33号神殿は正面手前。これに限らず、どの建造物も古い建物の上に新しい建物をかぶせて築かれている。

34号神殿
33号神殿
32号神殿

1号神殿
（大ジャガーの神殿）
高さは52m。9層のピラミッドの上に神殿が築かれ、巨大な屋根飾りで装飾されている。ピラミッド全体はもともと赤く塗られていた。
中央アクロポリス
王や貴族階級が住んでいたと考えられる。
北のアクロポリス

古典期の遺跡

# モザイク石碑が林立する「コパン」

## マヤ東南端地域の政治経済の中心地

マヤ文明の東南の端に位置するコパン*は、マヤ高地とカリブ海沿岸を結ぶモタグア川が交易路となっていた影響から、支流のコパン川流域に繁栄した。現在のホンジュラス西部、グアテマラ国境に面する標高600mほどの地である。

コパンの歴史は、代々の王の姿が石碑として残され、大量のマヤ文字で埋めつくされていることからかなり明らかにされている。テオティワカン〔104頁〕との関わりがあるとされる初代キニチ・ヤシュ・クック・モ王（在位426－437頃）の即位以降、少なくとも16代の王によって統治され、政治・経済や宗教の中心都市となっていた。

コパンは600年頃から全盛期を迎え、695年、13代カウィール王（18ウサギ王）の時代に浮き彫りや丸彫りの技術が確立し、コパン独特のモザイク石彫が数多く誕生する。神殿ピラミッドや王宮、球戯場などを石彫が飾り、丸彫りの石碑が林立する景観が

### 精霊を呼び覚ます王の姿

コパンには多くの石碑が残っている。神と一体化した王の姿や碑文を描き、あるいは周辺諸国の紋章文字（神聖王の称号）が刻まれている。

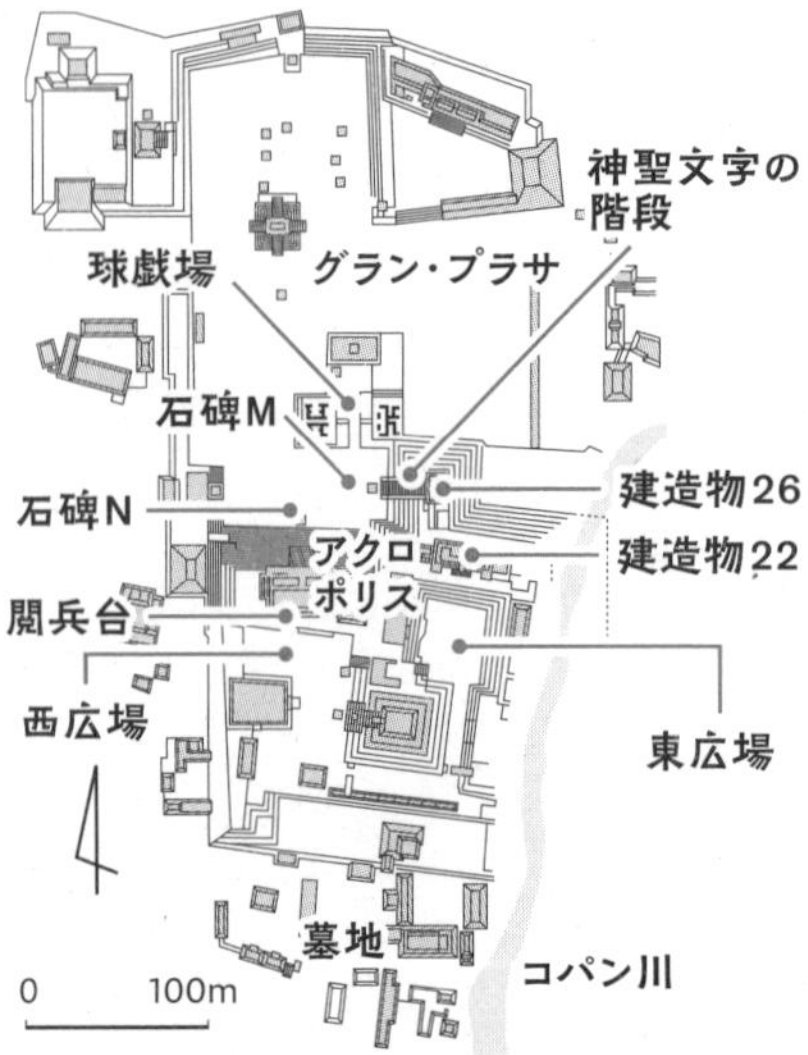
神聖文字の階段
球戯場
グラン・プラサ
石碑M
石碑N
建造物26
建造物22
アクロポリス
閲兵台
西広場
東広場
墓地
コパン川
0
100m

**コパン遺跡配置**
遺跡には3万点以上のモザイク石彫がある。

**石碑N**
自己犠牲によって精霊を呼ぶ15代王の姿が、南北両面に描かれている。

*コパンの意味するところは諸説あり、はっきりとはわかっていない。

生まれたのだ。

しかし、衛星都市の一つであったキリグアの反乱によって前述のカウィール王が囚われの身となって斬首されると、以降、コパンは急速に衰退の道を辿っていく。822年、最後の王に王権が渡ったことが祭壇に記録されているが、祭壇は未完成のまま。王朝は崩壊を迎えたのである。

## 神聖文字に刻まれた王朝の歴史

建造物26の西側にある高さ21mの階段には、2200文字に及ぶ神聖文字の彫刻が全面に彫られている。先スペイン期のアメリカ大陸で最大最長の石造文字史料である。

62段ある階段には、コパンの歴史を語る2200文字の神聖文字が刻まれている。
石碑Mは自己犠牲の儀礼によって祖先の精霊と交信する15代王の姿。
12代煙ジャガー王のものとされる像。
階段の幅は10m、高さは21mに及ぶ。

**神聖文字の階段と石碑M**

階段に設置されたトラロックの口から祖先が現れ、神聖文字によって歴史を語るという構成になっている。

**ウィッツ・モンスター**

大地の怪物を表し、建造物22の四隅を飾っている。

## コパンの球戯場

13代王により完成した球戯場。近くには、12代煙ジャガー王の石碑2号が立っている。

観客席と考えられるアーチの建造物。
ゴールと思われるコンゴウインコの頭部彫刻がある。
球戯場の両側は斜面になっている。

古典期の遺跡

# プウク様式が華開く「ウシュマル」

## マヤ北部低地の経済の中心として栄える

ウシュマル*は古典期後期・終末期に繁栄した北部低地プウク地方最大の都市。現在のユカタン州の州都メリダ市中心部の南方約62kmに位置する。

この地方の特徴は「プウク様式」と呼ばれる優美な建築様式である。プウク様式は、長方形の切石を丹念に積み上げて平らな屋根と箱形の建築物を造り、壁面上部にモザイク石彫や幾何学模様を施したもので、「総督の館」や「尼僧院」をはじめとする多くの建物に見られる。持ち送り式アーチ構造の入り口も美しい。

ウシュマル最大の神殿ピラミッドは、「魔法使いのピラミッド」である。一夜で造られた伝説はともかく、時代の異なる5層の建築層からできており、1段目と2段目の基壇が楕円形という独特の形となっている。

一方、ウシュマルでは長文のマヤ文字や壁画などが発見されず、未知な部分も多い。10世紀終わりから12世紀にかけてチチェン・イツァとの間に同盟関係があったが、その関係は紆余曲折に富むものであった。

### 平らな屋根とモザイクのプウク様式

平らな屋根と、壁面上部のモザイク石彫による装飾が印象的なプウク様式の建築。この様式は、総督の館など、ウシュマルの建築物の大半に採用されている。

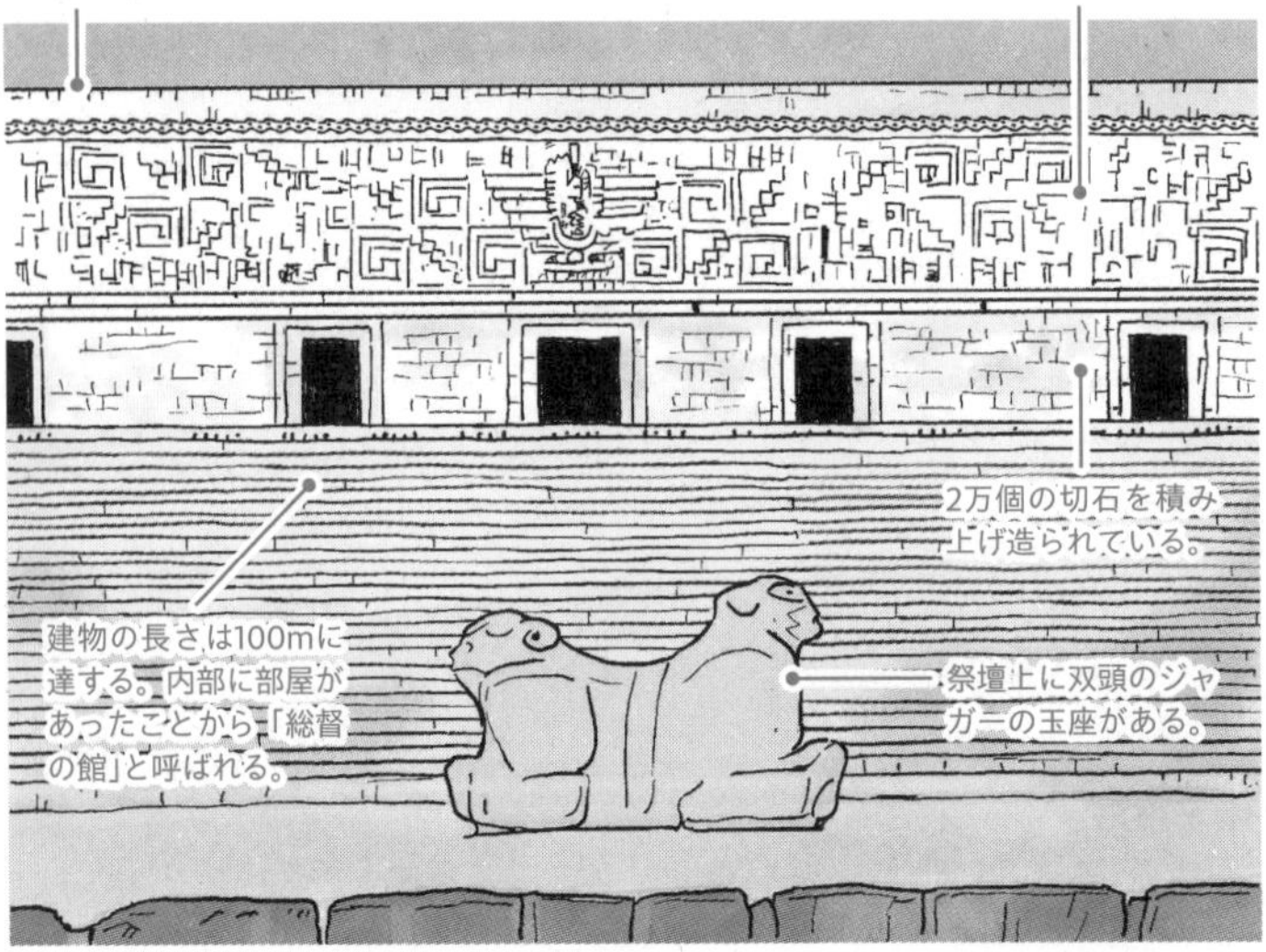
総督の館
平らな屋根。
建物の上半分は格子や渦巻き模様、頭飾りをつけた人物、雨神チャークや羽毛の蛇など、モザイク状の石彫で埋めつくされている。
2万個の切石を積み上げ造られている。
建物の長さは100mに達する。内部に部屋があったことから「総督の館」と呼ばれる。
祭壇上に双頭のジャガーの玉座がある。

*ウシュマルとは古代マヤ語に由来し、「三度にわたって建てられた町」を意味する言葉である。

# 日付入りの石碑やマヤ文字のないマヤ遺跡

優美な建造物が数多く残るウシュマルだが、長文のマヤ文字や日付の入った石碑が少なく、王の姿を描いた壁画なども発掘されていない。いまだに謎に満ちた遺跡である。

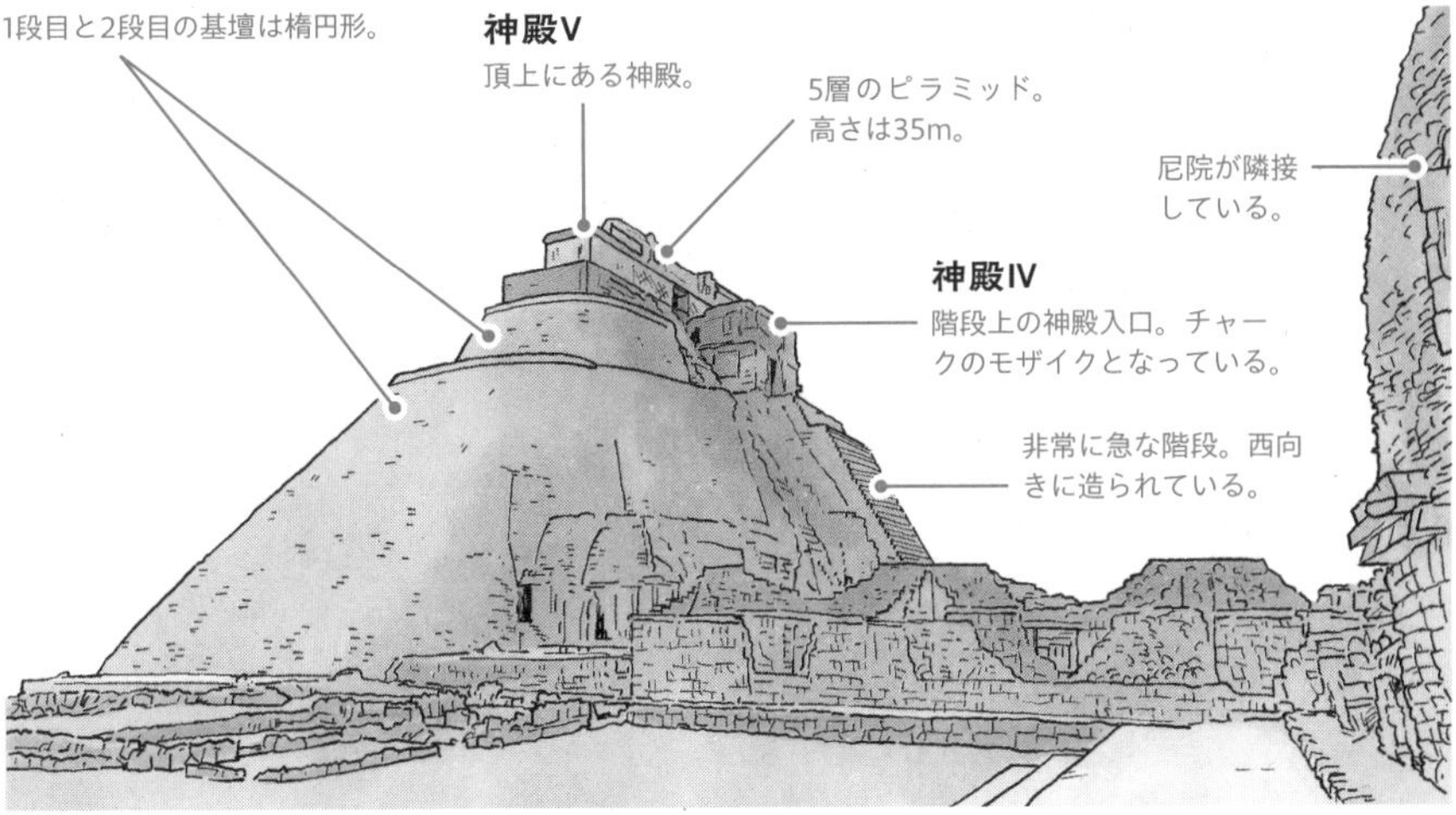
1段目と2段目の基壇は楕円形。
神殿V
頂上にある神殿。
5層のピラミッド。
高さは35m。
尼院が隣接
している。
神殿IV
階段上の神殿入口。チャークのモザイクとなっている。
非常に急な階段。西向きに造られている。

**魔法使いのピラミッド（占い師のピラミッド）**
卵から生まれた小人が一夜で造ったという伝説がある。尼僧院や球戯場のある西側を向いている。

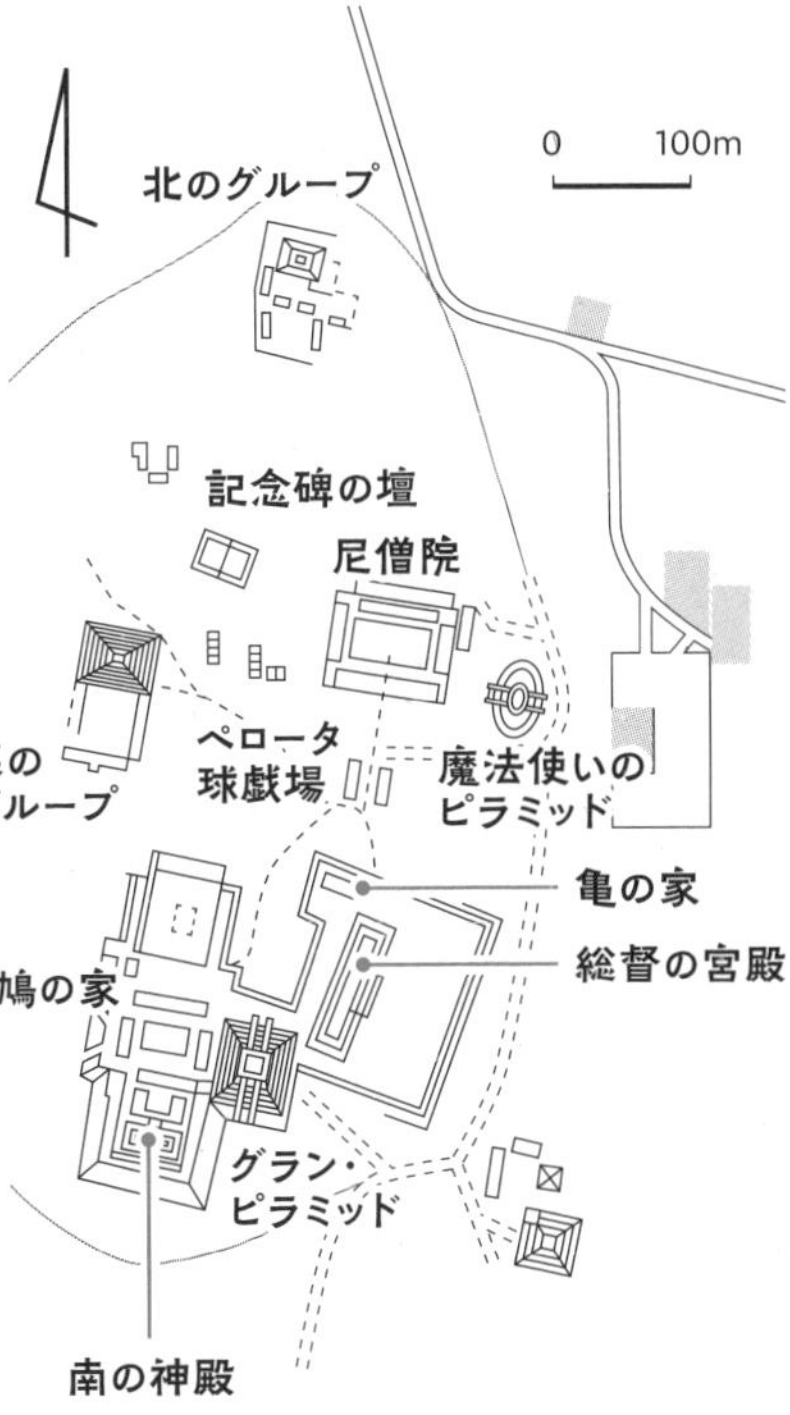
0 100m
北のグループ
記念碑の壇
尼僧院
墓のグループ
ペロータ球戯場
魔法使いのピラミッド
亀の家
総督の宮殿
鳩の家
グラン・ピラミッド
南の神殿

**ウシュマル遺跡配置図**
南北約1km、東西約600mの市域に、多くのプウク様式の建物が配置されている。

## TOPICS

### ペロータ球戯場の石の輪

ペロータ球戯場では腰に防具をつけて激しいプレーが行われた。神聖文字の刻まれた大きな石の輪は、重いゴム状のボールを通して勝負を決めた穴と考えられている。球戯場は尼僧院の南側にある。

column

# 神殿ピラミッドとは何か?

## 石の巨大建造技術の粋を集めた神々との交信拠点

かつて、この神殿ピラミッドは、王の墓とされる古代エジプトのピラミッドとは異なり、純粋に宗教的な建造物であると考えられていた。

しかし、パレンケのパカル王の墓が「碑銘の神殿」の地下室から発見され、その他のマヤ遺跡からも見つかってから、神殿ピラミッドが宗教的な祭祀儀礼が行われる神殿としての役割だけでなく、王墓としての機能も持っていたことが証明された。

神殿ピラミッドに埋葬されるということは、何代も続く祖先神の列に加わり、王自らもまた神の一人となって現世を見守るということに他ならない。

マヤの神殿ピラミッドは多様なシンボリズムを持っているが、究極的には、マヤ宇宙論に基づく世界の表象である。

古代マヤ人は、神殿ピラミッドの多くを9層の基壇の上に神殿を乗せた構成で建造した。9という数字が象徴するのは地下界、すなわち死の世界

**エル・カスティーヨ〈チチェン・イツァ〉**

別名「ククルカンの神殿」。ククルカンとは羽毛のある蛇であり、ピラミッドの北側に2頭のククルカンの頭部がある。年2回、春分・秋分の日に降臨して全身を現す。[46頁]

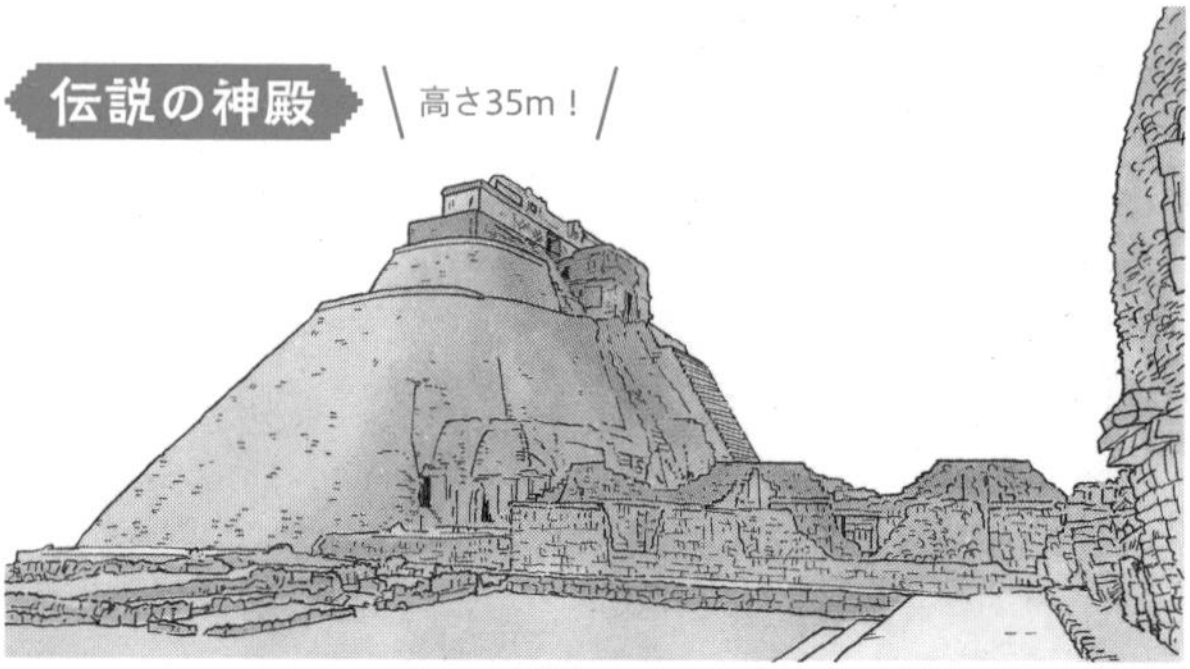


**魔法使いのピラミッド〈ウシュマル〉**

卵から生まれた小人がウシュマルの王から出された課題により、一晩でピラミッドを築いたという伝説が残る。神殿は最上部の他、基壇の1段目の上部に西方に張り出す形で設置されている。[38頁]

である。人は亡くなると地下界に沈んでいくと考えられていた。パレンケの「碑銘の神殿」、ティカルの「1号神殿」、チチェン・イツァの「エル・カスティーヨ（ククルカンの神殿）」なども9層の基壇でできており、いずれの神殿ピラミッドからも王墓が発掘されている。

チチェン・イツァの「エル・カスティーヨ」には、春分と秋分の日に限って、ククルカン（羽毛の生えた蛇）がピラミッドに降臨する。91段の階段が四方にあり、神殿の基礎の1段を加えて365日（ハアブ）暦（91×4＋1）を表しているとされる。神殿ピラミッドのカレンダーとしての存在が見て取れる。

さらに、神殿ピラミッドは、時代や地理的環境、周辺都市との関係においてもさまざまな形態と意味を示している。エル・ミラドールの「エル・ティグレ」やカラクムルの「建造物2」など特に大規模なピラミッドは、巨大な基壇を何層にも重ね、途中にいくつもの神殿を配した複合的構造となっている。

また、神殿ピラミッドは東西2基を向かい合わせにして、北に天上界を表す祭壇と石碑、南に地下界を表す建造物を配置した「ピラミッド複合体（コンプレックス）」として造られたりもした。

**エル・ティグレ（タイガー・ピラミッド）〈エル・ミラドール〉**

主神殿と脇神殿が高い基壇の上にそびえ、広場の脇に「ジャガーの鉤爪の神殿」など多くの神殿が配され、巨大な建築複合を構成している。[26頁]

**パカル王のピラミッド（碑銘の神殿）〈パレンケ〉**

パレンケ最盛期の7世紀を治めたパカル王の墓は、メキシコの考古学者アルベルト・ルス・ルイリエによって「碑銘の神殿」の地下室から発見された。[32頁]

古典期の遺跡

# ヒスイとカカオの交易地「キリグア」

## 石碑が多く残る、マヤ中部低地南端の都市

キリグア*はグアテマラ東部の沼沢林地域、コパン［36頁］の北40㎞にある。

キリグアは、426年、初代王トク・キャスパーの即位に始まった。

コパンの18ウサギ王（カウィール王）の後見によって即位した14代カック・ティリウ王が738年にウサギ王を殺害。コパンを倒したことで、かつてコパンの属国的存在であったキリグアは有力国の一つに数えられるようになった。

モタグア川流域という立地から、この流域で産出されるヒスイやカカオの生産・交易の拠点として、マヤ古典期の経済における役割を担っていく。

しかし、その後王権は長くは続かず、最後の王「ヒスイ空」の出現後、9世紀初頭には放棄された。

キリグアにはマヤ文字の刻まれた多くの石碑が存在する。石碑Cには、マヤ世界の創造日4アハウ8クムクとその神話的出来事が描かれている。

### 石に刻まれた文字と神々の姿

キリグアには多くの石碑とモニュメントが残されている。13.0.0.0.0（長期暦）、4アハウ（260日暦）、8クムク（365日暦）は、マヤ世界が創造された暦元（紀元前3114年8月11日）を表す重要な日付である。

**モニュメント（動物形象）16**

神や自然を動物で表現した獣形神の姿やマヤ文字が大きな砂岩の塊にびっしりと描かれている。

マヤ暦（長期計算法）では、1日をキン、20キンを1ウィナル、18ウィナルを1トゥン、20トゥンを1カトゥン、20カトゥンを1バクトゥンと呼んだ。

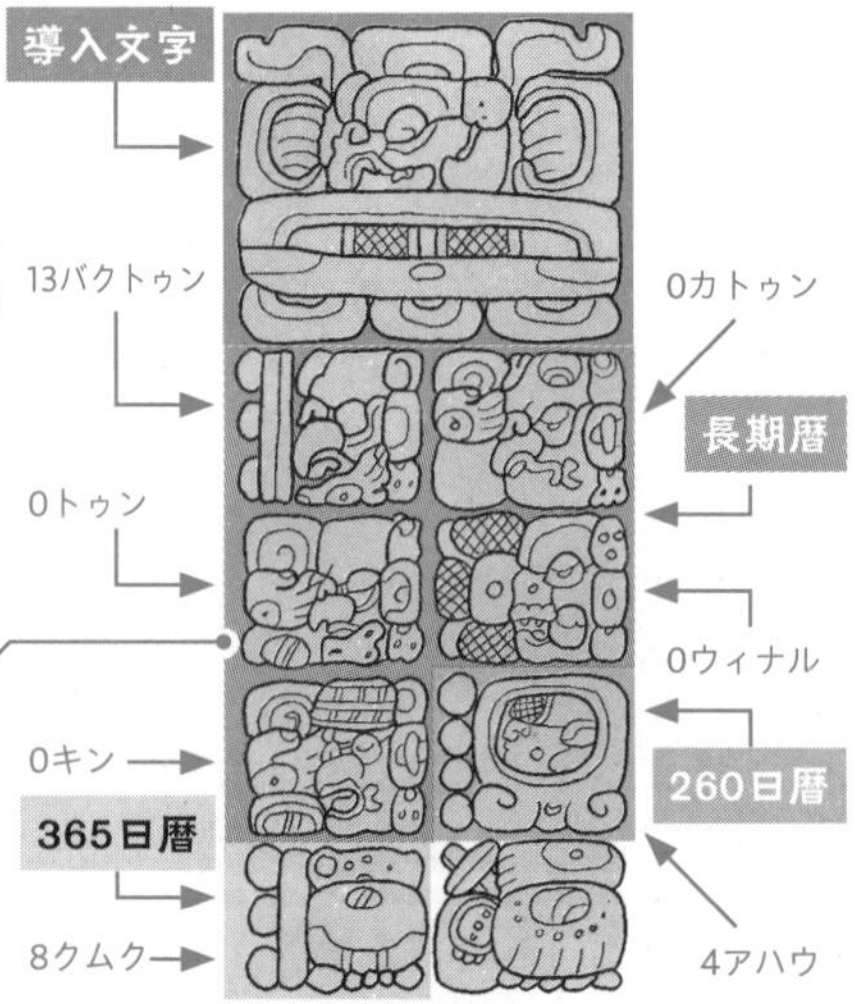
導入文字
13バクトゥン
0カトゥン
長期暦
0トゥン
0ウィナル
0キン
260日暦
365日暦
8クムク
4アハウ

**石碑Cに見られる長期暦**

長期暦、260日暦、365日暦が彫られている。石碑には長期暦の最初の日付（紀元前3114年8月11日）が刻まれている。

*キリグアの名称の由来や意味について、確かなところはわかっていない。

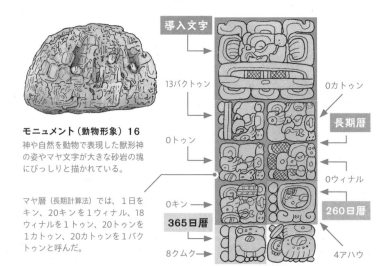

古典期の遺跡

# 太陽観測施設が残る「ワシャクトゥン」

## ティカルと運命を共にしたマヤ中部低地の都市

ワシャクトゥン*は、先古典期中期から古典期にかけて存在したマヤ中部低地の都市である。

古典期初頭までは南方24㎞の超大国ティカル［34頁］と並ぶ隆盛を誇っていたが、ティカルを征服したテオティワカン［104頁］によってワシャクトゥンの王族はティカルに連行され、生け贄にされる。以来、ティカルと運命を共にする従属国となった。この事件を描いた彩色壁画も見つかっている。

最も古い建造物は太陽観測神殿群のEグループ複合で、先古典期中期に造られた。ここには建造物E－2の神殿を中心に、左右にE－1とE－3が配され、太陽が昇る位置によって夏至、春分・秋分、冬至の時期がわかる。E－7の基壇にはジャガーや山の怪物ウィッツが彫られている。

グループAの建造物は300年頃のもので、屋根飾りなどにティカルの影響が感じられる。

ワシャクトゥンも、9世紀に入ると衰退していった。

### 屋根飾りの宮殿と先古典期の観測施設

ティカルの影響を受けた建造物A（宮殿A）とワシャクトゥン独自の建造物E。

**宮殿A-XVIII**

古典期前期に造られた宮殿跡。大きな屋根飾りにティカルの影響が感じられ、周囲には石碑も多く見られる。

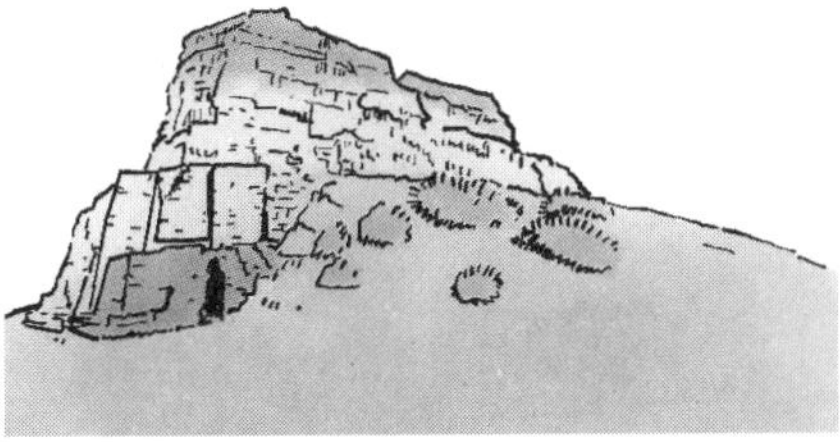

E-1は夏至の太陽が昇る。
E-2は春分と秋分の太陽が昇る。
E-3は冬至の太陽が昇る。
春分と秋分、夏至、冬至の日の出を見るのは、いずれもE-7ピラミッドから。

**建造物E-1,2,3**

太陽観察施設として使われたEグループ複合。春分と秋分には中央のE-2の、夏至には左のE-1の、冬至には右のE-3のそれぞれ真ん中から太陽が昇る。手前にあるE-7ピラミッドから見ることができる。

＊ワシャクトゥンとは、「8つの石」を意味し、米国の考古学者によって命名された。

古典期の遺跡

# 色鮮やかな壁画が残る「ボナンパク」

## 4〜8世紀に栄えたマヤ中部低地の小規模国家

ボナンパク*はマヤ中部低地南西の密林にあり、メキシコ（チアパス州東部）のグアテマラ国境近くに位置する。都市の規模は小さく、この地域の中心的存在であったヤシュチランに従属していた。遺跡全体はヤシュチランのある北北東を向いている。

ただ、「彩られた壁」を意味するボナンパクの名前の通り、メソアメリカ全体を通して最も重要とされる彩色壁画が神殿の一つから発見されている。

第1の部屋には出陣前の儀式、第2の部屋は戦闘と捕虜の生け贄、第3の部屋は戦勝を祝う放血儀式が描かれ、三部構成となっている。三つの入り口のリンテルにはヤシュチラン王の記載があり、マヤにおける戦争の詳細が判明した。現地の他、メキシコ国立人類学博物館に復元された3室の壁画が展示されている。

また、ボナンパクには北東に延びるサクベ（堤道）が残っている。その道の目指す先は、やはりヤシュチランであった。

### メソアメリカの最重要壁画の一つ

1946年、ジャイルズ・ヒリーによるマヤ族末裔ラカンドン族の映画撮影を機にボナンパクの壁画が発見され、マヤにおける戦争の存在が明らかになった。

敵兵を捕えるボナンパクのチャン・ムアン王。

王はジャガーの毛皮をまとっている。

**戦闘図**

ジャガーの頭飾りをかぶったチャン・ムアン王が敵兵を捕える場面が描かれている。

チャン・ムアン王。

王の前で命乞いをする捕虜。

爪をはがされる捕虜。

**捕虜の生贄**

王の足元には生け贄となる多くの捕虜が描かれている。

＊ボナンパクとは、「彩られた壁」を意味するマヤの言葉から来ていると考えられている。

古典期の遺跡

# モザイク彫刻で飾られた「ラブナー」

## マヤ北部低地の小都市国家

ラブナー*はユカタン半島北西部の低地帯にあり、周囲にウシュマルやカバー、サイールなどの遺跡が密集している。

プウク様式の美しい建造物が立ち並んでおり、宮殿と南側にあるミラドール（展望台）や「アーチ」との間をサクベ（堤道）が結んでいる。68もの部屋がある宮殿は2層に造られ、通路には持ち送り式アーチがかけられている。

雨の神チャーク像などの壁面彫刻も随所に見られる。彫刻の表現はウシュマルと同様、上に大きくせり上がった鼻が特徴的で、鼻の下で口を開けた蛇が描かれ、中から人面が現れているものもある。

「アーチ」はプウク様式の傑作とされ、こちらの壁面にも幾何学模様や家を表す彫刻が施されている。南向きに建てられたミラドールには大きな屋根飾りの下の壁面に漆喰の人物彫刻がかけられていたが、現在では台座だけが残されている。

### 美しい屋根飾りの展望台と持ち送り式アーチ

宮殿からサクベを南側に進むと、ミラドールとアーチが見えてくる。

ミラドール（展望台）
巨大な屋根飾りを乗せた展望台。南向きに建てられている。
屋根飾りには5列の穴がある。
基壇は崩れている。
建物の高さ13mのうち、屋根飾りが4mを占める。
かつては漆喰の人物彫刻がかけられていた。

上半分はモザイク。
下半分は素地のまま。
疑似アーチの建物
持ち送り式アーチが美しいプウク様式の代表的建造物。

＊ラブナーとは、マヤの言葉で「古い家」を意味するとされている。

古典期の遺跡

# 後古典期の大都市「チチェン・イツァ」

## トルテカの影響を受けつつ、古典期末に栄えた北部低地の大都市

## 天文を観測し、暦を正確に計算

マヤ文明において、天文の運行を把握することは極めて重要であり、戦争の日程もこれによって決められた。神殿ピラミッドは正確な暦でもあった。

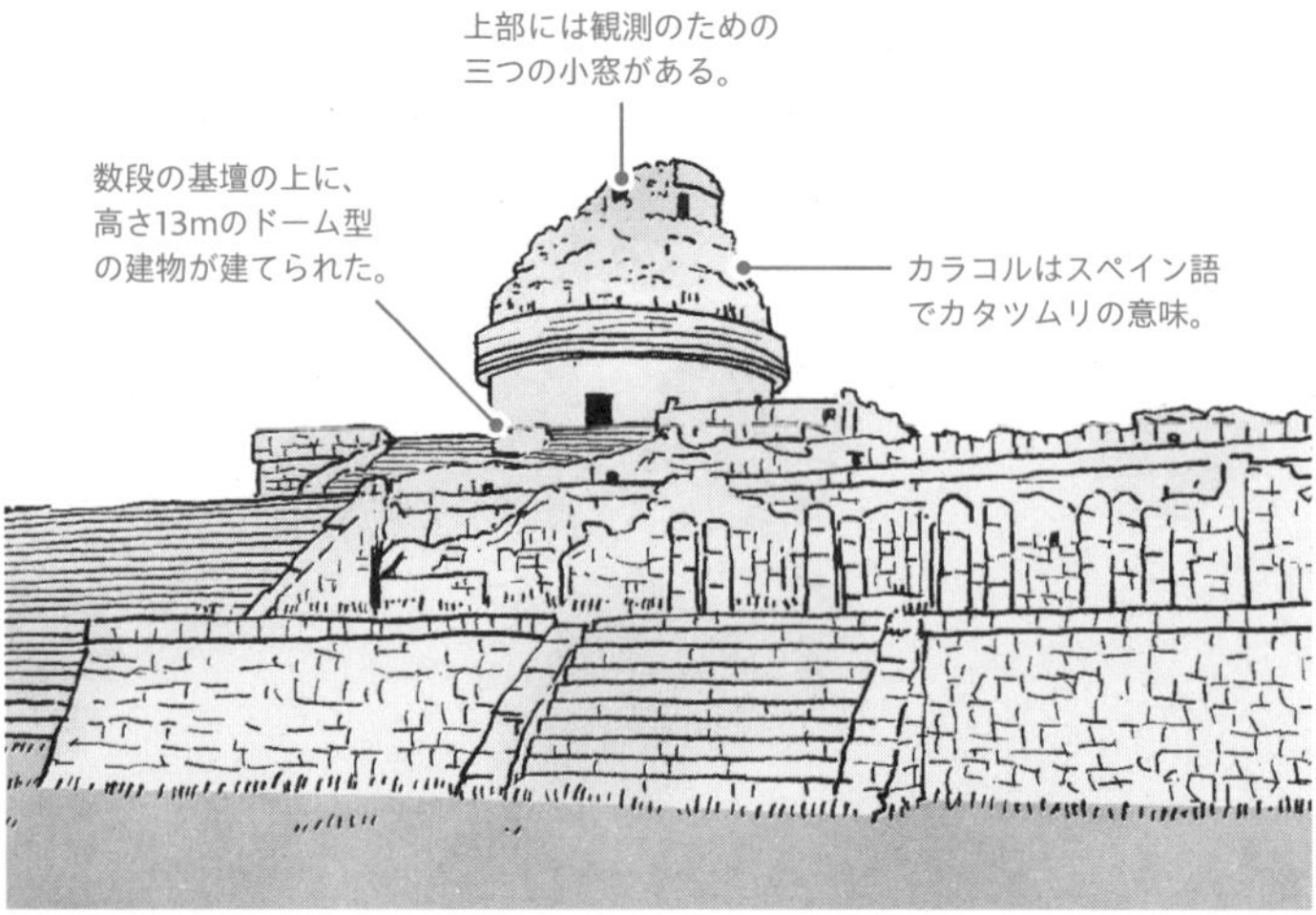

上部には観測のための三つの小窓がある。
数段の基壇の上に、高さ13mのドーム型の建物が建てられた。
カラコルはスペイン語でカタツムリの意味。


**エル・カラコル（天文台）**

大きな基壇の上にある円形の建物は、金星や太陽の天体観測に使われたとされる。この中にはらせん状階段があり、そこからカラコル（カタツムリ）と名づけられた。

チチェン・イツァ*は、ユカタン半島北部の中心地として後古典期に栄華を誇った大都市であった。都市の名は「イツァ人の泉のほとり」を意味し、実際、都市の中にセノーテと呼ばれる聖なる泉が見られる。チチェン・イツァ周辺に河川や沼はなく、石灰岩が露出した地下水の泉が唯一の水源だった。最大のセノーテ（生け贄の泉）は直径60m、水面までの深さは20mにも達する。

また、地下深くに水をたたえるセノーテは主に祭祀儀礼に使われ、生け贄となった人骨が副葬品とともに見つかっている。

チチェン・イツァの象徴的存在であるエル・カスティーヨ（ククルカンの神殿）は、特に大きな神殿ピラミッドである。春分と秋分の日、基壇北側底部のククルカン（羽毛のある蛇）の頭部石像に続いて全身の姿が出現するという壮大な仕掛けが施されている。暦のピラミッドとも呼ばれ、３６５日を1周期とする

＊チチェン・イツァとは、マヤの言葉で「イツァ人の泉のほとり」を意味する。

**エル・カスティーヨ**

「カスティーヨ」とは、スペイン語で城塞の意味するが、城塞ではない。9層からなる基壇の上に神殿が乗った神殿ピラミッドで、内側には「赤いジャガーの玉座」と生け贄の心臓を捧げたチャックモールがある。

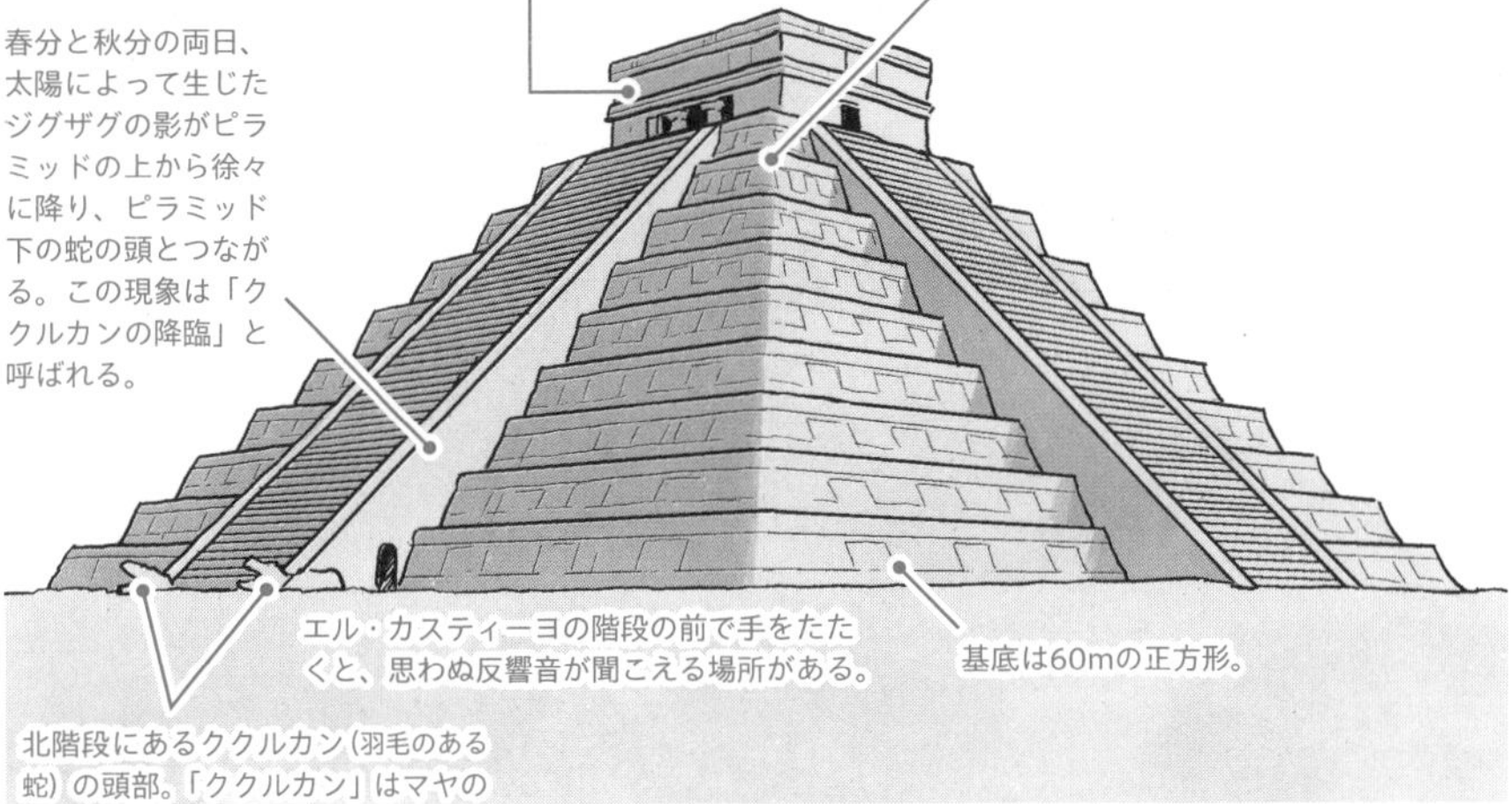
1面は9階層に分かれている。91段の階段が4面にあり、合計364段。最上階の神殿の1段を加えて365段となる。

高さ24mの最上部の神殿には、ククルカンが祀られている。

春分と秋分の両日、太陽によって生じたジグザグの影がピラミッドの上から徐々に降り、ピラミッド下の蛇の頭とつながる。この現象は「ククルカンの降臨」と呼ばれる。

エル・カスティーヨの階段の前で手をたたくと、思わぬ反響音が聞こえる場所がある。

基底は60mの正方形。

北階段にあるククルカン（羽毛のある蛇）の頭部。「ククルカン」はマヤの呼び名。アステカの「ケツァルコアトル」と混同されがちである。


マヤのハアブ暦との関連性も見られる。

チチェン・イッツァの建造物は、球戯場や戦士の神殿など、主にメキシコ中央高地に栄えたトルテカ〔108頁〕の影響を受けた建造物が北側に配され、南側のエル・カラコル（天文台）や尼僧院など、プウク様式やチェネス様式の古い建造物とに分けられる。また、様式が融合しているものもある。

中部低地の都市は9世紀末までに崩壊し、放棄されていた。チチェン・イッツァもまた13世紀以降衰退した。しかし、スペイン人征服者の到来時にも人々は住んでおり、その後も巡礼地として機能した。

## TOPICS

### 供物が捧げられた聖なる泉

石灰岩が露出した天然の泉、「オルトゥン・セノーテ」。2009年から2010年にかけて実施された調査で、古代マヤの儀式で生贄にされた人骨を新たに発見。神聖なセノーテが都市にあることによって、王権の存在が正当なものとされた。

# 泉のほとりに栄華を極めた国際交流都市「チチェン・イツァ」遺跡配置図

10〜12世紀頃に隆盛を極め、25k㎡の市域に最大5万人の人口を抱えたチチェン・イツァ。とくにトルテカ文明との関係が深く、トゥーラ風の戦士やククルカン（羽毛の蛇）などの彫刻が北側の建造物の随所に見られる。

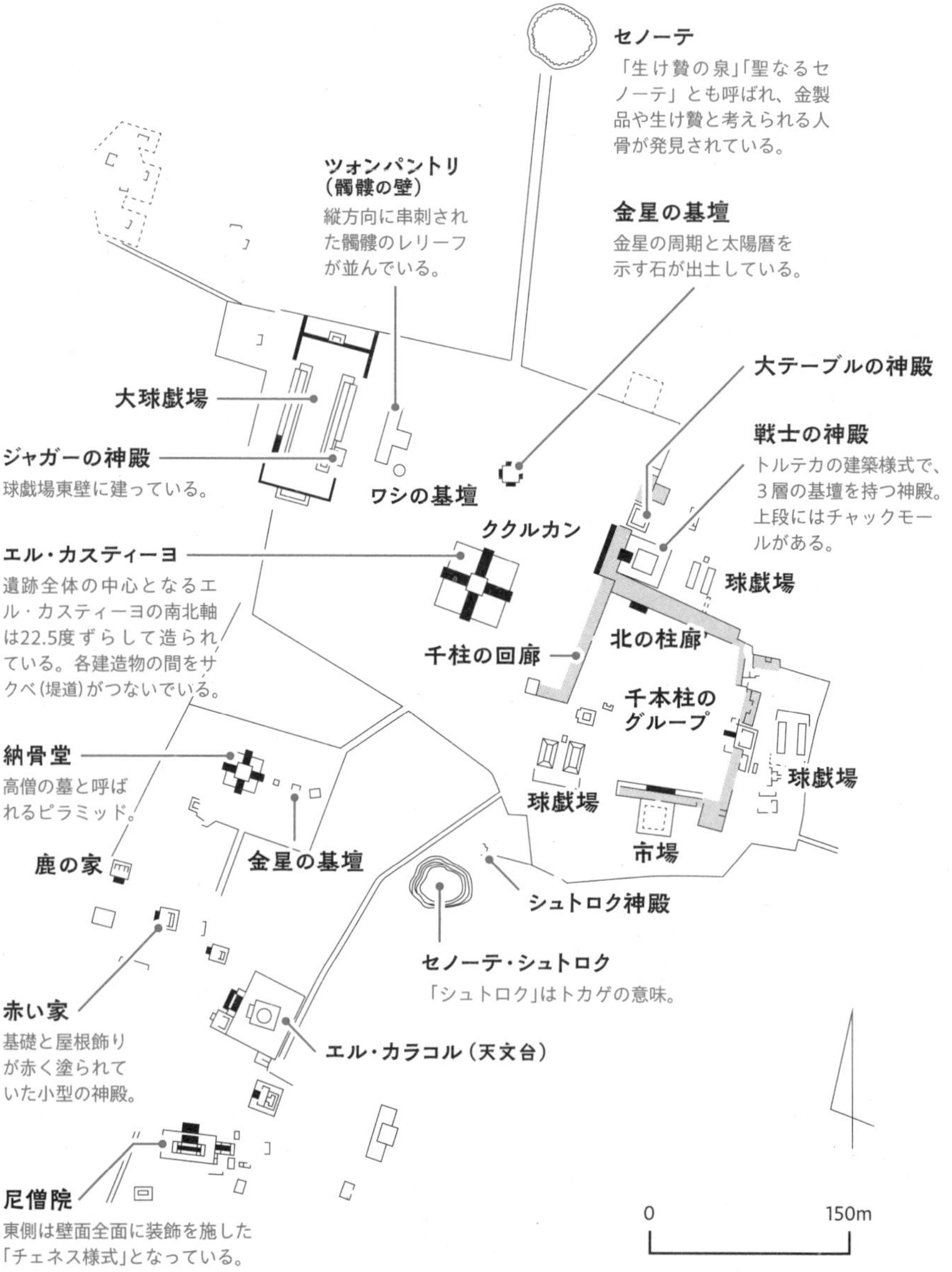

セノーテ
「生け贄の泉」「聖なるセノーテ」とも呼ばれ、金製品や生け贄と考えられる人骨が発見されている。
ツォンパントリ（髑髏の壁）
縦方向に串刺された髑髏のレリーフが並んでいる。
金星の基壇
金星の周期と太陽暦を示す石が出土している。
大テーブルの神殿
戦士の神殿
トルテカの建築様式で、3層の基壇を持つ神殿。上段にはチャックモールがある。
大球戯場
ジャガーの神殿
球戯場東壁に建っている。
ワシの基壇
ククルカン
エル・カスティーヨ
遺跡全体の中心となるエル・カスティーヨの南北軸は22.5度ずらして造られている。各建造物の間をサクベ（堤道）がつないでいる。
球戯場
北の柱廊
千柱の回廊
千本柱のグループ
納骨堂
高僧の墓と呼ばれるピラミッド。
球戯場
球戯場
鹿の家
金星の基壇
市場
シュトロク神殿
セノーテ・シュトロク
「シュトロク」はトカゲの意味。
赤い家
基礎と屋根飾りが赤く塗られていた小型の神殿。
エル・カラコル（天文台）
尼僧院
東側は壁面全面に装飾を施した「チェネス様式」となっている。
0
150m

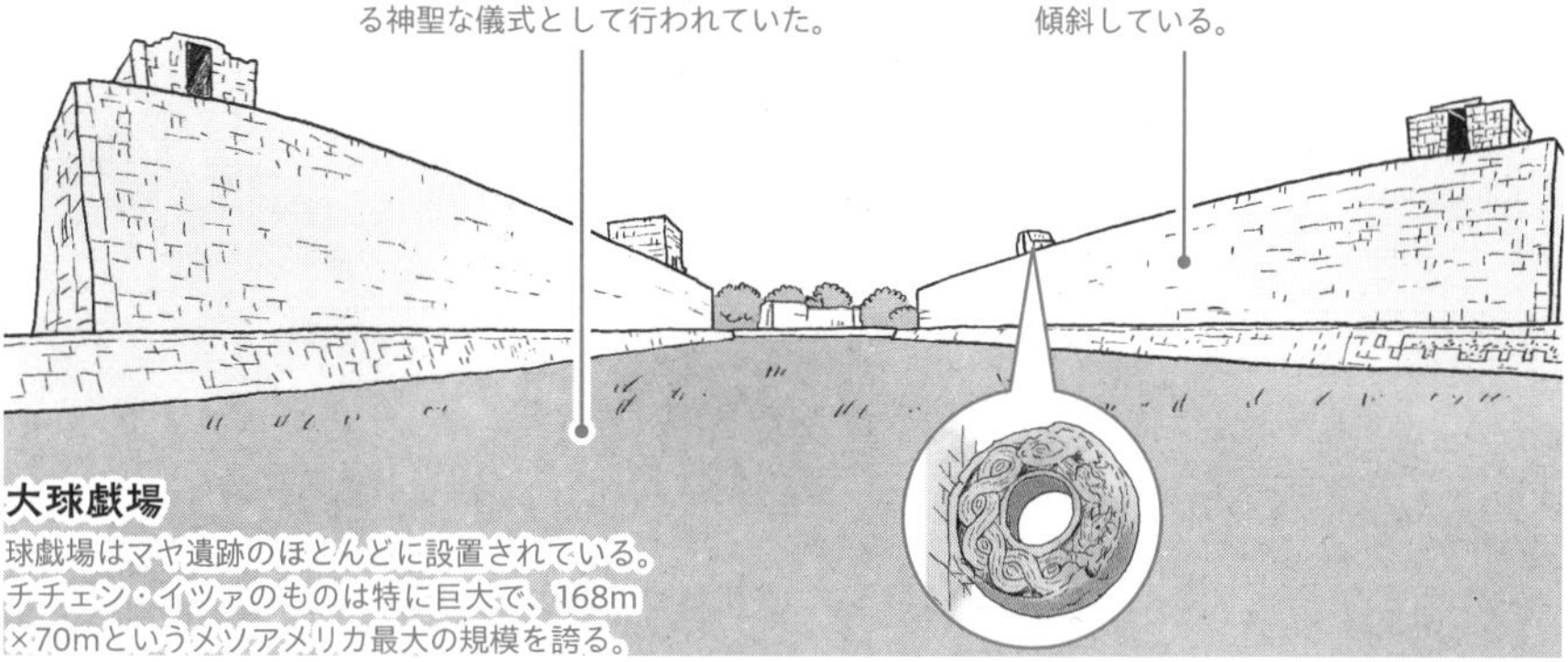
ペロータは、天体の運行を象徴する神聖な儀式として行われていた。
両側の壁は内側にやや傾斜している。
大球戯場
球戯場はマヤ遺跡のほとんどに設置されている。チチェン・イツァのものは特に巨大で、168m×70mというメソアメリカ最大の規模を誇る。

**石の輪**

高さ6mのところにある石の輪。ここにボールを通して技を競ったと考えらている。

**ツォンパントリ（髑髏の壁）**

球戯場の近くには500以上の髑髏が彫刻されたツォンパントリがある。この建造物もトルテカの影響を受けているとされる。

## TOPICS

### 人の心臓が捧げられたチャックモール

トルテカ文明の影響が色濃い「戦士の神殿」の頂上のチャックモール。仰向けになって上体を起こし、腹部の上に容器を抱えて膝を立てている像で、死んだ戦士の象徴している。皿の上に生贄の生きた心臓が置かれ、太陽神に捧げられたとされる。これは、メソアメリカ全域に見られる傾向である。

蛇の柱
チャックモール

後古典期の遺跡

# マヤ最後の大国「マヤパン」

## チチェン・イツァ衰退後、後古典期後期のユカタン半島の聖地的中心

### 人口1万5000人、4.2㎢の高密度な城壁都市の全景

チチェン・イツァ後のマヤ後古典期後期に、北部低地の広い地域を統治していたマヤパン。チチェン・イツァの模倣版とされる建築物がコンパクトに配されている。

エル・カスティーヨ
(ククルカンのピラミッド)
マヤパン最大の神殿ピラミッドは高さ15m。神殿部分は未修復のままとなっている。

チチェン・イツァの衰退後、ユカタン半島北部を治めたのがマヤパン*である。チチェン・イツァの貴族層と一部住民が移住してきたとされるが、チチェン・イツァ放棄以前からマヤパンは存在していたとする説もある。

後古典期後期は13世紀頃からスペイン人による征服までの300年ほど続いたが、マヤパンは13世紀半ば頃から北部低地の広い地域を同盟関係によって統治していたとされる。統治に当たっては各地の支配者を首都マヤパンに住まわせ、忠誠を誓わせるという方法を取っていたらしい。

石の城壁に囲まれた4.2㎢に建造物が密集し、1万5000人以上が居住したとされる。

しかし、マヤパンに残る遺跡は建築技術の面でチチェン・イツァに遠く及ばず、模倣にすぎないと見られている。中心部のエル・カスティーヨは、チチェン・イツァの縮小版ともいうべき造りで、高さは

＊マヤパンとは、「マヤの旗」を意味し、城壁内に首都が建設された。

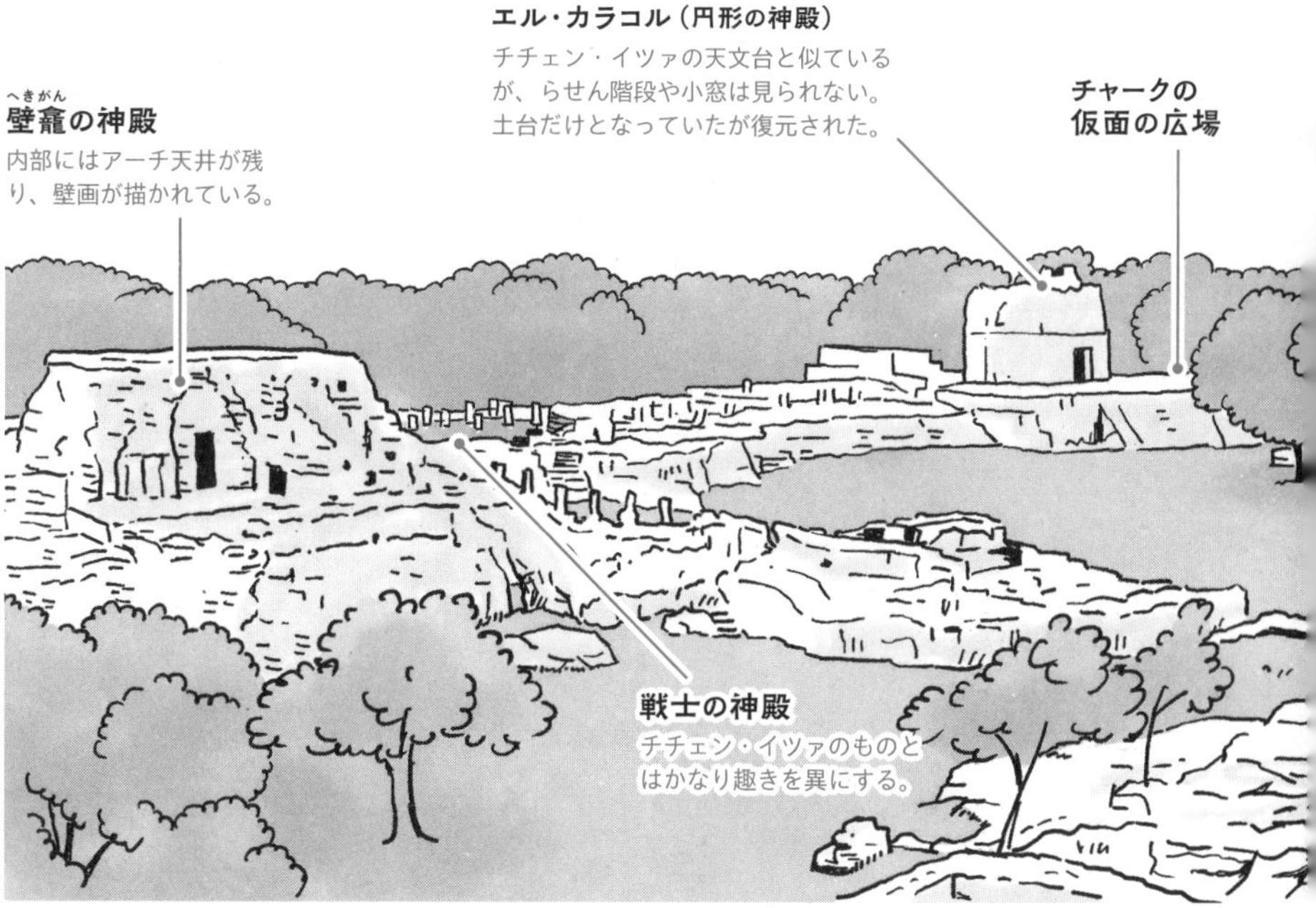
エル・カラコル（円形の神殿）
チチェン・イツァの天文台と似ているが、らせん階段や小窓は見られない。土台だけとなっていたが復元された。
チャークの仮面の広場
壁龕《へきがん》の神殿
内部にはアーチ天井が残り、壁画が描かれている。
戦士の神殿
チチェン・イツァのものとはかなり趣きを異にする。

15mほど。この他、壁龕《へきがん》の神殿、エル・カラコル（円形の神殿）などが見られる。

マヤパンの王家であるココム家は神々をかたどった香炉［63頁］などを大量生産して商業活動も広く行っていたが、名門貴族シウ家の反乱によって1441年に倒されてしまう。結果、マヤパンの都市は破壊され、その後放棄されたという。

## TOPICS

### 雨の神チャークの仮面

エル・カラコルに隣接した南側に、チャークの仮面の広間がある。チャーク神のモザイク石彫は古典期後期の遺跡に多く見られ、ウシュマルやラブナーなどのプウク様式のものとよく似ている。時代を異にするだけに、模倣して造られた、あるいはチチェン・イツァなどの他の都市から移設されたと考える向きもある。なお、チャークの仮面の広間とエル・カスティーヨとの間にはセノーテがあり、儀礼に使われたと考えられる。

石のモザイクによるチャークの仮面は長い鼻が特徴的。

後古典期の遺跡

# 仮面の神殿が屹立する「カバー」

## 神の顔が一面に装飾された神殿に代表されるウシュマルの姉妹都市

カバー*は紀元前250年頃の先古典期に北部低地に登場し、ウシュマルの姉妹都市として、古典期終末期の9世紀~10世紀に栄えた。

カバーの中で最も知られているのが、コズ・ポープ（仮面の神殿）である。西側の壁面前面に雨の神チャークのモザイク彫刻がびっしりと装飾されているのが最大の特徴で、250を数えるチャークのほとんどの鼻は折れている。屋根飾りは1枚の壁で造られ、内部には持ち送り式アーチが見られるなど、建物全体が巨大な芸術作品のようである。

プウク様式は建築物の下半分がスッキリしているのに対し、コズ・ポープは下までびっしりと彫刻がほどこされていることから、カンペチェ州北東部で発展したチェネス様式の影響も見て取ることもできる。

カバーからは北西にサクベ（堤道）がウシュマルまで延びており、都市の入り口には凱旋門とも呼ばれる巨大な持ち送り式アーチがかけられた。

### 雨の神の仮面で埋めつくされた神殿

マヤで長く崇拝されたチャークは雨と稲妻の神で、農耕の守護神ともされた。建造物ばかりでなく、セノーテの中などにも描かれることが多かった。

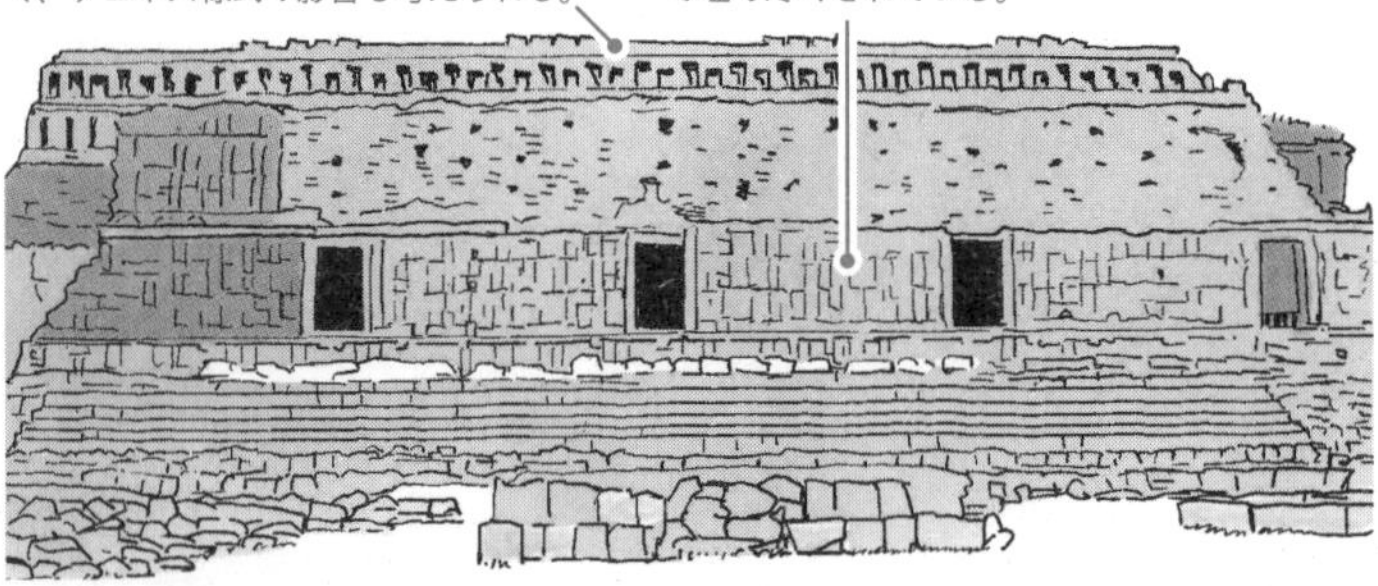
屋根は平らだが、プウク様式だけでなく、チェネス様式の影響も考えられる。
建物の下半分も壁面装飾で埋め尽くされている。

**コズ・ポープ（仮面の神殿）**
コズ・ポープは「巻かれたゴザ」の意。西側の壁一面に250ものチャークの彫刻が施されている。

**チャーク像**
コズ・ポープの南側に残るチャークの象のような長い鼻。ほとんどは折れており、きれいに残っているものは珍しい。

*カバーとは、マヤの言葉で「強い手」を意味する。

後古典期の遺跡

# 沿岸の要塞都市「トゥルム」

## カリブ海を望む、断崖に広がる城壁の港湾都市国家

トゥルム*はカリブ海に面するマヤ北部低地の城壁都市である。13世紀から15世紀まで、陸海の中継地点として発展し、特に黒曜石の取引が盛んだった。

都市の中心部は高さ12mの断崖上に築かれ、厚さ6m、高さ5mもの石積みの城壁で三方を囲み、外敵の侵入を防いでいた。

トゥルムで最も高い建造物はカスティーヨで、ククルカンの神殿とも言われる。トゥルムの建造物は、海に面した「風の神の神殿」や観測所として使われた「フレスコ画の神殿」などのように、上部が大きく、下部がすぼまったようなつくりとなっているのが特徴である。

また、両足を上に向けた「降臨する神」の漆喰のレリーフが随所に飾られている。

トゥルムはスペイン人の征服後も生き延びたが、16世紀末頃になって放棄された。

### 断崖に広がる交易と防衛の拠点・トゥルム

城砦に囲まれたトゥルムは、カリブ海に面した断崖上の城壁都市として栄えた。

列柱の家
支配者の宮殿と考えられる遺構。
エル・カスティーヨ
トゥルムの港
フレスコ画の神殿
壁画や漆喰彫刻で装飾された神殿。
カリブ海

## TOPICS

### 風の神の神殿

海に突き出したところにある「風の神の神殿」。基部が円形となっており、マヤにおける風の神ククルカン（羽毛の蛇）が祀られている。風の神の神殿とカスティーヨの間にある入り江がトゥルムの港である。

*トゥルムとは、ユカテコ語で「壁」「塀」を意味する。かつては「夜明けの街」を意味する「サマ」と呼ばれていた。

マヤ滅亡の謎

# マヤ文明はなぜ滅亡したのか？

## 古典期終末期に突如衰退し、都市が放棄される

古典期後期（600年〜900年）はマヤ文明の最盛期である。この時代の中心は、中部低地における二大勢力ティカルやカラクムルであり、両勢力は興亡を繰り返した。当初はカラクムルが勝利したが、7世紀の後半にティカルが勝利して復活。最後の黄金期を迎えることになる。

ところが、栄華を極めていた諸都市は徐々に衰退し、8世紀半ば頃から崩壊を始める。ティカルでさえも、869年以降の石碑は見られない。10世紀初頭までにペテン地域のほとんどのマヤ社会が崩壊し、都市は放棄されてしまうのである。

古典期終末期におけるマヤ社会の崩壊については90もの仮説が挙げられ、一つの説に着地させることはできない。おそらく複合的な要因であったと考えられるものの、マヤ文明滅亡の実態は今なお謎のままである。しかし、この時期、長期間にわたる大破局（カタストロフィー）が起きたことは確実である。

### マヤ中部低地の諸都市が衰退

マヤ中部低地（グアテマラ、ペテン地域）の中心地として繁栄を誇ったティカルも、９世紀以降衰退の道を辿り、10世紀には放棄されていった。

**ティカル、北のアクロポリス**

神殿ピラミッドが立ち並ぶ都市は、９世紀以降、徐々に放棄されていった。基壇の上部が崩落したティカルの「北のアクロポリス」も神聖な場所であった。

## 古典期マヤ崩壊を巡る諸説

マヤが崩壊・滅亡に至るまでには多くの複合的な要因が考えられ、一つに絞るのは困難である。ここでは90にもなると言われる仮説のうち、6点に絞り、その概略を述べることにする。

| 説 | 概要 |
|---|---|
| 外敵侵入説 | メキシコ中央高原からの侵入者、おそらくトルテカ民族によって、低地マヤ地域の都市国家が壊滅的打撃を受けたという説。トルテカは後古典期初期からユカタン半島やグアテマラ南部高地に侵入したが、すでに古典期後期には侵入を開始していた可能性もある。 |
| 通商ルート崩壊説 | テオティワカンは巨大な通商・軍事国家であったが、700～750年に崩壊する。これにより、当時存在していたメソアメリカ全体の通商ルートが混乱をきたし、マヤの諸都市が大混乱に陥ったという説。 |
| 反乱説 | 社会の頂点に王が君臨し、一握りの王族や貴族、神官が神権政治を司っていた古典期マヤは、複雑な階級社会であった。戦乱に次ぐ戦乱によってマヤ社会が疲弊し、王族・貴族階級の支配が弱まったことから下層階級が反乱。マヤ社会は無政府状態に陥り、内部から崩壊したとする説。 |
| 疫病説 | マヤ地域の中でも低地マヤ地域は熱帯のジャングルであり、疫病が発生しやすい環境にある。都市化の進行によって衛生環境が悪化し、アメリカ特有の風土病であるトリパノソーマ症や回虫病、腸病原体感染症など、致命的な疫病が大流行した可能性が考えられる。 |
| 干ばつ説 | 古典期終末期にマヤ地域の気候が大きく変化し、乾燥化したことによって、ユカタン半島と低地マヤ地域を大規模な干ばつが襲ったという説。水がなくては多くの人口を支える食料生産が成立しない。干ばつが飢饉や疫病の流行をもたらしたと考えられる。メソアメリカでは、後の植民地時代にも同様の現象が起きている。 |
| 環境破壊説 | 古典期のマヤ地域は乱開発が進んだ地域であった。低地マヤ最盛期の総人口は少なく見ても数百万人から多ければ一千万人を超えていた可能性がある。トウモロコシの品種改良、二期作、集約農法や肥料の改良、貯水池や用水路の整備などが進められたが、土壌の地力は衰え、緑地を消失して環境破壊を招いたと考えられる。 |

マヤの建築

# マヤの多彩な建築様式

## 神殿ピラミッドや天文台、宮殿など、すべてが高度な石造建築

マヤ地域には4400を超える遺跡があるといわれ、そのうち数百が王族や貴族、神官が居住する「都市」であった。また、そのうちいくつかは、最盛期に10万人を超える人口を有する大都市であった。

いずれの都市も、マヤの世界観に基づいて計画が練られ、建設されている。先古典期における三角構造グループ、古典期においてはEグループと呼ばれる特殊な建造物のレイアウトが見られるが、これらはすべて天文学的で宇宙論的意味を持っていた。

大都市は複数のアクロポリス（都市センター）を持ち、巨大な神殿ピラミッド、宮殿、球戯場、天文台などを有した。建造物のほとんどは石材や石、マヤのセメントでできている。表面は成形した石材で覆われ、接合部分や壁はモルタルが使われた。表面は人物のレリーフや幾何学模様が施され、マヤ文字が刻まれている。

都市間はサクベ（堤道）で結ばれ、また長さ163mの吊り橋も存在したことがわかっている。

### 石造技術はマヤ人の知恵の結晶

マヤ文明におけるテクノロジーの成果は土木・建築技術に顕著に見られる。高度な石造技術を駆使した建造物が諸都市に立ち並んでいた。

カラクムルの神殿ピラミッド（建造物2）は、基壇と神殿の積み重ねで複合的に構成され、最も高い2-Aの頂点は高さ45m以上にもなる。[30頁]

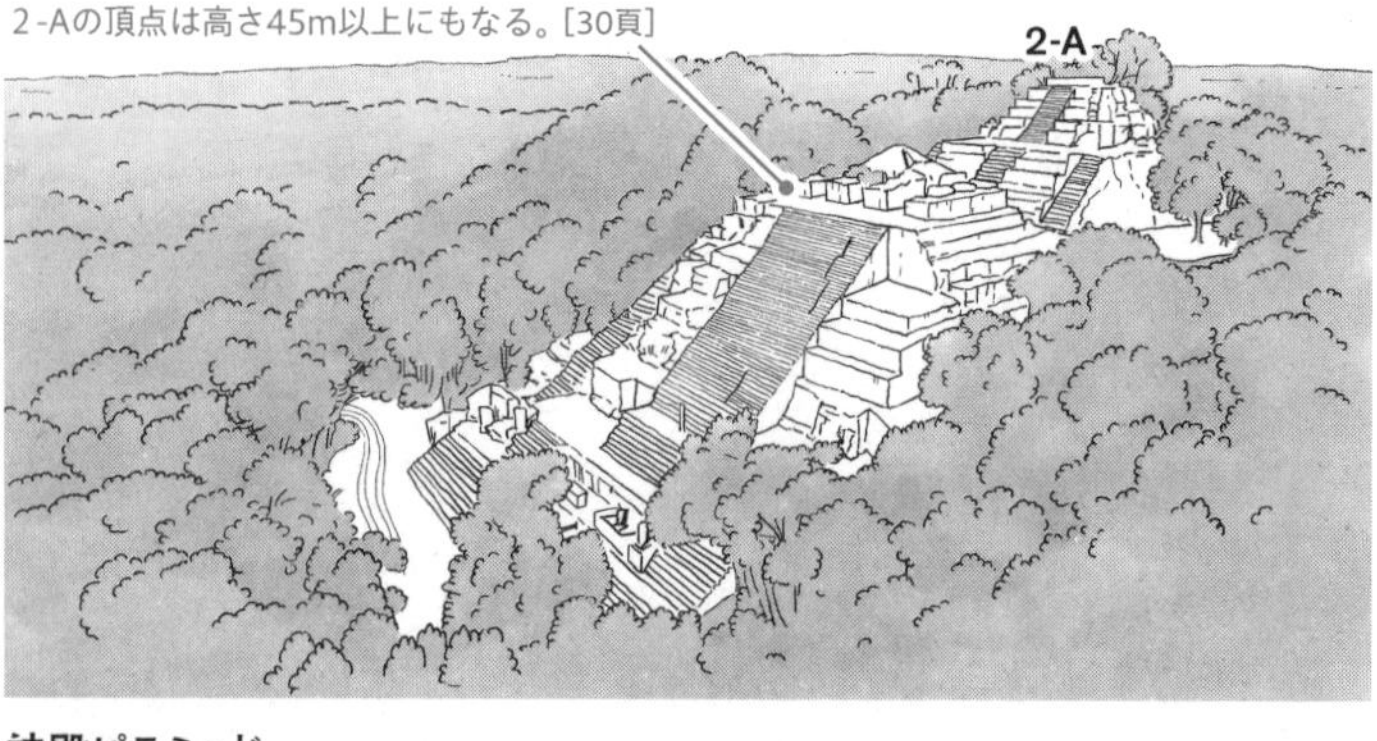


**神殿ピラミッド**

マヤの各都市に見られるピラミッドは、四角い基壇を何層も積み重ね、上部に神殿が配されていることから「神殿ピラミッド」と呼ばれる。

パレンケの宮殿内には、マヤ唯一とされる塔型の天文台「四重の塔」がそびえ立っている。[32頁]

### 宮殿

都市の中心部には祭祀のための建造物だけでなく、王や貴族たちの居住区域であり政治・宗教儀式の場である宮殿が形成されていた。一般的に石で建てられ、壁面には神話の中の神や歴史的場面の彫刻や装飾が施された。

### 天文台

金星や太陽の天体観測を行うために使われた天文台。暦の作成や宗教的儀礼のために使われたと考えられる。

チチェン・イツァの「エル・カラコル」は、ドーム型の建物内にらせん階段があり、観測用の小窓が３カ所ついている。[46頁]

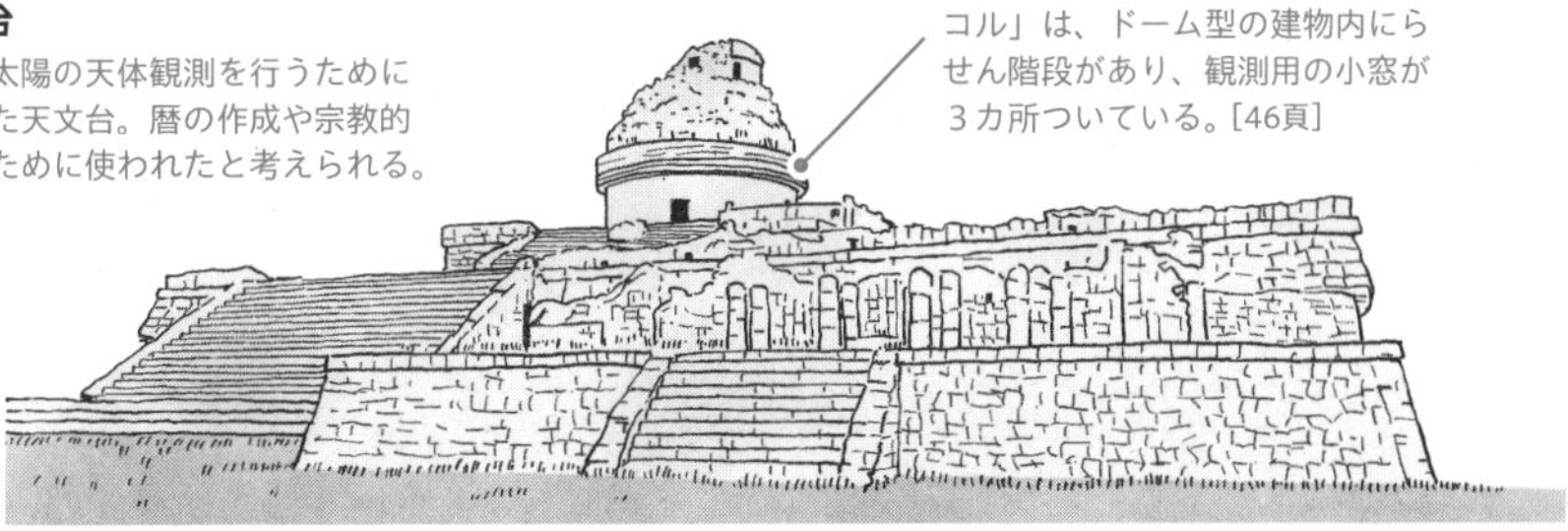

ウシュマルの球戯場の壁にはさまざまな装飾が施され、石の輪もつけられている。[39頁]

### 球戯場

球戯場はマヤの多くの遺跡にある。細長い長方形のコートを中心とし、両側面に高い壁面を持つ構造となっている。球戯といっても単なるスポーツにとどまらず、天体の運行を象徴する神聖な儀式であった。

ラブナー遺跡には「アーチ」と呼ばれるプウク様式の建造物が見られる。[45頁]

### アーチ

持ち送り式アーチとは、両側の石を左右から少しづつ持ち送り式にして、アーチの頂点で双方がつながるように作られた疑似アーチのこと。マヤアーチとも呼ばれる。

column

# マヤ王族たちのファッション

## 壁画やリンテルに描かれた着飾った古代マヤ王族の姿

マヤ文明のファッションはどのようなものであったか、その答えは石碑や壁画の中に見ることができる。

ボナンパクの神殿には、3室の壁に描かれた彩色壁画があり、第2の部屋から「戦闘と捕虜の生け贄」が見つかっている。

ここでは、チャン・ムアン王が大きな羽根飾りを頭にかぶり、ジャガーの毛皮やヒスイの宝飾品を身につけて着飾っている。さらに、ジャガーの毛皮が巻かれた槍を手にし、胸には頭蓋骨の飾りをつけ、捕虜を踏みつけている。

王の前に立ち並ぶ貴族たちもそれぞれに動物の頭飾りで着飾る様子が伺える。

放血儀礼［91頁］のときなどは、王は美しい柄のマントをまとい、マントとそろいの腰布、ヒスイの首飾りなどを身につけていた。王妃など女性はウィピルと呼ばれる上衣を着ていた。

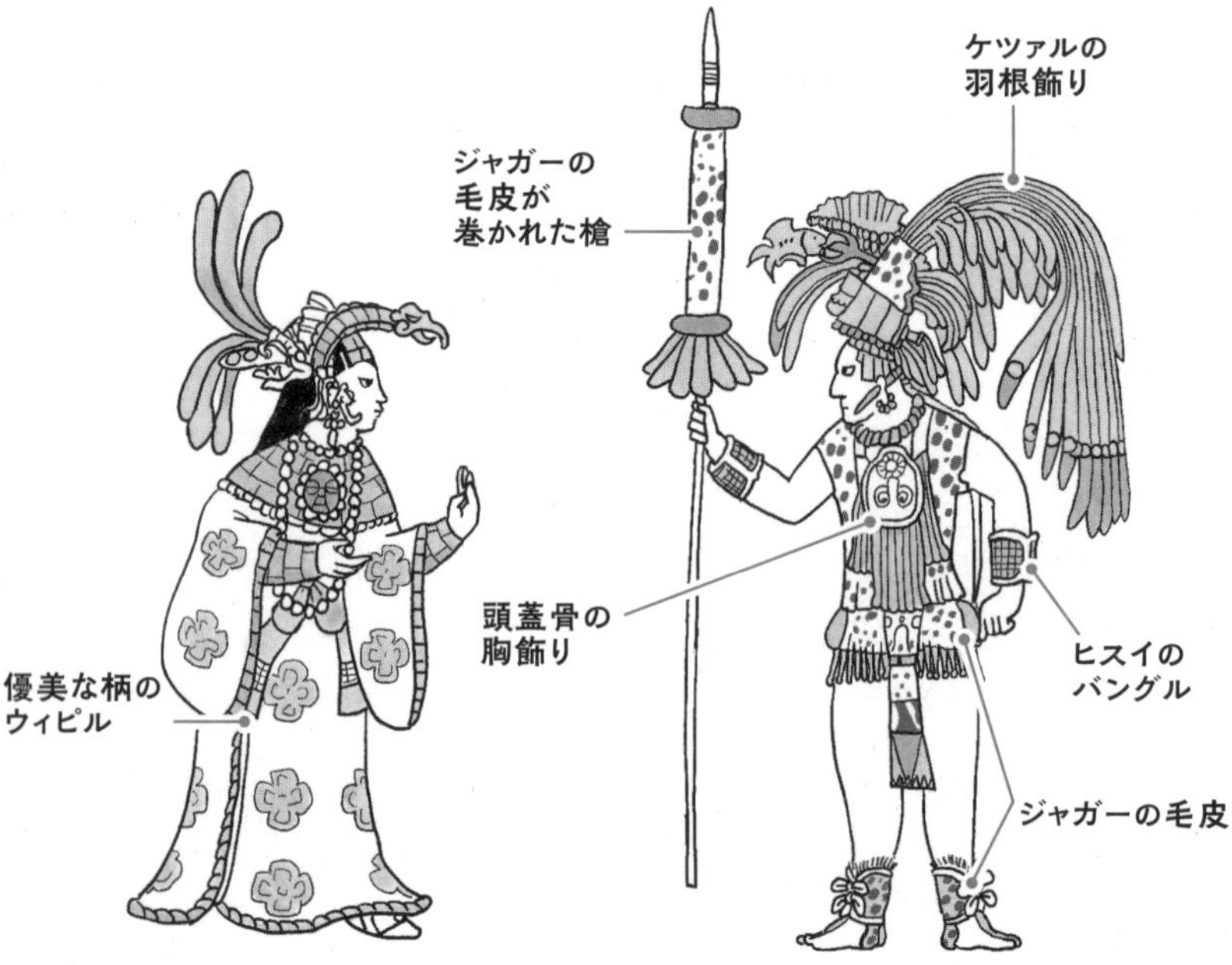

ケツァルの羽根飾り
ジャガーの毛皮が巻かれた槍
頭蓋骨の胸飾り
ヒスイのバングル
ジャガーの毛皮
優美な柄のウィピル


**王妃のファッション**
ヤシュチラン、ショク王妃の放血の儀式が描かれたリンテル25号より。

**王のファッション**
ボナンパク、第2の部屋の「捕虜の生け贄」より。

# 第2章

# 驚愕のマヤ文明・文化を探る

# 冥界シバルバーに降りるマヤの王

## 王は、政治・経済、国家儀礼、戦争のすべてを統率していた

マヤの王は国家の中心であり、国家そのものであった。政治・経済の指導者であるだけでなく、国家儀礼の際は最高位の神官としての役割を果たし、戦争ともなれば最高司令官として戦いに臨んだ。マヤの王はまさに「神聖王」という名にふさわしい立場であった。

王位の継承は父系の長子がほとんどであり、即位した王は王としての権威を神聖化するため、さまざまな宗教儀礼を行った。その一つに放血の儀式［91頁］がある。この儀式において王はおそらくトランス状態に入り、自らの体を傷つけて血を流し、その血を神に捧げたと考えられている。王権を維持するには自らの神的存在を証明する必要があったといえよう。

戦争に負けた場合、王は敵国の捕虜となって拷問を受け、あるいは生け贄にされて命を落とすこともあった。

王が亡くなると、ヒスイの仮面や首飾りなどで棺

### 碑銘の神殿の断面図

碑銘の神殿の内部には階段があり、上部の神殿と最下層の墓室を結んでいる。墓室に安置された石棺内のパカル王の遺体は大量のヒスイや貝などの副葬品で覆われ、棺の内部は赤く塗られていた。

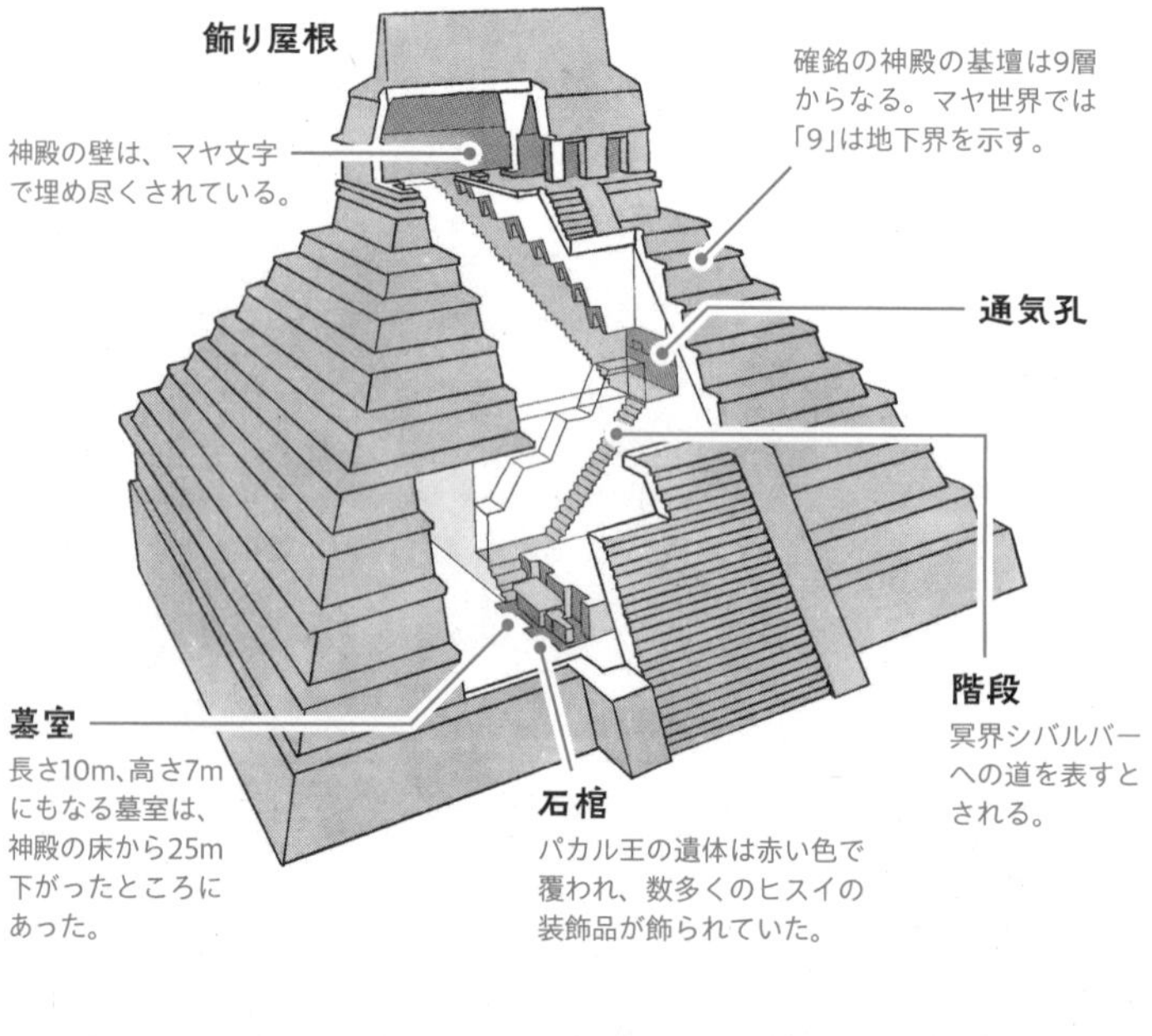
飾り屋根
神殿の壁は、マヤ文字で埋め尽くされている。
確銘の神殿の基壇は9層からなる。マヤ世界では「9」は地下界を示す。
通気孔
階段
冥界シバルバーへの道を表すとされる。
墓室
長さ10m、高さ7mにもなる墓室は、神殿の床から25m下がったところにあった。
石棺
パカル王の遺体は赤い色で覆われ、数多くのヒスイの装飾品が飾られていた。

の中が飾られ神殿が建てられた。人身供犠も行われた。パレンケのパカル王の石棺のふたには、王が冥界シバルバーに降りる様子が描かれている。

## パカル王の石棺の蓋のレリーフ

パカルが即位したのは、パレンケがカラクムルに敗れた後の615年であった。70年近くも神聖王としての務めを果たしたパカル王は、後継者である息子のカン・バラム2世によって手厚く葬られた。

**宇宙鳥**
**(イツアム・イエ)**
天界を象徴し、一般に「主鳥神」と呼ばれる。祖霊を象徴するとも、太陽神の使者ともいわれている。
**生命の樹**
宇宙樹ともいい、いわゆるマヤの十字架である。世界創造を象徴。トウモロコシを様式化したもの。
**亡くなったパカル王**
胎児のような姿勢は、夕日とともに冥界シバルバーに沈んでいく様子を表すとされるが、むしろ冥界から復活し、来世において再生する様子とする説もある。
**双頭の蛇**
王の象徴。
**日没の太陽の怪物**
死の象徴。
**シバルバーのあご**
シバルバーとはキチェー族のマヤ神話における冥界の名称。「恐怖の場所」とも言い、死者の世界と関連づけられている。


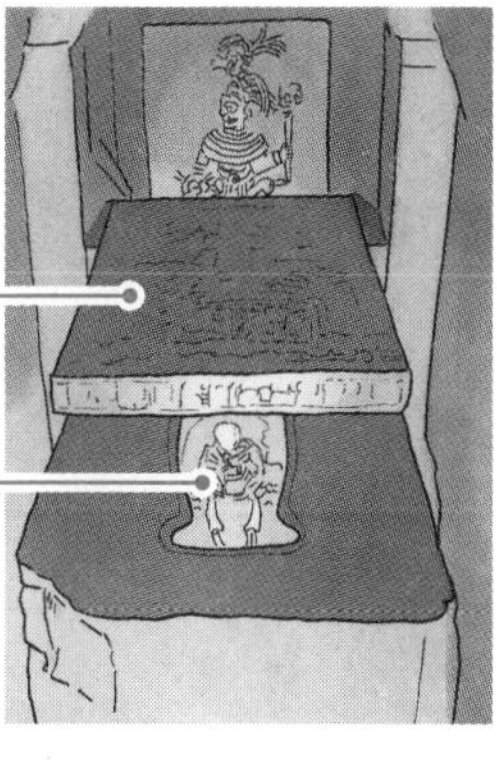

石棺のふたは長さ3.8m×幅2.2m×厚さ25cmの一枚岩で作られている。
パカル王の遺骨。

**パカル王墓再現(左)**
メキシコの考古学者ルイリエによって発見されたパカル王墓の様子が、メキシコ国立人類学博物館で再現されている。発見時の王はヒスイの仮面をつけていた。

**パカル王頭像(右)**
パカル王のものと見られる頭像。頭頂部からの髪が前方に垂れた様子はトウモロコシの穂を思わせ、トウモロコシの神を象徴するとされる。額には頭蓋変形が見られる。これとは別に、12歳の即位のときとされている頭像もある。

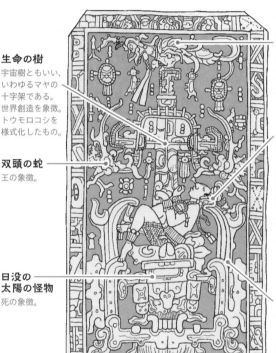

マヤの社会

# 二分された社会階層

## エリートと非エリートで構成されていたマヤの人々

マヤの社会は、王を筆頭にした支配者階級のエリート層と、被支配者階級の非エリートによって構成される。エリート層に属するのは、王族と呼ばれる王の血縁者をはじめ、儀式を司る祭司や書記などの知識階級、あるいは戦士という専門職である。

一方、非エリートとしては、生産活動を行う農民が挙げられる。農耕はただ自然に任せるのではなく、超自然的な存在に頼らなくてはならないものであった。このため、祭祀儀礼が重要度を増し、そのための専門職が生まれ、特権身分が誕生していったと考えられる。

これらとは別に土器製作者などのミドル・クラス階層があったとする向きもあるが、実態はわかっていない。

都市の中心部には王族をはじめとするエリート層が住み、周辺部には農民や職人たち非エリート層が住んでいた。富と権力は王に集中し、都市間においても、やがて階層差が生まれることになる。

### 新王の即位

615年のキニチ・ハナーブ・パカル1世即位の様子。母親のサク・クック女王からドラム型の王冠を受け取るところ。トウモロコシを象徴する頭飾りや胸飾りなどが見られる。

ドラム型の王冠
マヤの紋章文字
**母親のサク・クック女王**
12歳で即位したパレンケのパカル王は、幼少期、両親が執政していたと考えられている。
トウモロコシを象徴する頭飾りや胸飾り
双頭のジャガーの玉座

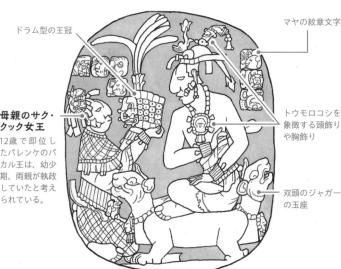

## エリートと非エリートによるマヤの社会構造

エリートと非エリートの2階層ながら、詳細については疑問視される点も多い。下記は、メキシコ国立人類学博物館が古代のマヤ社会構造を説明する際に作成した絵をもとにしている。

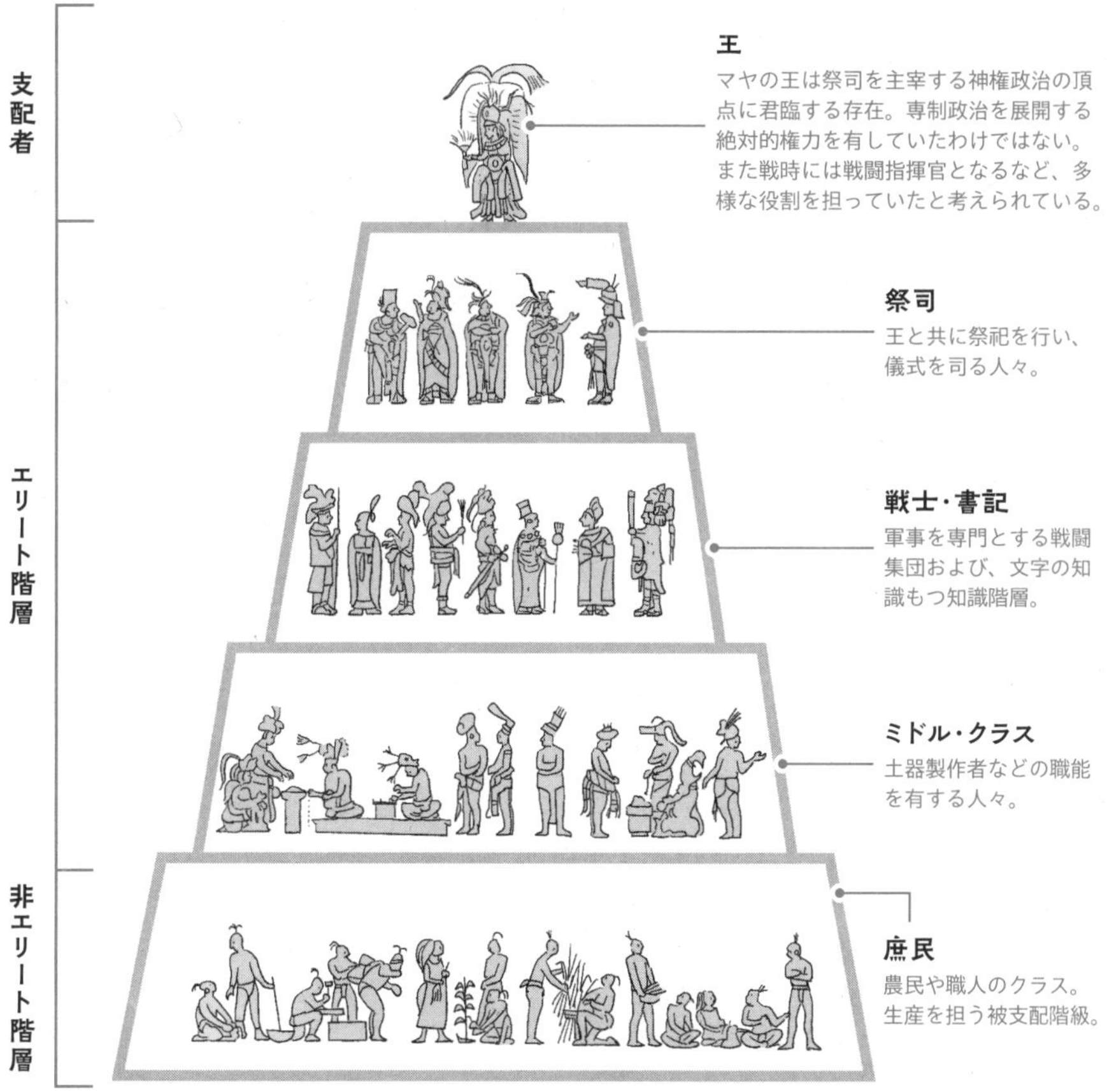
支配者
エリート階層
非エリート階層
王
マヤの王は祭司を主宰する神権政治の頂点に君臨する存在。専制政治を展開する絶対的権力を有していたわけではない。また戦時には戦闘指揮官となるなど、多様な役割を担っていたと考えられている。
祭司
王と共に祭祀を行い、儀式を司る人々。
戦士・書記
軍事を専門とする戦闘集団および、文字の知識もつ知識階層。
ミドル・クラス
土器製作者などの職能を有する人々。
庶民
農民や職人のクラス。生産を担う被支配階級。

### TOPICS

#### 祭祀階級に欠かせない香と香炉

マヤの儀式では、コパール(ポム)というアカマツ(Pinus rigida)の樹脂から採取した樹液で作られた香を焚いていた。香炉は土器や石で作られ、神殿内部や周囲に置かれるようになった。

マヤ古典期の都市パレンケでは、高さ70cmを超えるような大きな土器の香炉台が作られ、この上に椀形の土器を置いて香が焚かれた。特に「十字の神殿」などから多数出土している。「太陽の神殿」から発掘された香炉台は、鳥の神の姿を描いていると考えられている。

マヤの社会

# 交易で発展したマヤ文明

## ヒスイや黒曜石、貝殻、鳥の羽根、ジャガーの毛皮、カカオなどが取引される

マヤは先古典期から後古典期に至るまで、統一された中央集権国家になることがなかった。これは、メソアメリカ諸文明の特徴でもあり、帝国として全地域を統一したインカとは異なる。

このため、たび重なる抗争によって各地の王朝は盛衰を繰り返すことになる。一方で、都市国家間をはじめ、テオティワカンやオアハカ地方など、文明圏を越えたメソアメリカ各地との交易が行われた。

ヒスイや黒曜石、貝殻や土器、あるいはカカオといった儀式の道具は文明にとって欠かすことのできないものであり、こうした特産品、生産物や食料が各都市間を行き来した。

特に王の副葬品に必須のヒスイは、キリグア近くのモタグア川流域でしか採取できず、交易品の筆頭に挙げられる。また、高地ではケツァルの羽根や鏡に使われた黒曜石、低地ではジャガーの毛皮やカカオが採取された。

### 外交儀礼が描かれたチョコレートカップ

貢ぎ物の交換は、王朝や主従関係の間の重要な行事であった。マヤの各都市は異なる多様な自然環境を持っていたが、こうした活発な地域間交流によって、マヤ全体が情報、技術を共有し、文化を高め合うことになったのである。

この奥に鳥の羽根の頭飾りをつけ、使節を迎える人物が描かれている。
体を黒く塗り、動物の頭飾りをつけた外交使節。
盾は外交使節の貢ぎ物と考えられる。

**円筒形土器**（チョコレートカップ）
カカオの飲料用に使われたとされる彩色土器。メキシコ国立人類学博物館蔵。

## マヤの交易網

マヤの諸都市は熱帯雨林の低地や高地、盆地、海岸地域とが入り組み、それぞれに多様な自然環境を持っている。各地の特産物が自ずと都市間の交易を促していったと考えられる。

**古典期前期（後250年～後600年）**
テオティワカンの交易ルートが大きく広がり、グアテマラ、モタグア川流域からメキシコへヒスイや黒曜石などが運ばれた。メキシコ湾岸地域ではカカオやゴムが産出した。

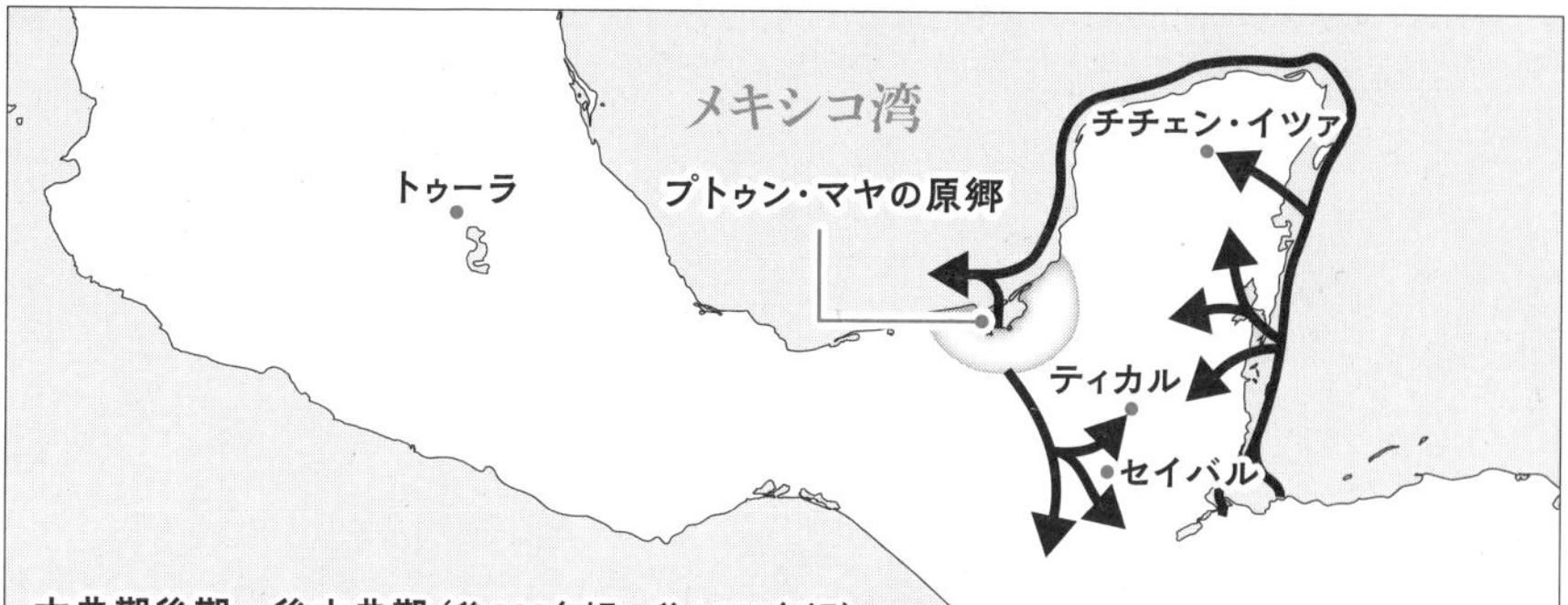


**古典期後期～後古典期（後600年頃～後1450年頃）**
プトゥン・マヤがユカタン半島の海上交易ルートを開いた。また、メキシコ中央高地のトルテカとの交易により、マヤの都市は建築などにおいてその影響を受けるようになる。

## TOPICS

### 交易品カカオは通貨でもあった

カカオの飲料は、マヤのエリート層に広く好まれた。メキシコのチアパス州からグアテマラの太平洋岸が主な産地であり、メソアメリカ全域に流通した。スペイン人侵入時は、カカオ豆が通貨として使われていた。右は「猿の神とカカオの土器蓋」。トニナー遺跡博物館蔵。

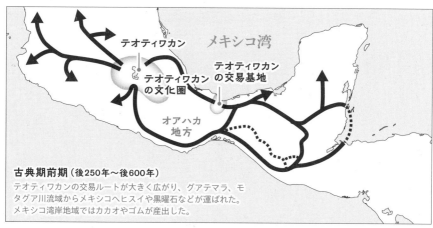

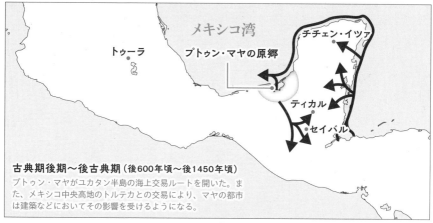

マヤの
社会

# 繰り返された戦争

## 勢力・領土の拡大、献納や資源の調達を目的とした

古典期後期（末期）のマヤでは常態化した戦争が行われていた。戦争が王権の支配や都市の繁栄、版図など、王朝にとって重要な意味を持っていたことが明らかにされている。

マヤにおける戦いの一つに、738年のコパンとキリグアの戦いがある。コパンの従属国キリグアがコパンの王を斬首し、独立を果たした。コパンが支配されることはなかったが、その後コパンでは20年近く石碑が建てられず、王の単独支配に代わって合議制が敷かれるという大きな変化があった。

戦争に勝つことは、自国の存続と繁栄を守ることであった。コパンとキリグアの場合、モタグア川流域のヒスイの支配権を巡る戦いであった。また、捕虜の捕獲によって生け贄を確保することもできた。

石碑や壁画には、武器を手にした戦士とともに、捕虜が辱めを受ける姿で刻まれている。彼らはやがて神への供物として生け贄にされる運命にあった。

### 王朝同士の戦いで捕虜となった王や貴族

マヤでは王の名前や日付、戦争の記録が石碑や壁画、絵文書などに描かれている。描かれた捕虜は、不自然な格好であることが多いが、着飾った姿で描かれている。一見不思議に思われるが、これは敗戦国の王の姿だったのだ。

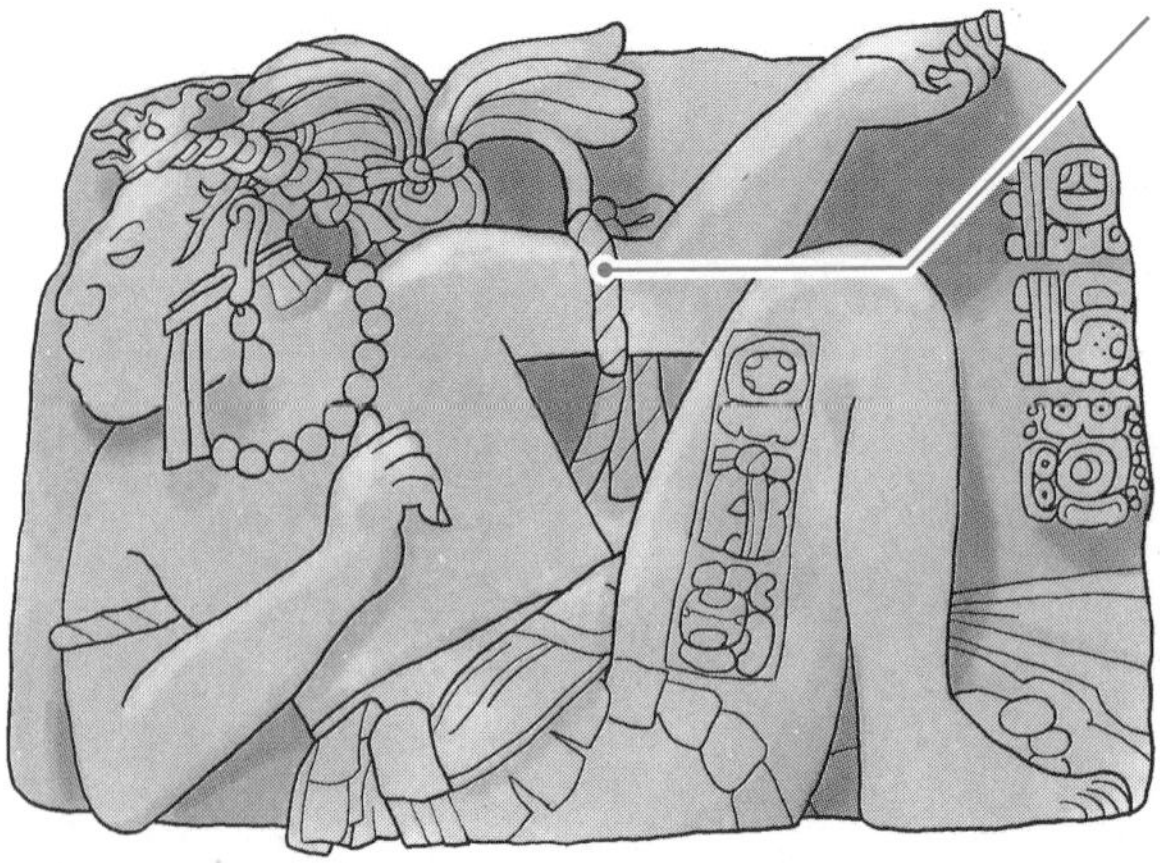

チタム２世は縄を打たれ横たわっている。王がその後どうなったのかはわかっていない。

**トニナー遺跡のモニュメントに刻まれたチタム2世**（パレンケ王）

不自然な格好を取らされ、捕虜となっているのは、パレンケ王のキニチ・カン・ホイ・チタム2世。身分の高い人物であるほど、それを捕えた戦士の価値は高まった。戦争が王朝の将来を占う儀礼の側面を持っていたともいえよう。

ラ・パサディータの支配者ティローム。
ヤシュチランの鳥ジャガー4世王。右手に槍を持っている。
衣服を脱がされ拷問を受けた後、生け贄にされる。
都市国家ピエドラス・ネグラスの王子と考えられる捕虜。左手を右肩に置く服従の姿勢。

**ラ・パサディータ遺跡のリンテル1**

ヤシュチランに従属していたラ・パサディータの支配者ティロームが、ヤシュチランの鳥ジャガー4世王に捕虜を渡している。

## TOPICS

### 神の格好にされる捕虜

トニナー遺跡。捕虜となっているのは、アナイテ王朝のヤシュ・アフク王。生け贄にされる前、後ろ手に縛られ、ジャガー神の格好をさせられている。

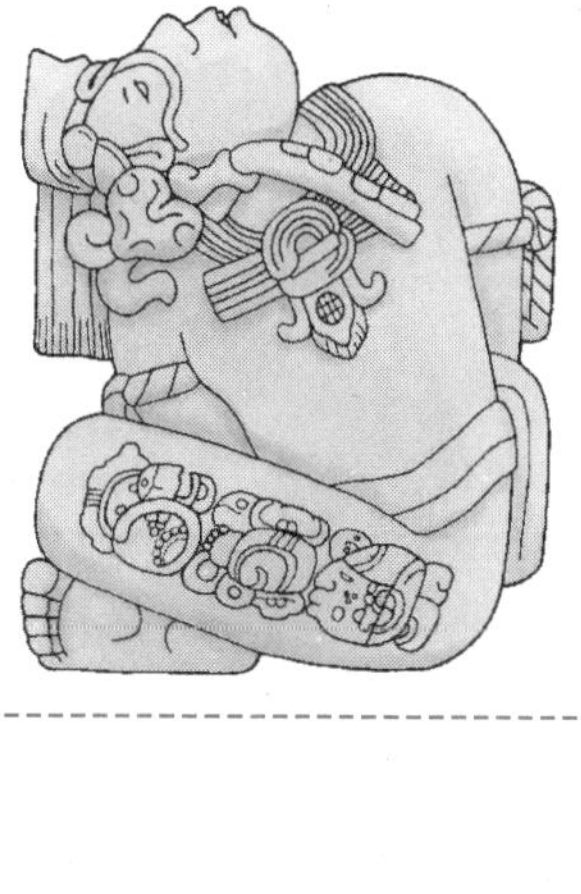

**ティカル遺跡の祭壇8**

ティカルの捕虜となっているのは、グアテマラ北部にあった都市国家ホルムルの王。

マヤのくらし

# 人々は何を食べていたのか？

## 焼畑農業の他、灌漑水路を張り巡らした大規模農耕が行われた

古代マヤ人の食生活は菜食中心であった。マヤ地域では、焼畑農業と集約農業を組み合わせ、トウモロコシをはじめ、カボチャや豆類、トマト、アボカドなどが栽培された。

集約農業では河川や沼沢地を利用した灌漑《かんがい》農法が行われ、山や丘陵の斜面には段々畑が作られた。最も特徴的なのが、マヤやアステカの低湿地で発達した盛り畑耕法である。浅い湖沼の土を積み上げ、掘った部分は水路として活用する。

「マヤ人はトウモロコシから生まれた」とされるほどで、神としても崇められるトウモロコシは、最も重要な作物である。石灰水で下茹でしてから粉に引き、トルティーヤにしたり団子状のタマルにしたりした。トウモロコシが改良され、栽培が安定したことで、マヤ文明は高度なものとなっていった。

また、カカオは特にエリート層に好まれ、精力剤や薬としてカカオドリンクが愛飲された。

### 神格化された主食のトウモロコシ

古代マヤ人のみならず、現代マヤ人にとっても必須の主食である。神話『ポップ・ヴフ』[82頁参照] では、シバルバー出身のイシュキックが、地上に脱出した後、フナプとイシュバランケの兄妹を産み、大地の女神としてトウモロコシの品種改良を行ったとされている。

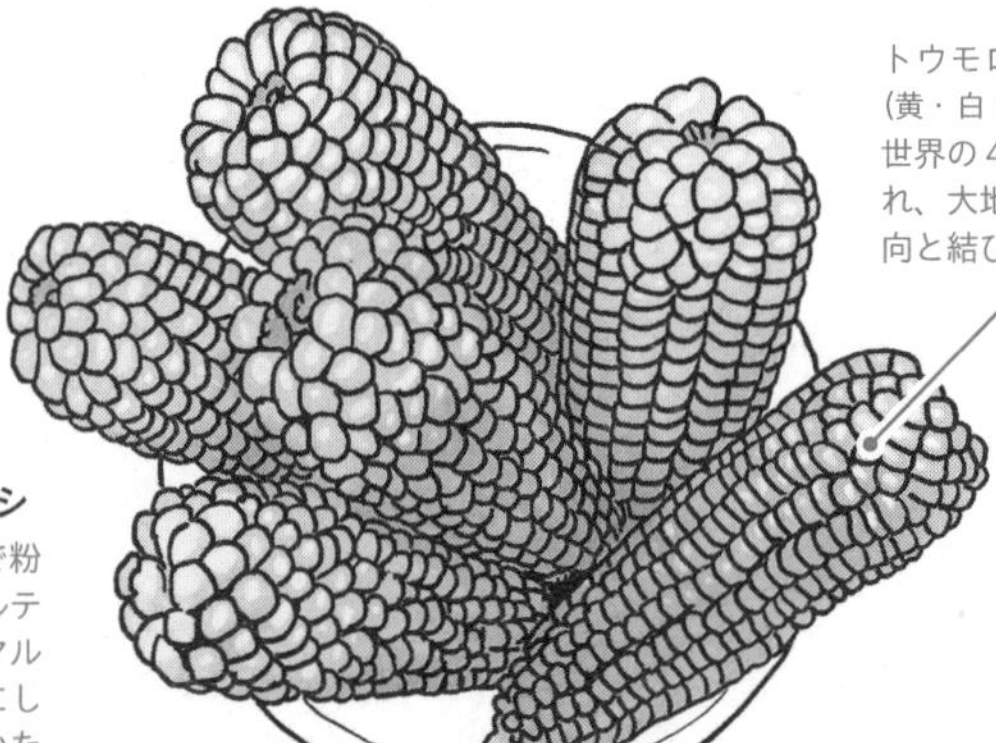

トウモロコシの4色（黄・白・黒・赤）は世界の４つの色とされ、大地の４つの方向と結びつけられる。

**トウモロコシ**

石皿と石棒で粉に挽いてトルティーヤやタマル（蒸し団子）にして食されていた。

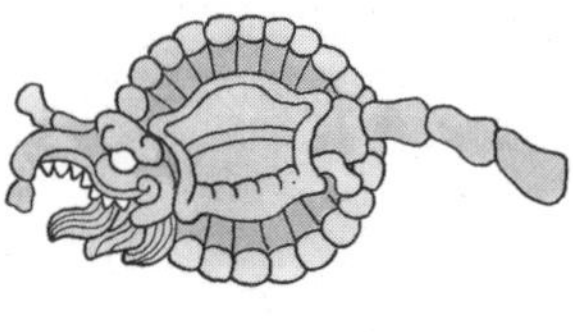

**トウモロコシの神**

パレンケ、碑銘の神殿、石棺のレリーフでパカル1世が身につけていたヒスイのペンダント部分。亀の甲羅が割れ、そこからトウモロコシの神が生まれるとされている。

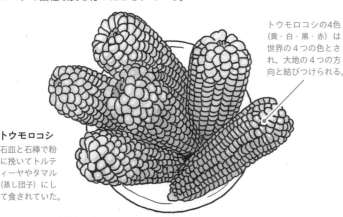

## 低湿地で発達した盛り畑耕法

マヤやアステカの低湿地で広く行われた盛り畑耕法。古典期のマヤ低地の発展を支えた集約農業の一つである。アステカでは「チナンパ」と呼ばれ、ソチミルコなどに見ることができる。

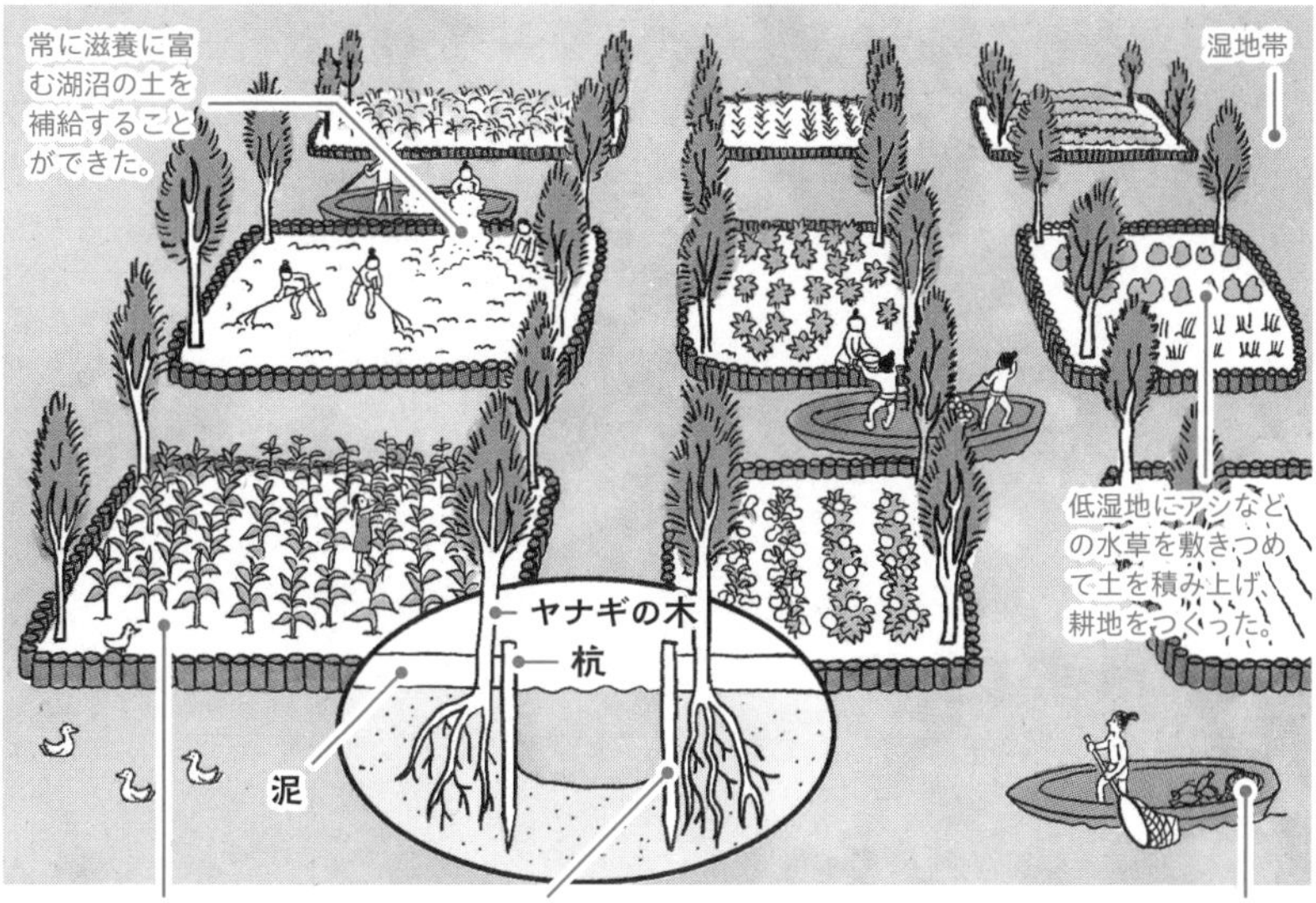
常に滋養に富む湖沼の土を補給することができた。
湿地帯
低湿地にアシなどの水草を敷きつめて土を積み上げ、耕地をつくった。
ヤナギの木
杭
泥

トウモロコシやダリアなどが栽培された。

畑の四方に木を植え、杭を打ち、土を固定している。

水路にたまった水草混じりの腐食土を畑にまいて肥料としていた。

## カボチャとインゲン豆で、マヤの三大作物

トウモロコシ食が中心のマヤ人の栄養補給を支えたその他の作物。

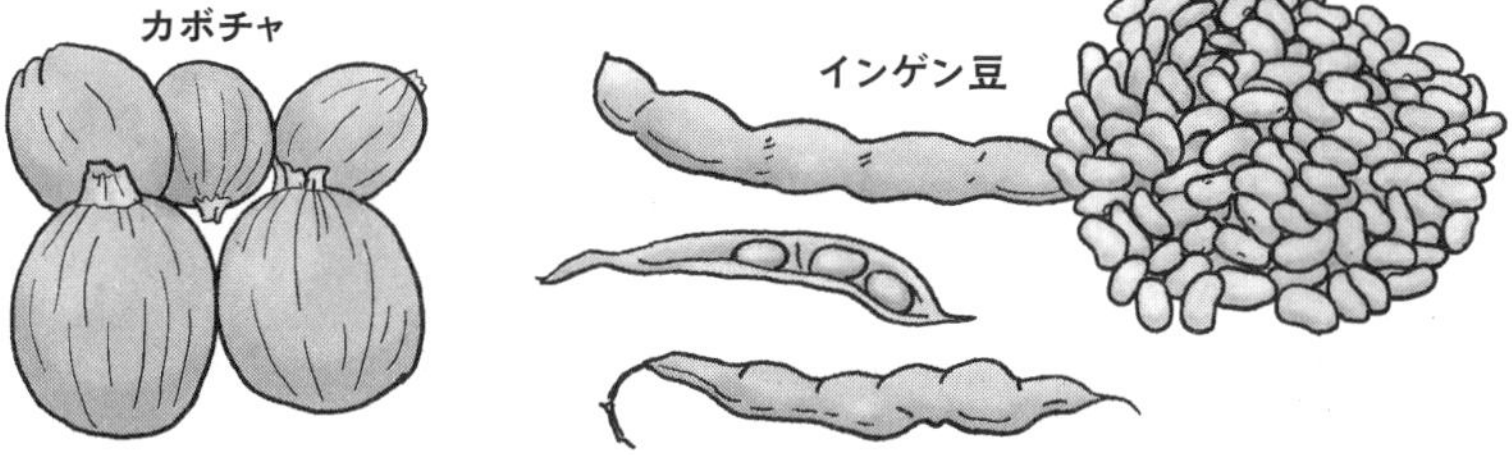
カボチャ
インゲン豆

**カボチャとインゲン豆**

主食のトウモロコシに加えて、カボチャとインゲン豆でマヤ三大作物と称する。トウモロコシだけでは摂取できない栄養を確保することができた。なお、カボチャはトウモロコシよりも栽培の歴史が古い。

### TOPICS

#### マヤのその他の作物

カカオ、トウガラシ、ジャガイモ、トマト、アボカド、塩など、現代も必須の食物の多くがマヤで栽培された。農産物を中心とした植物性食品が中心ではあったが、七面鳥やイグアナ、アルマジロなども食べられ、特に海岸沿いでは魚介類が重要なタンパク源であった。

マヤのくらし

# 基壇の上の住居

## 貴族は石の壁、農民は木の壁と、階層に応じた住居

マヤ古典期の都市における貴族の住居は、基壇の上に建てられた3～4基の建物が中庭を囲んで向かい合う形式が取られていた。支配層は複数の部屋があるのが一般的で、持ち送り式アーチのある石造の住居に住んでいた。ただ、地域によってはエリート層であっても石の壁に茅葺きや椰子の葉を葺いた屋根の住居という場合も見られる。

多くの農民の住居については、低いながらも基壇があったとされる。屋内は一部屋で、木造の壁に漆喰が塗られ、屋根は茅葺きなどであった。農民の間にも貧富の差があり、貧しい農民の場合は村落に住み、基壇がない場合が多かった。

石臼とすり棒はトウモロコシを扱うのに必須の道具であり、トルティーヤを焼くコマルをはじめ、調理や食事のための土器や石器が並んでいたであろう。金属製の道具はなく、畑を耕す際に使われていたのは石器である。庭ではアヒルや七面鳥が飼育されていた。

### 茅葺き屋根のワンルーム

マヤの農民は村落ばかりでなく都市部にも住んでいた。都市部の住居は、高さは低いながらも基壇の上に造られた。

屋根は茅葺き。
住居空間は木造の一部屋のみという素朴なものであった。
カゴや土器、石器などの生活用品。
壁は漆喰塗り。

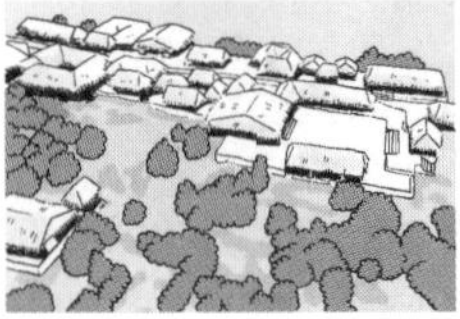

**庶民の家**
アステカの住居の様子。マヤ、アステカともほとんど同じような生活が営まれていたと考えられる。左のジオラマともに、メキシコ国立人類学博物館に展示されている。

マヤのくらし

# マヤの音楽と踊り

## 戦争や儀式の際、王も庶民も神聖な音楽を奏でた

### 仮面の踊り子と管楽器の演奏者

戦意高揚の儀式に代表される演奏と踊りの壁画をはじめ、神々が楽器演奏する様子が描かれた絵文書も残されている。しかし、古代マヤの音楽の記録は少なく、解釈も分かれるため、再現することは困難である。

動物の仮面をつけて踊る人々。

楽器演奏を行う人々。

**出陣前の儀式を描いた壁画**

ボナンパクの建造物1の第1の部屋には、「出陣前の儀式」の様子が描かれている。

オレンジの地に、華やかな衣装を着た人がトランペットを吹いている。

**トランペッターのプレート**

トランペッターが描かれた陶器。8世紀頃メソアメリカ。メトロポリタン美術館蔵。

古代マヤには直線的な管だけのラッパや太鼓、マラカス、土製のオカリナのような笛があった。

ボナンパクの壁画に描かれたのは、出陣を前にした儀式の様子である。戦意を鼓舞したり、戦いの神に必勝祈願したりする儀式は、ごく日常的に行われていたと考えられる。人身供犠を行う際も、生け贄となった捕虜に対して叫び声やラッパの音を浴びせて襲いかかっていたことがわかっている。

キチェー族の神話『ポップ・ヴフ』の中でも、歌を歌い、笛と太鼓で音楽を奏でる様子が見え、絵文書の中でも太鼓やラッパを演奏する神々が描かれている。

さらにエリート層の儀式ばかりでなく、一般庶民にとっても、農耕の祭りや死者の儀式に際しては、音楽と踊りは欠かすことのできないものだった。

なお、マリンバなど、メキシコの民族楽器は植民地時代に生まれたものであり、楽器を含め古代マヤの音楽は再現が難しいという。

# 複雑で絵のような文字

## 先古典期中期に出現し、古典期の石碑に王の事績が記される

マヤ文明は、アメリカ大陸の文明のうち、唯一完全な形の文字文化を持った文明である。

先古典期中期に出現し、古典期に入ると、王の事績が長文のマヤ文字によって記された。コパン［36頁］などでは多くの石碑が建てられ、王の姿とともにマヤ文字が刻まれている。また、絵文書や土器などにも書かれていた。

マヤ文字の表記方法は、漢字のように意味と音を表す「表語文字」と、仮名のように音を表す「表音文字」からなり、絵文字のようなものから、抽象的なもの、幾何学的なものまである。読む順番は、左上から横2列を1組として下に向かう。横列に1組以上あるときは、上に戻って2組目以降を読んでいく。

王朝の歴史を証言する重要な文書であるため、長期暦などに見られるように正確な数字の記述が必要となる。マヤの数字は20進法で表され、点を1、棒を5とした組み合わせで表記される。

### 意味と音を表すマヤ文字

マヤ文字は表音文字（表語文字）と音節文字からなっており、約700の文字素の組み合わせで構成され、4万～5万のマヤ文字が存在するとされている。

**バラム（ジャガー）の書き方**

バラム（ジャガー）と書く場合の3通りの方法。Aは表語文字の1文字でバラムとする方法。Bは一つの文字が何通りかに読めるため頭に補助の文字を加える方法。Cは音節ごとに分割した方法。

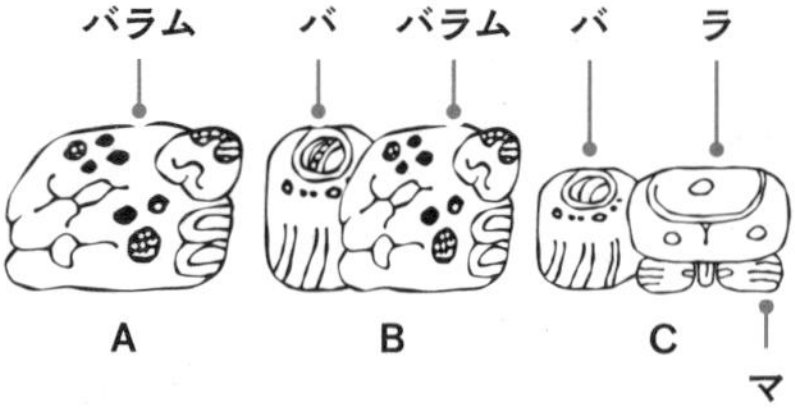
バラム
バ
バラム
バ
ラ
A
B
C
マ

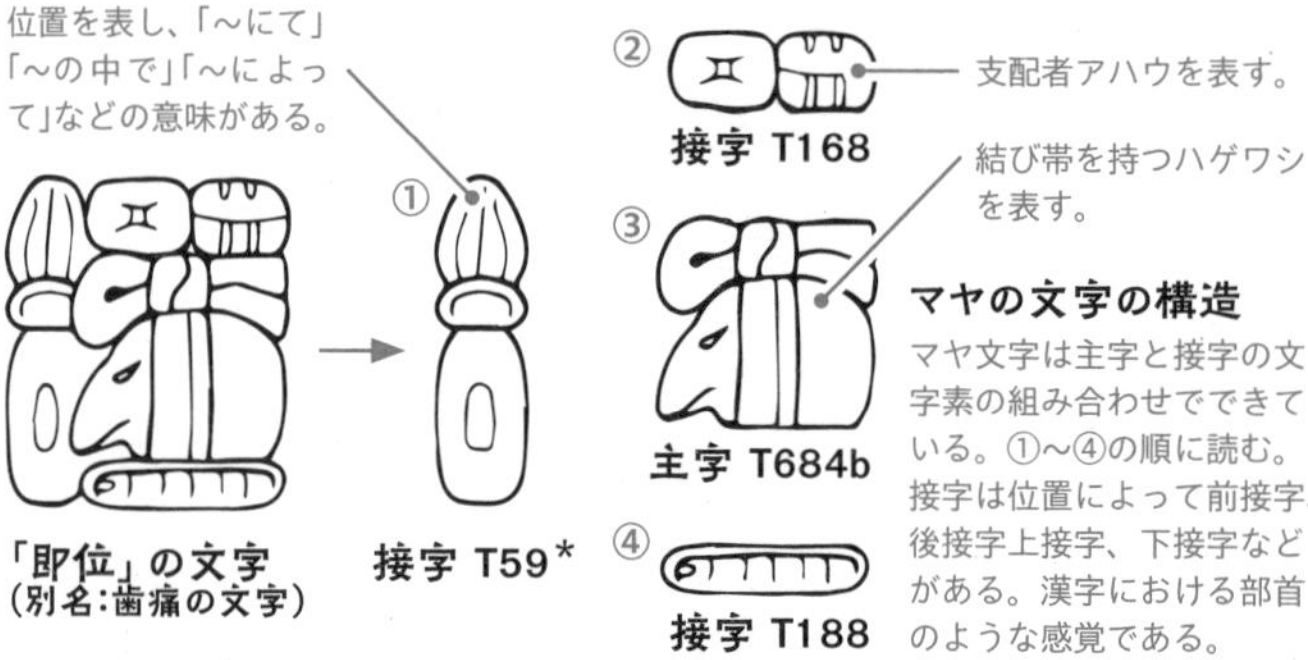
位置を表し、「～にて」「～の中で」「～によって」などの意味がある。
①
「即位」の文字
(別名:歯痛の文字)
接字 T59*
②
支配者アハウを表す。
接字 T168
③
結び帯を持つハゲワシを表す。
主字 T684b
④
接字 T188

**マヤの文字の構造**

マヤ文字は主字と接字の文字素の組み合わせでできている。①～④の順に読む。接字は位置によって前接字、後接字上接字、下接字などがある。漢字における部首のような感覚である。

*マヤ文字は、イギリスの考古学者J・E・トンプソンによってカタログにまとめられた。このため、番号の前に「T」がつけられている.

## 20進法で表されるマヤ数字

マヤの数字は点と棒の組み合わせで構成される位取り記数法。0は貝殻模様などが充てられる。

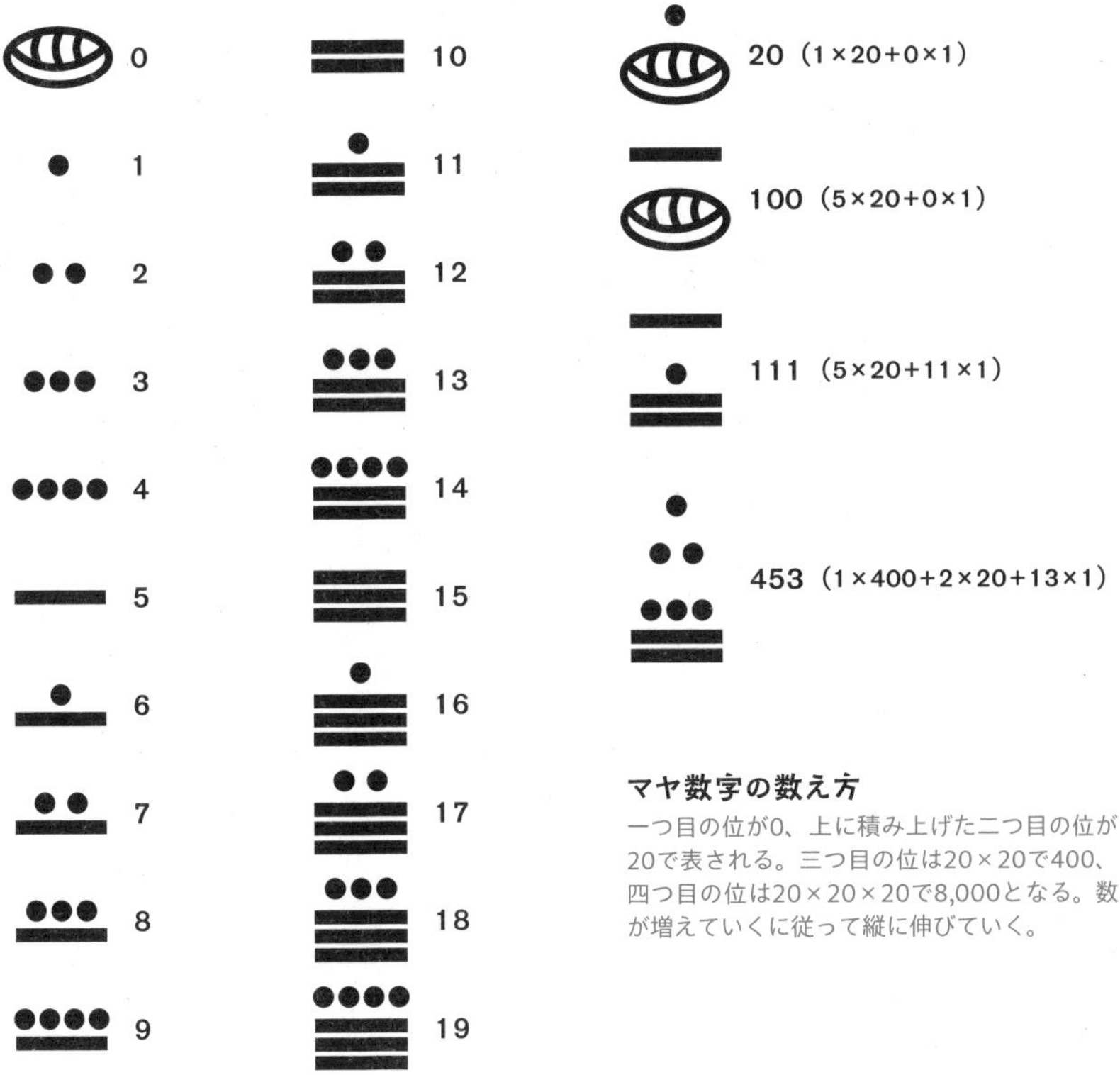
0
1
2
3
4
5
6
7
8
9
10
11
12
13
14
15
16
17
18
19
20（1×20+0×1）
100（5×20+0×1）
111（5×20+11×1）
453（1×400+2×20+13×1）

**マヤ数字の数え方**

一つ目の位が0、上に積み上げた二つ目の位が20で表される。三つ目の位は20×20で400、四つ目の位は20×20×20で8,000となる。数が増えていくに従って縦に伸びていく。

## TOPICS

### マヤ長期暦の表記方法

マヤの文字は暦との関係が深く、暦の作成とともに発達した。ツォルキン暦（神聖暦）の1年は20ナワール（日）×13サイクル＝260日。ハアブ暦（太陽暦）の1年は20日×18カ月＋5日=365日である。長期暦（長期計算法ともいう）では、1日を示す「キン」に始まり、20日で1ウィナル（1カ月）、18ウィナルで1トゥン（360日）、さらに20トゥンで1カトゥン（約20年）、20カトゥンで1バクトゥン（約400年）となる。右の長期暦は上から読み、マヤの始まりの日から1,255,712日が経過した西暦325年8月20日に当たることがわかる。

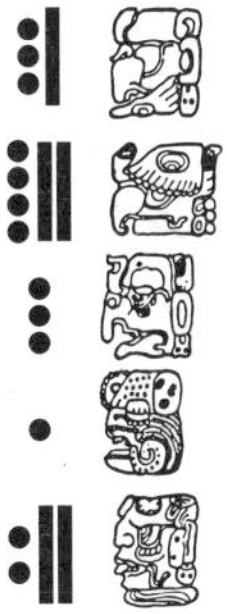

| | | |
|---|---|---|
| 8バクトゥン（8×144,000） | 1,152,000日 | バクトゥン 約400年 |
| 14カトゥン（14×7,200） | 100,800日 | カトゥン 約20年 |
| 8トゥン（8×360） | 2,880日 | トゥン 1年 |
| 1ウィナル（8×20） | 20日 | ウィナル 1カ月 |
| 12キン（12×1） | 12日 | キン 1日 |
| 合計 | 1,255,712日 ＝西暦325年8月20日 | |

マヤのくらし

# マヤ魅惑の美術装飾

## 王や王妃の副葬品に見られる豪華装飾品、輸入された金属製品

マヤの王朝文化における最高峰の傑作とされるのが、パレンケの「赤の女王のマスク」をはじめとする数々の副葬品である。

１９９４年、碑銘の神殿の隣にある13号神殿から一体の女性の遺体が発見された。棺の中ばかりか、遺体までもが深紅の辰砂（水銀朱）に覆われていたことから、赤の女王（レイナ・ロハ）と呼ばれた。

遺骨調査分析の結果、パカル王の妃であると断定され、頭蓋変形や鼻の形状など、パレンケの石板に描かれた王妃の特徴とも一致した。

赤の女王のマスクは、モザイク状の孔雀石を主として、ヒスイ、黒曜石で作られていた。王妃を象徴するマスクと頭飾りの他、生前身につけていたであろう首飾り、腕飾りなどのきらびやかな装飾品で飾られていた。

マヤ文明は鉄器を持たずに、長きにわたり石器を利用していた。マヤ地域に金属製品がもたらされるのは、８００年以降のことである。

### 800年以降、マヤに伝わった金属製品

冶金技術がマヤに伝わったのは800年以降のことだが、高い加工技術を要する金属製品は南米からの輸入品であった。チチェン・イツァのセノーテで見つかった人や動物の形をした装飾品は、金と銅の合金でできており、鍍金《めっき》の技術も使われていた。

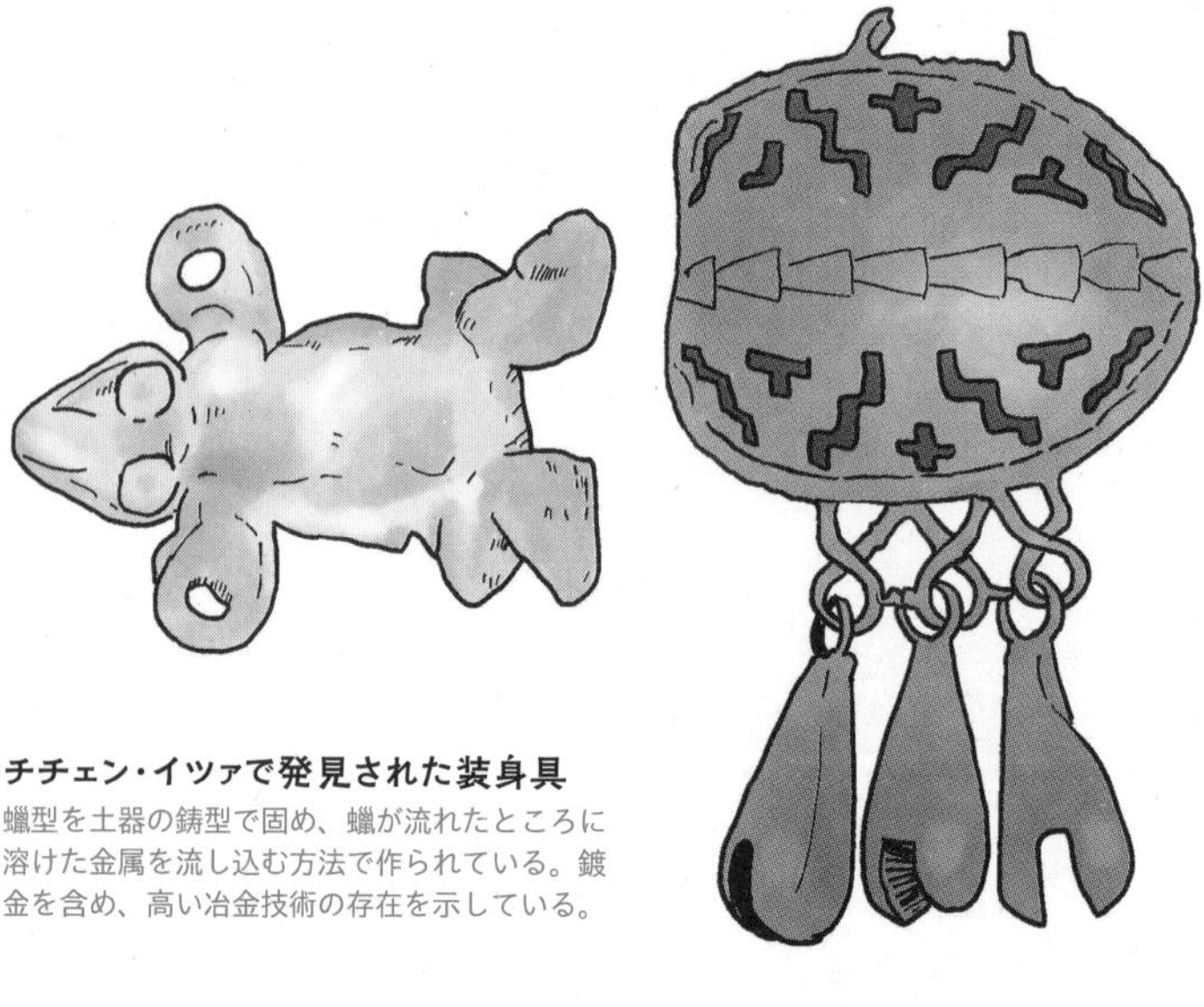

**チチェン・イツァで発見された装身具**

蠟型を土器の鋳型で固め、蠟が流れたところに溶けた金属を流し込む方法で作られている。鍍金を含め、高い冶金技術の存在を示している。

# マスクだけで終わらないパレンケの赤の女王の副葬品

ヒスイやヒスイ輝石岩、孔雀石、黒曜石、貝、石灰岩、緑色岩などのさまざまな材料で多くの装飾品が作られ、パカル王の王妃の埋葬に際して、遺品として副葬された。

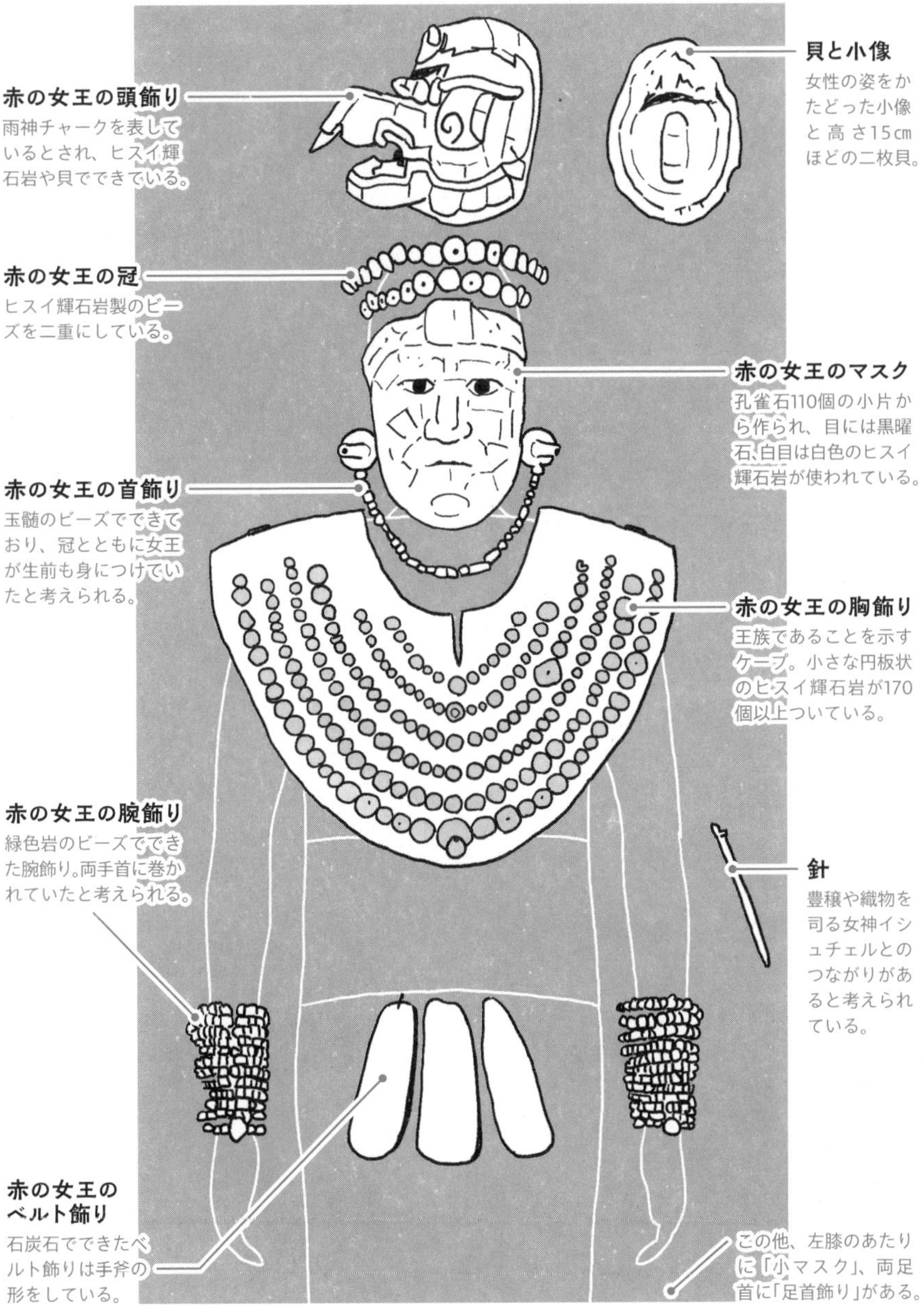
赤の女王の頭飾り
雨神チャークを表しているとされ、ヒスイ輝石岩や貝でできている。
貝と小像
女性の姿をかたどった小像と高さ15cmほどの二枚貝。
赤の女王の冠
ヒスイ輝石岩製のビーズを二重にしている。
赤の女王のマスク
孔雀石110個の小片から作られ、目には黒曜石、白目は白色のヒスイ輝石岩が使われている。
赤の女王の首飾り
玉髄のビーズでできており、冠とともに女王が生前も身につけていたと考えられる。
赤の女王の胸飾り
王族であることを示すケープ。小さな円板状のヒスイ輝石岩が170個以上ついている。
赤の女王の腕飾り
緑色岩のビーズでできた腕飾り。両手首に巻かれていたと考えられる。
針
豊穣や織物を司る女神イシュチェルとのつながりがあると考えられている。
赤の女王のベルト飾り
石炭石でできたベルト飾りは手斧の形をしている。
この他、左膝のあたりに「小マスク」、両足首に「足首飾り」がある。

マヤのくらし

# 高度な天文学と暦

## 宇宙と天文への傾倒ぶりを示す観測施設とマヤ・カレンダー

古代マヤ人は天文学者であり、時間を哲学した民族であった。天文現象への関心を持ち続け、天体の運行を観測し、膨大な天文データを蓄積していた。

農耕の宗教儀礼のためだけでなく、時間がエネルギーを持ち、世界をつくり出していると考え、星を観察していたと考えられる。彼らは肉眼だけを頼りに観測を行って圧倒的な知性で解析し、天文学を構築していったのである。

太陽観測については、古典期の多くの都市にEグループと呼ばれる施設が建造された。東から差し込む日の出の太陽の光が1年のうちの夏至、冬至、春分、秋分のときにどこから昇るのかを見極めるためである。

こうした機能を持つ施設として最初に発見されたのが、ワシャクトゥンの「建造物Eグループ複合」［43頁］であった。

### ワシャクトゥンの天文観測施設

１年のうちの夏至点、冬至点、春分点、秋分点を決定するため、古典期マヤの諸都市で巨大な観測施設が造られた。

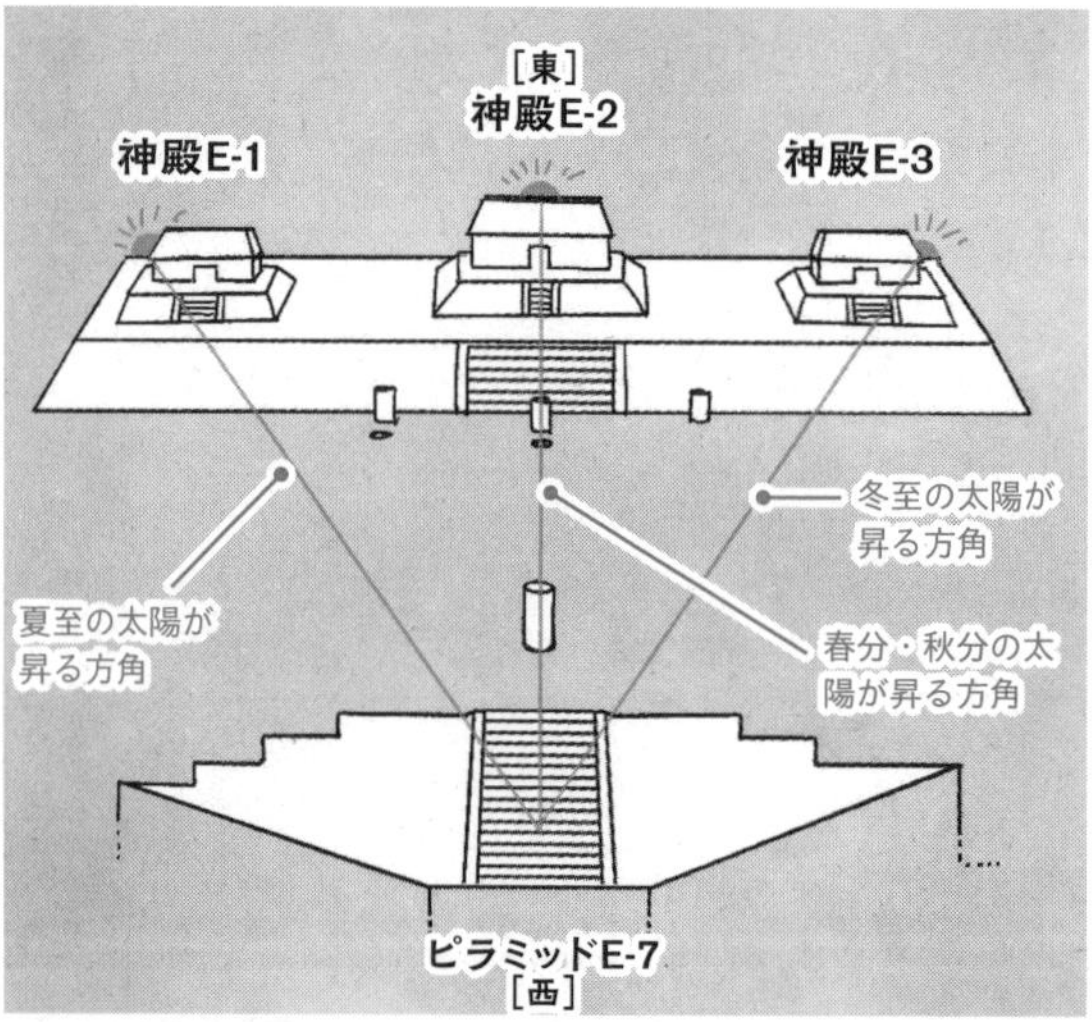

［東］
神殿E-2
神殿E-1
神殿E-3
冬至の太陽が昇る方角
夏至の太陽が昇る方角
春分・秋分の太陽が昇る方角
ピラミッドE-7
［西］


**ワシャクトゥンの建造物Eグループ複合**

ワシャクトゥンでは、Eグループの西側に位置するピラミッドE-7から、日の出の太陽の位置が観測された。

## 三つの窓から天文を読み取る

チチェン・イツァのエル・カラコルでは、３つの窓を通して天文観測が行われていた。

**エル・カラコル（チチェン・イツァ）**

マヤ人は太陽のほかにも金星、月、火星、銀河、プレアデス星団、オリオン座にも強い関心を払っていた。とくに金星にも宇宙の神秘を感じ、金星の明るい光は、戦闘の予兆と捉えて政治や軍事の日取りなどを考えていたとされている。

**エル・カラコルの断面図**

カラコルの窓は日没の方向を示すだけでなく、真南と真西という方角も指していた。

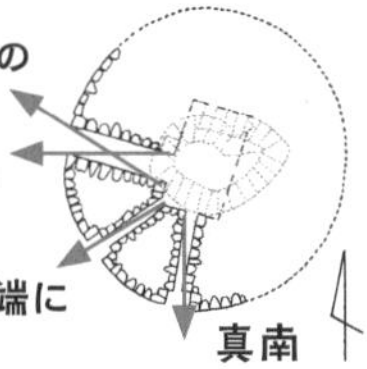
夏至の日没の方向
真西春分の日没の方向
月が最南端に来る方向
真南

チチェン・イツァの「エル・カスティーヨ」では春分と秋分の日、北面の階段に羽毛の蛇が全身を現すことで知られている。また、天文台カラコルには上部に三つの窓があり、春分と秋分、夏至の日没が観測され、月が最南端に昇る方向を示している。基壇でも夏至や冬至の日の出の位置が示されている。

## ククルカンの降臨する春分と秋分

天文観測の結果は各都市の建造物などに壮大な仕掛けとして反映される。チチェン・イツァにおいては、年に2回、人々が神と一体化する体験を共有していた。

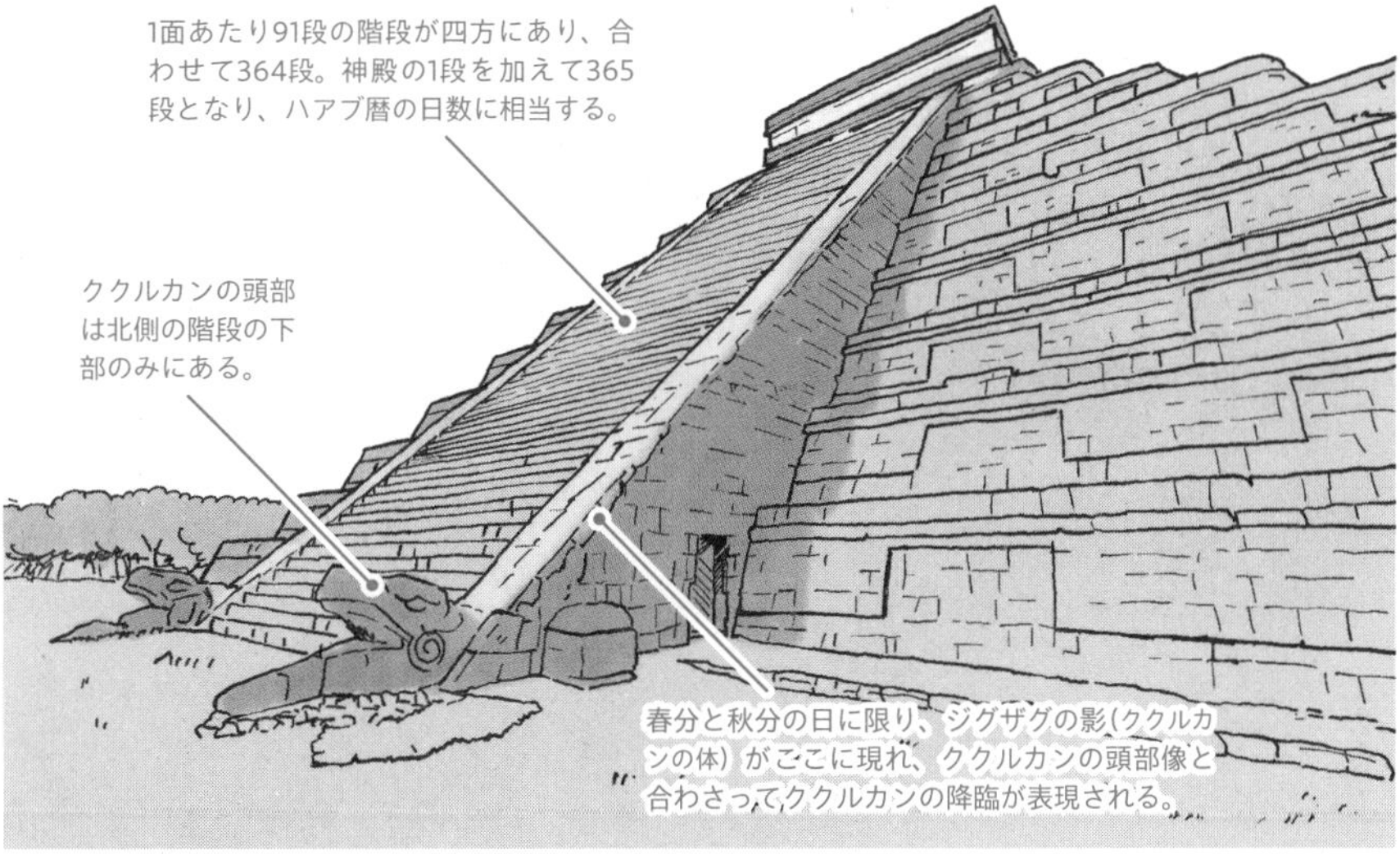
1面あたり91段の階段が四方にあり、合わせて364段。神殿の1段を加えて365段となり、ハアブ暦の日数に相当する。
ククルカンの頭部は北側の階段の下部のみにある。
春分と秋分の日に限り、ジグザグの影（ククルカンの体）がここに現れ、ククルカンの頭部像と合わさってククルカンの降臨が表現される。

**エル・カスティーヨ（チチェン・イツァ）**

ククルカンの神殿ともいわれる。ククルカンは羽毛のある蛇。
春分が過ぎると、トウモロコシ栽培のため焼畑が行われる。

## マヤ暦について

天文学者であった古代マヤ人は多くのカレンダーを発明したが、その中で最も重要なカレンダーが長期暦、ツォルキン暦、ハアブ暦の三つである。以下にそれぞれを要約する。

**マヤ暦**

**長期暦**

長期計算法とも言う。マヤ世界創造の日（4アハウ、8クムク＝紀元前3114年8月11日）を起点とし、その日からの日数をマヤ20進法（一部変形）で表わす。政治的、歴史的事件を記録するために使用された。13バクトゥン（約5125年）という長大な周期を持つ。西暦2012年12月21日に前周期が終わり、暦が刷新された。（42、73頁参照）

**ツォルキン暦**

神聖暦とも言う。発祥は農業暦（トウモロコシ暦）だが、宗教暦として発展した。宗教祭儀、託宣あるいは病気の治療のために使われた。現在でも使われている。260日周期。20ナワールx 13サイクル＝260日。

**ハアブ暦**

太陽暦である。これも発祥は農業暦（農事暦）だが、行事暦、社会暦として発展し、使用された。365日周期。20日x18カ月＋5日（ウァィエブ）＝365日。

3つの暦の中で最も重要なのはツォルキン暦である。この暦の根幹は20ナワール（20日）である。ナワールとは日のスピリットである。（時間のスピリットと言い換えてもよい。）マヤ人は異なる性格を持つこれらのスピリットが日ごとに交替で世界を統括し、動かしていると考えた。以下に20ナワールを列挙する。

1. バッツ
2. エー
3. アッハ
4. イッシュ
5. ツィキン
6. アハマック
7. ノッホ
8. ティハッシュ
9. カウーク
10. アッハプ
11. イモッシュ
12. イック
13. アカバル
14. カット
15. カン
16. カメー
17. キェッヒ
18. カニール
19. トッホ
20. ツィ

## カレンダー・ラウンド

ツォルキン暦とハアブ暦は組み合わせて使用された。両暦上の日（例えば4アッハプ8クムク）は52（太陽暦）年ごとに再会する。この周期をカレンダー・ラウンドと言う。

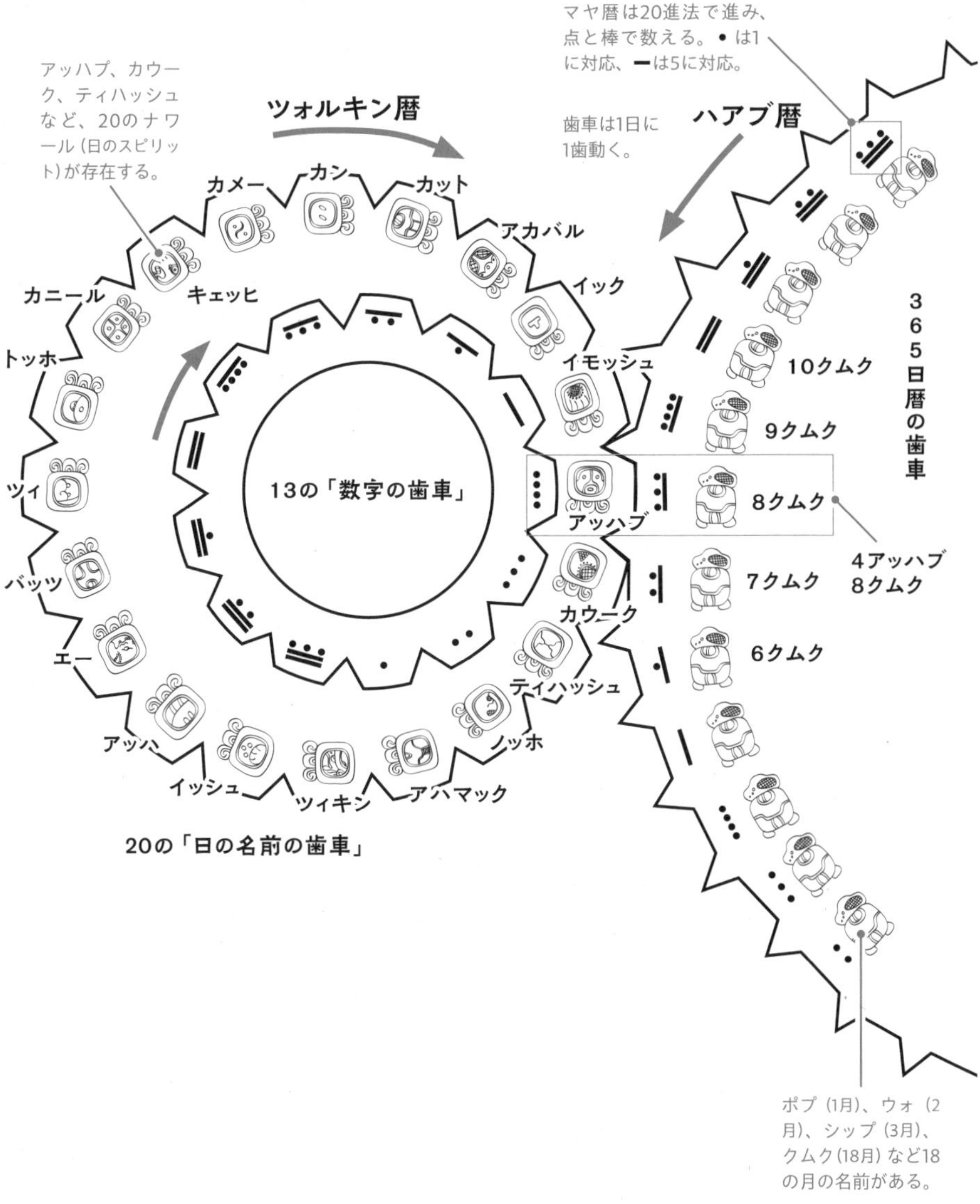
ツォルキン暦
ハアブ暦
アッハプ、カウーク、ティハッシュなど、20のナワール（日のスピリット）が存在する。
マヤ暦は20進法で進み、点と棒で数える。•は1に対応、━は5に対応。
歯車は1日に1歯動く。
カメー
カン
カット
アカバル
イック
イモッシュ
キェッヒ
カニール
トッホ
ツィ
バッツ
エー
アッハ
イッシュ
ツィキン
アハマック
ノッホ
ティハッシュ
カウーク
アッハプ
13の「数字の歯車」
20の「日の名前の歯車」
10クムク
9クムク
8クムク
7クムク
6クムク
4アッハプ
8クムク
365日暦の歯車
ポプ（1月）、ウォ（2月）、シップ（3月）、クムク（18月）など18の月の名前がある。

# 樹から生まれた世界観

## 東西南北や色、そして世界創造を表すマヤの十字架

マヤ独自の宗教文化のシンボルが「マヤの十字架」である。マヤの十字架は、マヤ・カレンダーとともに古代マヤ人の世界観を表している。

世界の中心にある十字架が表しているのは東西南北であり、東は赤色で生命の世界、西は黒で死の世界、北は白で神の世界、南は黄色で人間世界を意味している。

十字架の起源ともいえる樹木信仰から生命の樹の概念が生まれた。天文学者であったマヤ人によって十字架は天空に持ち上げられ、世界創造を象徴する十字架へと進化した。

その後、シンボルとしての十字架はマヤ社会の発展とともに変容し、古典期において頂点を極めた。パレンケにはキニチ・カン・バラム2世によって建てられた十字架神殿群がある。幼少期の自分自身に即位する自分が向かい合い、王権の象徴であるサク・フナル（白の男）神を手にしている。

### 新王に顔を向ける世界樹の天の鳥

パレンケ、十字の神殿の石板に描かれた幼少期の自身と向かい合うキニチ・カン・バラム2世。主鳥神が新王の方を向いており、王位が継承されたことを示している。

十字架の上には主鳥神とされる天上界の鳥が乗っている。
幼少期のキンチ・カン・バラム2世王。
パカル王の死後、即位するキニチ・カン・バラム2世。左端に立つ幼少期の王自身と向かい合わせで立っている。
真ん中にあるのは世界樹（セイバの木）を表象する十字架。

## 金星暦が描かれた『ドレスデン絵文書』

マヤの世界観を伝える暦は、石碑や壁画ばかりでなく、樹皮で作った紙にも筆を使って書かれた。『ドレスデン絵文書』は、マヤの神聖な日付や周期、天体の運動、神話的な出来事などが記され、マヤ文字の解読にもつながった重要な資料である。19世紀にドイツのドレスデンにある王立図書館で発見され、現在は「ザクセン州立図書館兼ドレスデン工科大学図書館」が所蔵している。

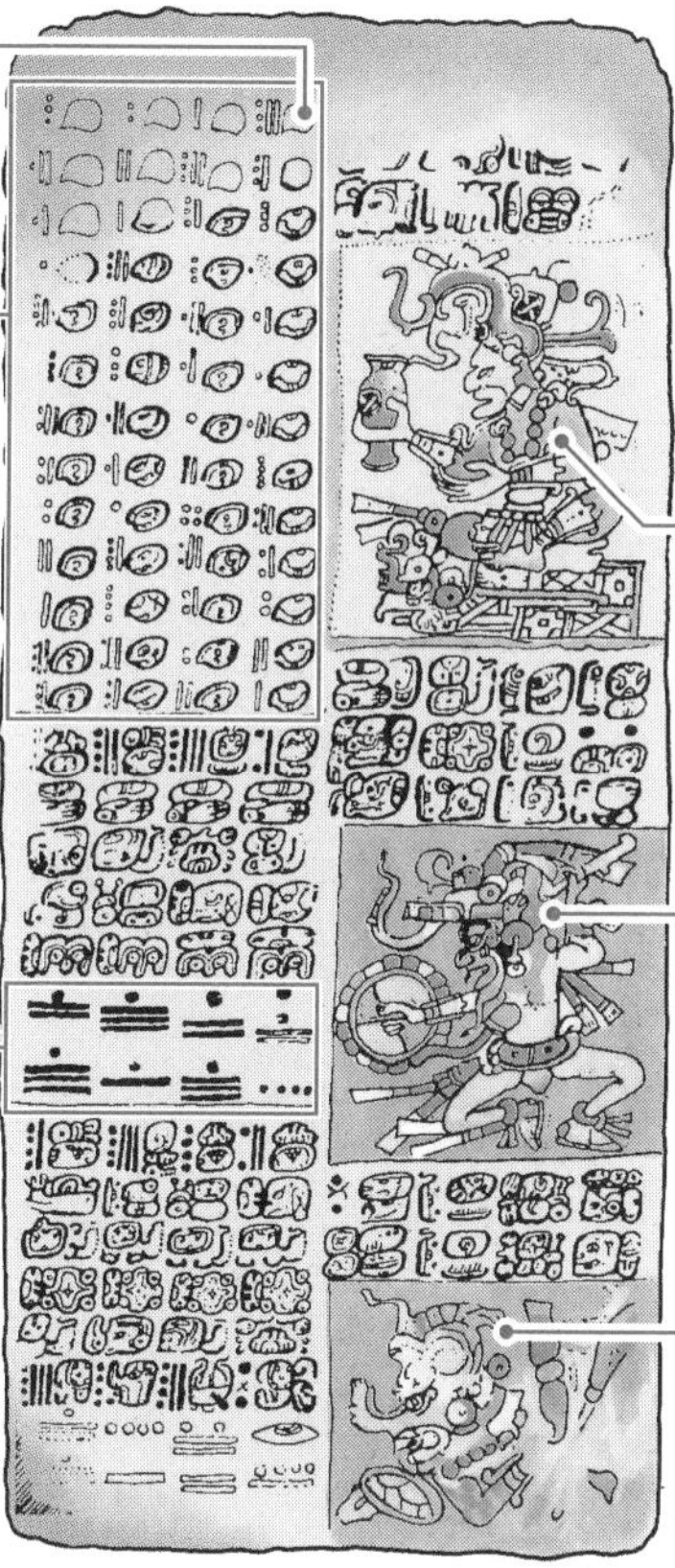
13カンの日に金星が太陽とともに現れる。
260日暦が書かれている（横に4文字、縦に13文字）。
左から順に236、326、576、584という数字が書かれている。
長老神
黒いバカブ（L神）
K神

**『ドレスデン絵文書』の金星暦**

左側に金星の周期、右側に明けの明星について書かれている。マヤ人は金星の周期を584日としていたが、実際の583.92日とほとんど変わらない。

### TOPICS

#### アステカの世界観イメージ

アステカでもマヤの十字架に近い世界観で空間を捉えていた。東西南北のそれぞれの方向に樹木が描かれ、鳥が止まっている。方位と色の関係もマヤと同様である。中央に火の神シウテクトリが描かれ、垂直の世界軸を示している。上方向は東で太陽が昇り、下は太陽の沈む西で、大地の怪物コアトリクエが描かれている。アステカのトナルポワリ暦（260日暦）を示す図像が全体に織り込まれている（『フェイェアヴァリー＝メイヤー絵文書』）。

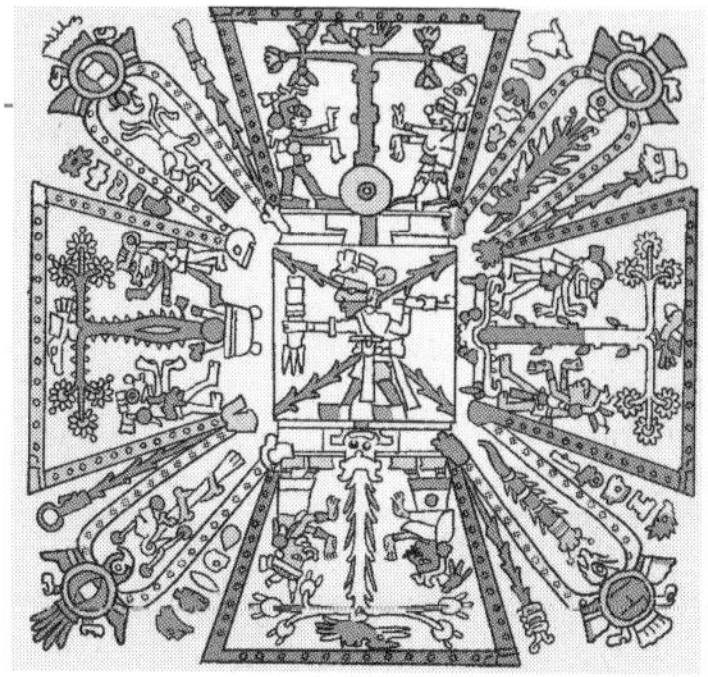

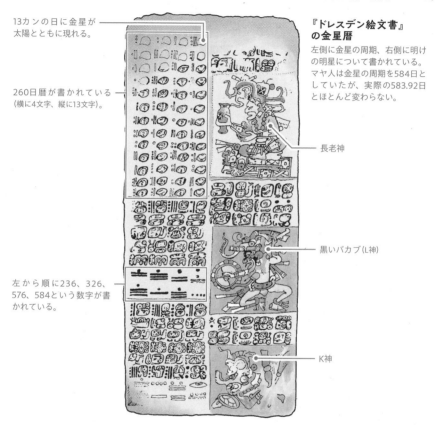

# マヤの神話『ポップ・ヴフ』

## 創世神話と英雄神話、キチェー族の歴史

### フランシスコ・ヒメネス対訳写本（『ポップ・ヴフ（ポポル・ヴフ）』）

写本にあるキチェー語原文（巻頭）。

ARE V XE OHER

Tzih varal Quiche vbi. Varal xchi ca tzibah vi xchi catiquiba vi oher tzih, viticaribal, vxenabal puch ronohel xban, patinamit quiche, ramac quiche vinac ; arecut xchica cam vi vcutunizaxic, vcalahobiza xic, vtzihoxic puch vuaxibal zaquiribal rumal tzacol bitol alom, quaholom quibi hun ah pu vuch, hun ah pu vitiu, zaquinimac tzÿz, tepeu, qucumatz vqux cho, vqux palo, ah raxala ε, ah raxatzel chu qhaxic, rachbixic, rachtzihoxic rÿ iyom, mamom xpiyacoc, xmucane, vbi, matzanel chuquenel camul iyom, camul mamom chuquaxic pa quiche tzih. ta xquitzihoh ronohel ruq xquiban chic chiza quil qolem, zaquil tzih…

（これはここ、キチェーと呼ばれる場所に伝わる古代の言葉（物語）である。ここに我々ははっきりと記す、ここに古代の言葉（物語）をはっきりと留める。歴史の始めに、キチェーの村で起きたすべての出来事、偉大なキチェーの人々の、すなわち根幹と言われるものだ。これから我々はその内容を明示し、開示し、物語を語る。それはツァコル（建造者）、ビトル（形成者）、アロム（創造された者）、カホロム（創造された男）によって実践され、啓示されたものだ。彼らの名前はタクアツィンの吹き矢使い、狼の吹き矢使い、偉大な歌い手たち、無限の存在（テペウ）、隠れた蛇（ククマッツ）、湖の心、海の心、真の超越者たち、真の兄たちとも言う。この物語の語り部はイシュピアコック、イシュムカネという名の助産婦（イヨム）、祖父（マモム）である。キチェー語で、愛する人、働く人、二度の助産婦、二度の祖父とも言う。彼らは行なったことのすべてを明晰に、明晰な言葉で語った。…（アドリアン・イネス・チャベスの解釈を基に訳出））

マヤ人の思想を本格的に知るには神話、文学、歴史などの古代マヤの文献が必要となる。ここではマヤ・キチェー神話『ポップ・ヴフ（ポポル・ヴフ）』を取り上げることにする。

『ポップ・ヴフ』は、16世紀中頃、キチェーの貴族が古代の神話と歴史をキチェー語で西洋のアルファベットを使って記述した文書である。その発見者は18世紀初頭にグアテマラで布教を行なっていたドミニコ会スペイン人修道士のフランシスコ・ヒメネスである。ただ現在残っているのは原本ではなく、ヒメネスによるキチェー語原文・スペイン語訳の対訳写本である。

なぜ原本が存在しないのかは皆目わからず、ヒメネスによる編纂や改ざんなどの可能性も否定できない。しかしこの問題を簡単に解決することは難しい。

この神話の原典は何であったのか。マヤ文字で書かれた古代のテキストがあったのか。あったかもし

**フナプとイシュバランケ**

エル・ミラドールの漆喰彫刻。右のフナプが冥界から父親の首を背に縛りつけて取り戻した様子が描かれている。冥界の神たちを滅ぼしたフナプとイシュバランケは太陽と月になる。

**斑点のある双子の英雄**

トウモロコシから作られた双子の兄妹は父親の頭蓋骨を持つ神と話す。『ポップ・ヴフ』の一節に関連する可能性があるとされている。

れない。しかしもしあったとしたら、通常の意味でのテキストではなかったかもしれない。というのは、神話の中心を為すマヤ英雄神話の物語がマヤ・カレンダー（ツォルキン暦）の原初的内容を反映している可能性があるからである。

言い換えれば、神話に描かれる重要な出来事は、雨期の到来、トウモロコシの種まき、収穫などの農事の象徴的表現であるかもしれない。すなわちツォルキン暦の起源は農業暦であり、それを物語化したのが神話『ポップ・ヴフ』であることになる。

19世紀以降、この神話は『ポポル・ヴフ』と呼ばれ、多くの外国人によって翻訳され出版された。これらの訳が間違いであると指摘したのが、キチェー族の言語学者アドリアン・イネス・チャベズ（1904－1987）である。チャベスはヒメネスのテキストを音声学的に修正して現代語に訳し、『ポップ・ヴフ』として刊行した。「聖なる時間の書」という意味である。

『ポップ・ヴフ』は、大きく前半と後半に分かれ、内容的に前半がさらに二つに分かれるので、全体として三部で構成されている。それは次の通りである。

## 神話の原典が書かれたとされる古代キチェー文字

キチェー族の言語学者アドリアン・イネス・チャベス(1904-1987)が発見した古代キチェー文字。チャベスは『ポップ・ヴフ』の原典が古代文字で書かれていた可能性があると考えた。

裏　表

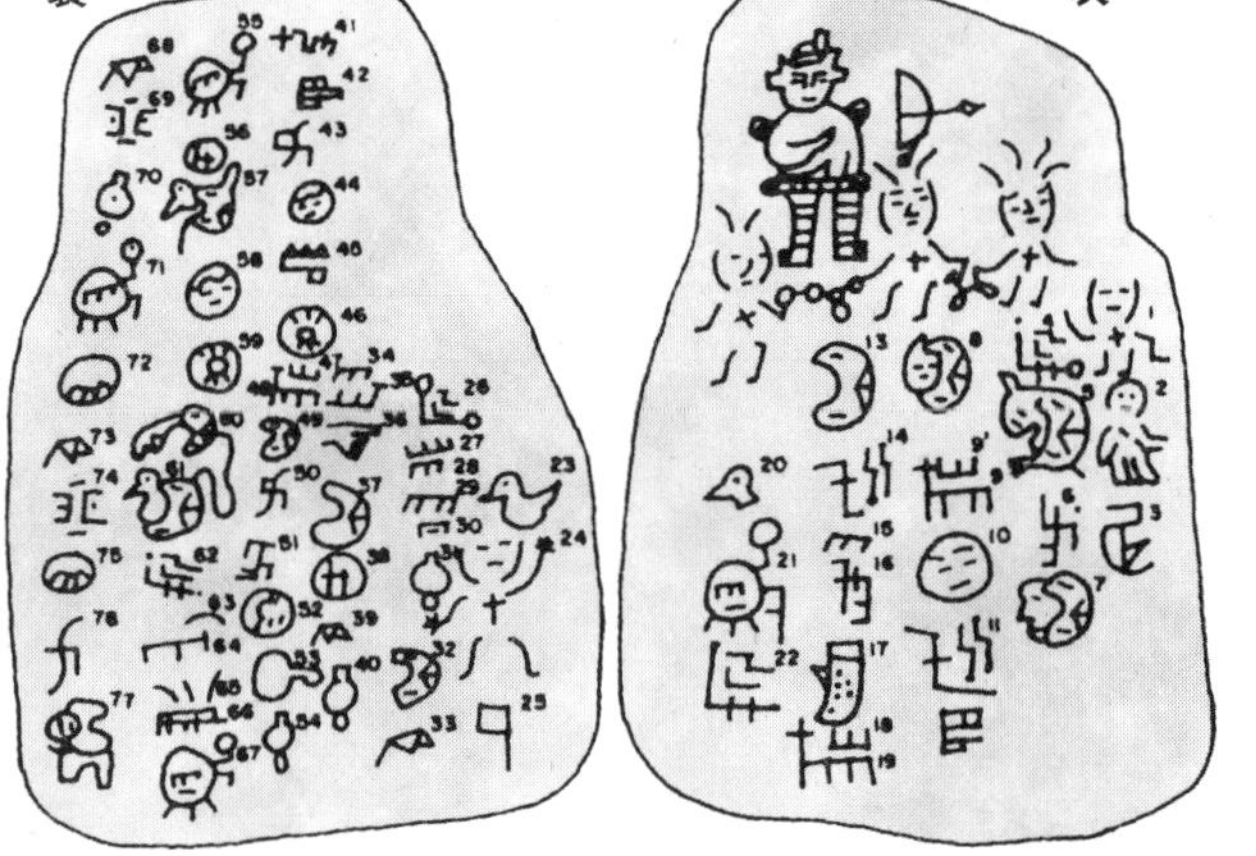

**キチェー古代文字**

石に刻まれた古代キチェー文字。文字というより絵に近い。フナプとイシュバランケと思われる人物も描かれている。

出典：Chávez, Adrián Inés. 1986.：KÍ-CHÈ ZIB Escritura Kí-chè Y Otros Temas. Segunda Edición, Corregida y Aumentada. She Lajuj Noj, Guatemala. p.28

第1部はマヤの創世神話である。第2部はマヤの英雄神話であり、マヤ文明の建設と歴史が象徴的に語られる。

エル・ミラドールなどの先古典期遺跡に残るレリーフから、これらの神話部分は紀元前500年頃までに成立していたことがわかっている。

そして最後の第3部ではマヤ・キチェー族の歴史が記述されている。キチェー族の起源と苦難の歴史、グアテマラへの帰郷が描かれ、トルテカ時代のことが回想されているが、第3部は10世紀以降に加えられたものと考えられる。

第2部に登場するのが、レリーフや土器などに描かれることの多いフナプとイシュバランケの双子の兄妹である。魔法を使って農作業を行い、自分たちは昼寝をする場面は、トウモロコシ生産や改良技術の高さを示すものである。また、ミルパ（焼畑）の開墾や集まった動物の動きが天体の運行を象徴しているなど、天文学と農業の相関的発展を暗示するエピソードが語られる。

物語のクライマックスにおいて、ペロータ*を得意としていたフナプとイシュバランケの元に冥界シバ

＊ペロータとは、マヤ文明をはじめとするメソアメリカ文化圏で広く行われていた球戯。ほとんどのマヤ遺跡にペロータ球戯場が造られており、スポーツであると同時に神聖な儀式として行われた。

# 『ポップ・ヴフ』前半の主要人物

『ポップ・ヴフ』の中で最も重要なのが第2部であり、フナプとイシュバランケが登場するマヤ英雄神話の物語である。

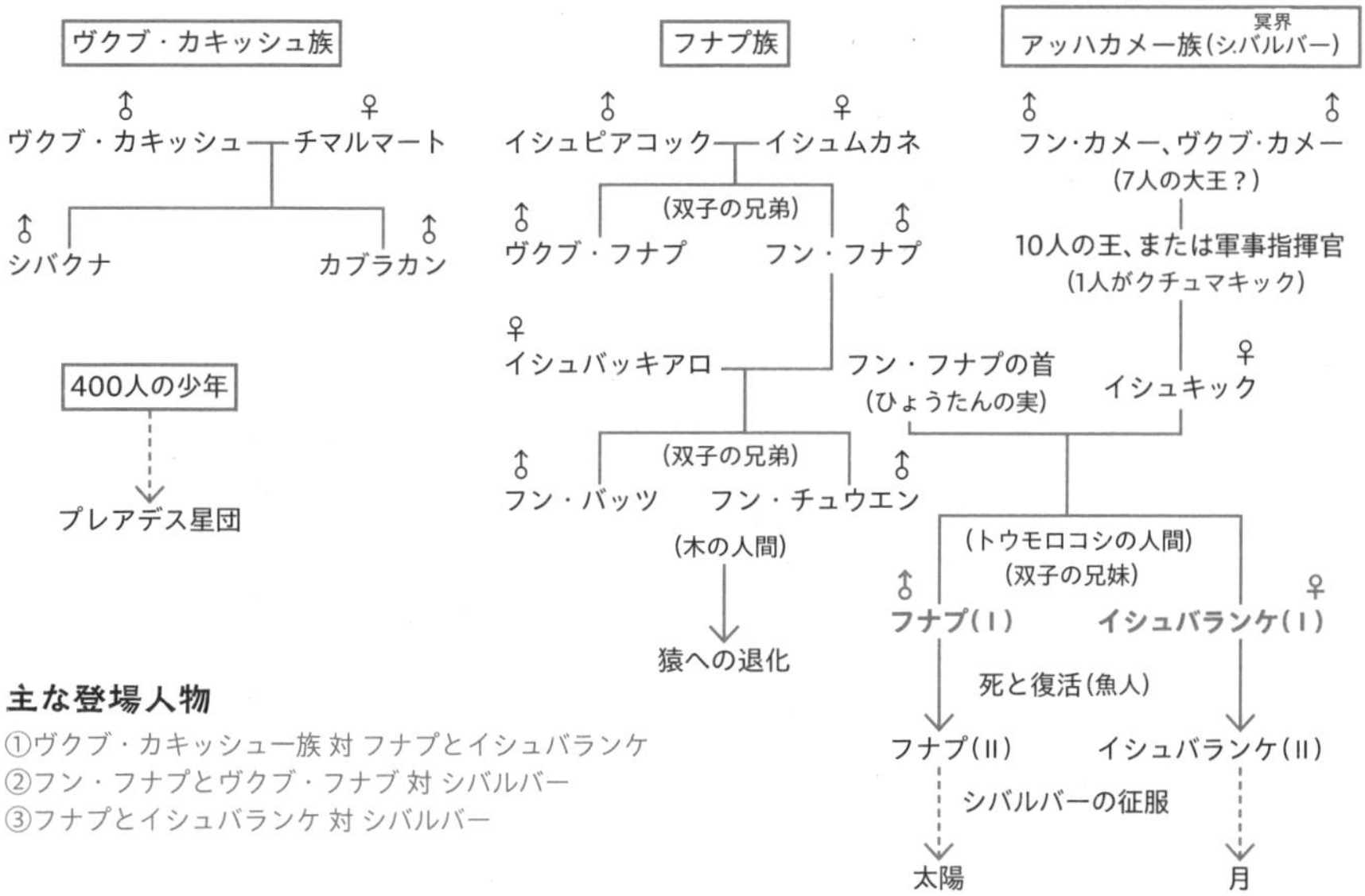


**主な登場人物**

①ヴクブ・カキッシュ一族 対 フナプとイシュバランケ
②フン・フナプとヴクブ・フナブ 対 シバルバー
③フナプとイシュバランケ 対 シバルバー

## TOPICS

### ヒメネス神父の写本

『ポップ・ヴフ』を発見したのは、ドミニコ会修道士のフランシスコ・ヒメネス(1666-1729)である。現在のキチェー県チチカステナンゴ市にあるサント・トマス教会でのことだった。ヒメネスはこれをスペイン語に翻訳し、キチェー語と併記した写本を完成させた。これは後に『チチカステナンゴ文書』と呼ばれるようになる。現在残っているのはヒメネスの写本のみであり、原本の行方は謎に包まれたままである。

ルバーの大王の挑戦状が届く。シバルバーに降りたフナプとイシュバランケはすべての試練に打ち勝ち、また、ペロータの試合にも勝つが、シバルバーの大王のだまし討ちにあい、自ら火の中に飛び込んで死ぬ。しかし、魚人として再生し、不死身の旅芸人となって、最後に大王を倒してシバルバーを征服すると結ばれている。

column

# マヤの神々

## 神話や遺跡に現れるマヤの神々

古代マヤの人々は、神を宗教儀礼のときだけに降臨するのではなく、日常生活においても自分たちの周りに存在する森羅万象に常に宿っているものと考えた。そのため、たとえば神が司る太陽の光や雨は、農作物の栽培に大きな影響を及ぼすと考えたのである。

ここで取り上げた太陽神は古典期マヤのキニチ・アハウだが、太陽神は複数の名前を持っており、『ポップ・ヴフ』に登場するフナプも太陽神に数えられている。

以下、多くの神々のなかから、マヤ人の信仰が色濃く反映された神々を見ていこう。

トウモロコシは、すでに先古典期前期において神聖な存在として信仰の対象であり、人間は神々によってトウモロコシから創られたと考えられていた。［82頁］これが語られているのも『ポップ・ヴフ』である。

多くの石碑や壁画、絵文書や土器にも、トウモロコシの穂を模した頭飾りをかぶる神々の姿を見ることができる。マヤ人の食生活を担うトウモロコシに対する

**イシュチェル**

月の女神であり、イツァムナーの妻とされる。出産や五穀豊穣を司る。織物の女神や水の女神としても描かれた。一方で大雨や洪水を引き起こす恐ろしい存在でもあった。

**キニチ・アハウ**

マヤの太陽神であり、イツァムナーの昼の姿とも考えられている。胴体や肘に4枚の花びらが刻まれていることが多い。ジャガーに似た姿で描かれることもある。

**イツァムナー**

天地の創造神、最高神であり、人間にトウモロコシやカカオ、ゴムなどの農耕技術を教え、さらに文字や暦などの記録の方法も伝えたとされている。

思い入れの深さがうかがえよう。

マヤでは最高神をイツァムナーとし、トウモロコシの栽培方法を教えたとしている。パレンケの「十字架の神殿」の石板にはマヤの十字架が描かれているが、マヤの始原の神とされる主鳥神の正確なところは不明である。これをイツァムナーの天空における分身であるとする考え方もある。

『マドリッド絵文書』の中にはマヤのカレンダーを表す宇宙絵がある。その絵の中心にあるマヤの十字架の右側にイツァムナーが座り、左側に座っているのが月の神イシュチェルである。上には生命の火が燃え、この両神が世界と人間を創ったとされている。なお、月は、太陽、金星に次いで重要な存在であった。

北部低地にイツァ族によってイツァマルという都市が建設されたが、これは最高神イツァムナーを祀るための神聖都市であった。

次に、ククルカン(羽毛のある蛇の神)を取り上げたい。この神は、ユカタン半島に伝承される神であるが、トルテカやアステカのケツァルコアトルと混同されることが多い。しかしそれよりも起源は古く、すでにオルメカ文明の中心ラ・ベンタ遺跡のレリーフにその原型を見ることができる。

**チャーク**

雨と稲妻の神。長い鼻が特徴で、垂れ下がったり象のように巻き上げられて顔だけが描かれることが多い。全身像の場合、手に石斧や蛇を持っていることが多い。

**イシュ・チェベル・ヤシュ**

すべての神の母で織物の神でもある。織物を手にした老女の姿で描かれることが多い。イシュチェルと同一視され、イツァムナーの妻とされることもある。

**イシュタブ**

自殺の女神。首吊りの女神。空から縄で首を吊った姿で描かれることが多い。戦死者や生け贄になった者を天国に導くとされている。旅の不幸はこの神の仕業ともされた。

## column

ククルカンに関する最も有名な建造物は、チチェン・イツァの「エル・カスティーヨ」であろう。別名ククルカンの神殿と呼ばれ、蛇の頭がピラミッド北側の基壇に見える。また、カリブ海に面したトゥルムの「風の神の神殿」にも、風を司るククルカンが祀られている。

最後に、雨の神チャークである。特にプウク様式で知られるラブナーやカバー遺跡などの多くの建造物の壁面に、長い鼻が特徴的なモザイク彫刻が見られる。様式は違うものの、マヤパン遺跡にもチャーク像は見られる。

大河が存在しないマヤにあって、雨はまさしく生命線であり、セノーテにおいてたびたびチャークに生け贄が捧げられたのも、マヤ人の切実な願いを示している。

天地の創造や人間の誕生に関わる神、そして太陽や月、風、雨といった自然現象に関わる神、トウモロコシそのものに関わる神、また、戦争や商人の旅を司る神、さらには死や人身供犠に関わる神に至るまで、マヤの神々は多様である。そこには、日本の八百万《やおよろず》の神々にも似た神観念を見て取ることもできる。

**生け贄の神**

生け贄の儀礼を司る神。メソアメリカでは、生け贄は五穀豊穣や国の繁栄を願うための重要な祭祀儀礼の要素だった。この神をマヤの人が何と呼んでいたかは不明である。

**アー・プチ**

邪悪な死の神。イツァムナー神の宿敵とされ、骸骨姿で、髪や首飾りに鈴をつけた状態で描かれる。地下界9層の最下層を支配し、病人のいる家をさまようとされている。

**ユム・カアシュ**

森の神。トウモロコシや農耕の守護神でもある。頭にトウモロコシの穂をつけた若者の姿で描かれることが多い。人に豊穣をもたらし、雨神チャークに守られている。

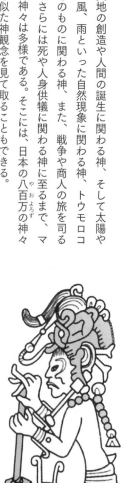

**ボロン・ザカブ**

血統を守る神。稲妻や火の神ともされ、「カウィル」とも呼ばれる。爬虫類に似た姿で、アステカのテスカトリポカ神とも類似している。

**シャメン・エク**

北極星の神。メソアメリカを旅する商人の守護神として信仰され、交易路の随所に祭壇が設けられた。

**エク・チュアフ**

黒い指揮官。軍神である一方、商人や旅人の守り神、カカオの守護神としても信仰された。

**トウモロコシの神**

マヤの伝承では、人間は神々によってトウモロコシから創られたとされている。古典期マヤの人物像は頭部をトウモロコシの穂に似せて描かれていた。

**ククルカン**

羽毛のある蛇の神。交易や文化交流の結果、古典期後期から後古典期にかけてマヤ全域で受け入れられた。風の神や文化を伝えた神でもある。アステカの「ケツァルコアトル」と混同されがちである。

生け贄の文化

# 神とつながる人身供犠

## 神々への畏怖と感謝、豊穣と安寧の祈願

### 敵の王や自らの血までも捧げる人身供犠

神々に血を捧げる行為には、人身供犠と放血儀礼があった。王権の維持拡大のためには、神々が受けてきた試練の追体験が欠かせなかったのだ。

人身供犠の慣習はトルテカの影響によるものと考えられる。
マヤの人身供犠は、王が王としての正統性を神々に認めてもらうために、王自ら行ったとされる。
生け贄から生きた心臓を取り出し、神に捧げられた。

**人身供犠の図（チチェン・イツァ）**

チチェン・イツァのセノーテ（生け贄の泉）から発見された黄金の円盤に描かれた人身供犠の図。

『ポップ・ヴフ』の前半部分は、古代マヤ文明の成立を象徴的に描いた英雄物語である。主人公の双子の兄妹フナプとイシュバランケは冥界シバルバーの大王と戦う。前者は文明と理性の象徴であり、後者は暗愚と暴力を体現している。恐怖が支配するシバルバーでは人間の自由はなく、人身供犠は不可欠の慣習であった。フナプとイシュバランケは幾多の苦難を乗り越えてシバルバーの大王を倒し、開明的な文明社会を建設する。

マヤ文明において、人身供犠の慣習はおそらくは農耕社会の成立と関係している。古代人は神々に豊穣や社会の安寧を祈願し、また感謝するために宗教儀式を行い、供物を捧げた。中でも人身供犠は最も重要な供物であり、シバルバーの神話は歴史的にその段階を象徴している。文明と理性の開花と共に人身供犠はいったん消滅する。しかし後に復活し、後古典期にはおぞましい慣習となっていく。*

＊『ポップ・ヴフ』に基づけば、マヤにおける人身供犠は文明の進歩と共にいったん消滅し、後年、古典期以降において全面的に復活したとみなされる。

人身供犠が祭壇の上で行われていたことを示すチャックモールがある。
心臓を取り出された生け贄の体は、アステカと同様に階段から突き落とされたのであろうか。

**チャックモール（チチェン・イツァ）**

チチェン・イツァの「戦士の神殿」に設置されているチャックモール。チャックモールは古典期終末から後古典期にかけてメソアメリカの多くの地域で見られる。

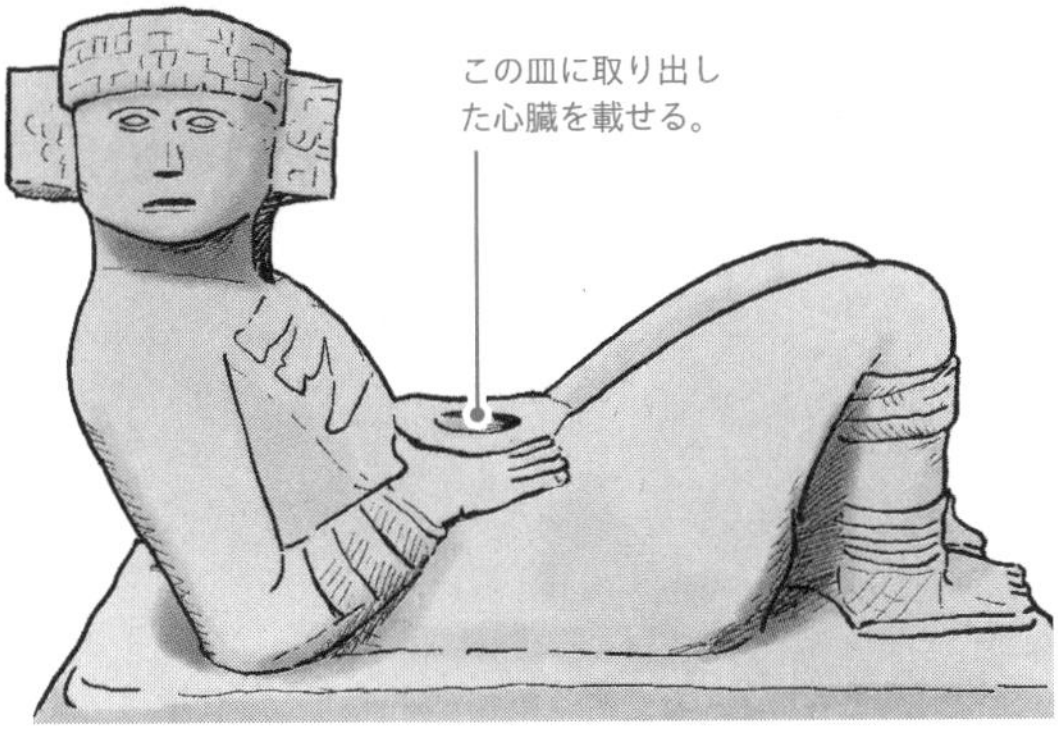
この皿に取り出した心臓を載せる。

**チャックモール（チチェン・イツァ）**

金星の基壇から出土したチャックモール。「戦士の神殿」に設置されているものとは逆向きになっている。メキシコ国立人類学博物館蔵。

## TOPICS

### 放血儀礼

ヤシュチランには、王と王妃が放血儀礼を行う場面を描いた石彫が残されている（建造物21、リンテル17）。鳥ジャガー4世王が自らの性器を傷つけており、向かい合わせになった王妃がアカエイの棘で舌に穴を開けてひもを通し、流れ出る血を器に受けている。マヤ文化において血は特別な意味を持っている。血の中に生命のスピリット（現代マヤ文化ではチューレルと呼ばれる）が棲むと思われているからである。放血儀礼は豊穣や戦勝を祈る際にも行われ、先古典期後期から17世紀のスペイン人による征服まで続いていた。

生け贄の文化

# 神聖な儀式としての「球戯」

## ペロータ球戯は、天体の運行を象徴する神聖な儀式として行われた

ペロータ球戯場はマヤの大半の遺跡に残っている。チチェン・イッツァの球戯場を例に取ると、長さ168mのコートの両側には高さ8mの壁があり、6mのところに石の輪が設置されている。ボールを相手側のコートに入れる他、ボールを輪に通すと即座に勝ちが決まるが、実際に輪の中にボールを通すことができたかどうかは疑問が残る。

球戯といっても単なるスポーツではなく、天体の運行を象徴する神聖な儀式として行われた。勝者と敗者のどちらが生け贄となったのかについては不明だが、いずれにしても生死をかけた戦いが行われていたと考えてよいだろう。革のグローブでボールを打ったりスティックを使う方法もあった。主に貴族同士で行われ、王が参加することもあった。

『ポップ・ヴフ』の神話にも、フナプとイシュバランケが「ペロータ」の練習をする場面が描かれている。古代マヤ人にとって天文学が最も重要な探求であった。

### 防具を腰につけ、ボールを打ち合う球戯

球戯は人身供犠や戦争とつながっている。捕虜をボールに見立てて打ち殺す場面が描かれたりもした。マヤの王自らが球戯をする石彫も残っている。

**球戯をする人の土偶**

厚い防具をつけ、大きなゴムのボールを腰を使って打つ球戯が行われていた。ハイナ島出土。

ヘルメット
主に腰や尻を使ってボールを操っていた。手と足を使うことは禁止されていた。
肘当て。
球戯用防具を腰につける。
膝当てもあった。

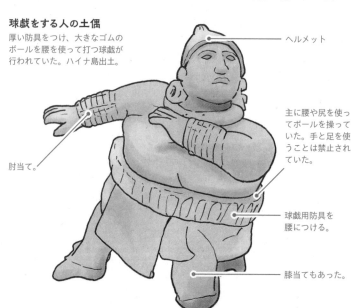

# 神聖なる儀式としての球戯

儀式としての球戯を行う王たちの着飾った姿が石彫に残されている。

象徴的に表すため、ボールは誇張して描かれている。
左側は数字の14。右側は円周の単位を表しているとされる。
豪華な衣装に身を包んだ二人の男性が球戯をしている。

**球戯の一場面**（カラクムル）

球戯を行うカラクムルのユクノーム・イチャーク・カック王（ジャガーの足の煙）の様子が描かれている。グアテマラ、ウスマシンタ川流域のラ・コロナ遺跡出土、8世紀後半、シカゴ美術館所蔵。

**球戯用防具**

腰につけられた重い石製防具。
祭祀用との見解もある。

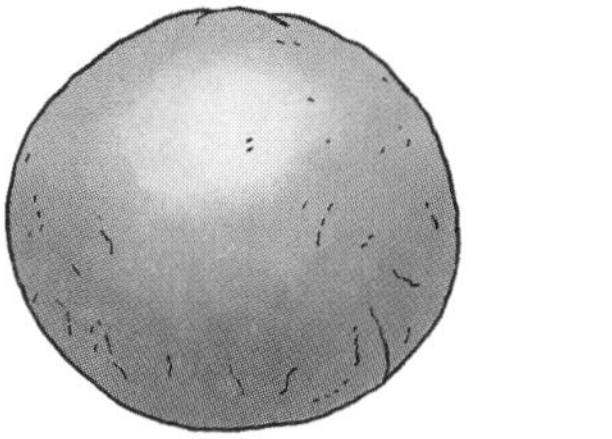

**ゴムボール**

熱帯雨林の特産物であるゴムの木の樹液から作られたボール。直径20〜30㎝ほどの大きさで、硬くて重いため、当たり方によっては命に関わることもあった。

## TOPICS

### 球戯場

メソアメリカ最大級のチチェン・イツァの球戯場。長さ168m × 幅70m、両側の壁は高さ8mで、中央付近に彫刻のある石の輪がつけられている。必ずしも石の輪があったわけではなく、カミナルフユやティカルのようにマルカドールというゴールマークが設置された球戯場もあった。

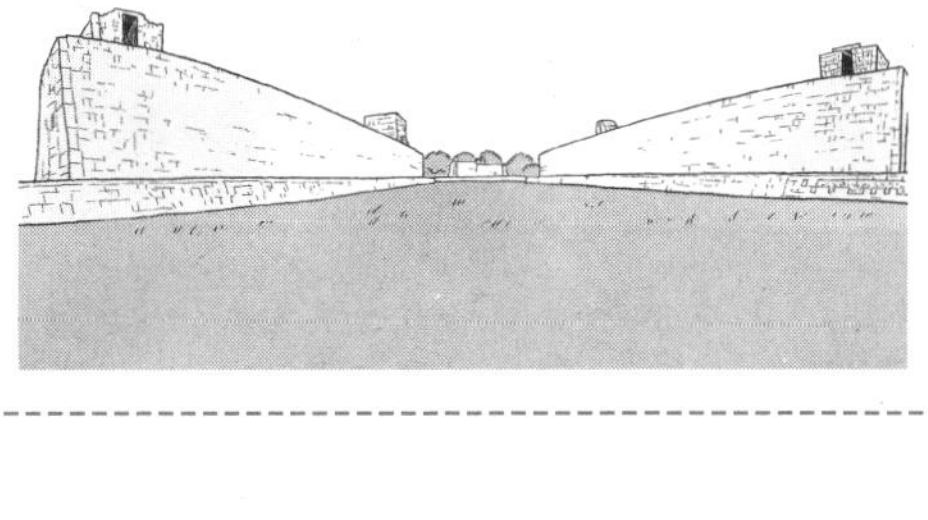

column

# マヤ庶民のファッション

## 基本は、ウィピル（上衣）、コルテ（下衣）、ファハ（帯）、頭飾りの4点

古代マヤの庶民はシンプルな服装だった。男性はふんどしをしめ、女性はウィピルというワンピースのような貫頭衣を着ていた。ウィピルは頭を通す穴を空け、脇の部分は縫った程度のものだ。

王族たちは綿糸で織られた衣装を着たが、庶民が身につけていたのは樹皮や植物の繊維を織った布地の服であった。

現代も各地の少数民族がそれぞれの生活環境に合わせた独特の民族衣装を着ている。女性の場合、基本となるアイテムは、ウィピル（上衣）、スカート状のコルテ（下衣）、ファハ（帯）、頭飾りの4点である。

たとえば、グアテマラ西部の2500mほどの高地に住むチュフ族は、太陽をモチーフにしたカラフルなウィピルをまとっている。

**チュフ族の民族衣装（現代）**

グアテマラ西部の寒冷な高地の町、サン・マテオ・イシュタタンのチュフ族の古典的民族衣装。

リストン（頭飾り）
頭飾りとしてリストンを巻いている。形状の違いによって他にシンタ（リボン、テープの意）、トコセルなども用いられる。
ウィピル（上衣）
ウィピルは女性の衣装で、ワンピースのような貫頭衣。地域ごとに独自のデザインが発展した。
ファハ（帯）
ウィピルに隠れて見えないが、コルテの上に帯を巻いている。
コルテ（下衣）
巻きスカート。地域によってデザインに違いがある。
ウィピル（上衣）
ファハ（帯）
コルテ（下衣）

＊古典的民族衣装の名称はスペイン語表記。

# 第3章

# アステカ王国の建設者

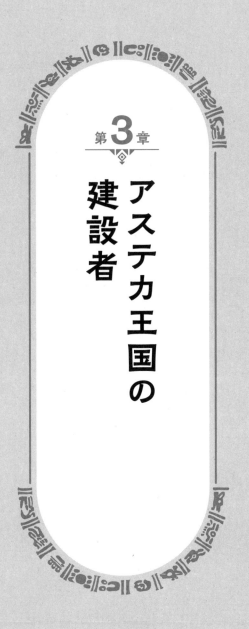

遺跡地図

# アステカ文明の主要遺跡

## テノチティトランをはじめとするメキシコ中西部の主要遺跡

マヤ文明の地域がメキシコ東部からグアテマラにかけて広がっていたのに対し、後古典期末期、スペイン人による征服の直前までメキシコ中央部に勢力を広げていたのがアステカ文明であり、アステカ王国である。

アステカ人は、北部（あるいは北西部）にあったとされる伝説の地アストランから移住してきた一部族であった。移動の途中、さまざまな部族と出会い、協力関係を結ぶが、始祖神ウィツィロポチトリ〔125頁〕の神託により袂を分かち、メシカと名乗るようになる。1325年、テスココ湖に定住すると、テスココ、アスカポツァルコ、クルワカンなどの有力な都市国家に従属しつつ、有能な戦闘集団としての力を持つようになっていった。戦いを重ね、周囲の民族集団を次々と支配下に置き、勢力を拡大していく。

9代王モクテスマ2世（在位1502－1520）の時代、アステカは最盛期を迎え、メキシコ中央部か

コマルカルコ
ラ・ベンタ
サン・ロレンソ
パレンケ
トニナー
テワンテペック湾

ら南東部の広い範囲を統治した。

その首都はテスココ湖の小島に築かれた都市テノチティトランであり、現在のメキシコシティーに位置する。政治・経済・宗教の中心として、最盛期には30万人以上の人口を誇る都市国家となっていた。

メキシコ湾
エル・タヒン
トゥーラ
[108頁]
テスココ湖
センポアラ
ベラクルス
テオティワカン
[104頁]
トラテロルコ
テノチティトラン（メキシコ・シティー）
[100頁]
カカシュトラ
ショチミルコ
チョルーラ
ショチカルコ
チャルカツィンゴ
トレス・サポーテス
メスカラ
モンテアルバン
オアハカ
＝アステカ王国の版図
● ＝遺跡、○ ＝現代の都市

アステカの建国史

# アステカの国はいつできたか？

## テスココ湖の小島に葦の小屋が建てられたとき、王国の歴史が始まった

**ア**ステカの建国は、神話的な物語に彩られる。

テノチティトランよりはるか北方の沼沢地「アストラン（鶴の場所）」に暮らしていたアステカ族の祖先は、1116年、同地を出て長い放浪の末にメキシコ盆地へ至った。

すると、彼らのもとに始祖神ウィツィロポチトリ［125頁］から、「石の上に生えたサボテンを探せ。その上に美しい鷲が翼を広げて朝日を浴びているから、そこに町を建設せよ」と神託が下る。

アステカ族はテスココ湖に浮かぶ小島にその場所を見つけ、そこに盛り土の基壇を作り、葦の小屋を建ててウィツィロポチトリの神殿とした。これが後のテノチティトラン最盛期における大神殿の原点となる。

テノチティトランは、アステカの暦によると、「2の家」の年である1325年に建設されたと考えられている。

### テスココ湖に都市国家を作ったアステカ人

テスココ湖に浮かぶ14k㎡ほどの小島にテノチティトランが建設され、島の北部に姉妹都市トラテロルコが築かれた結果、メシカ族は安住の地を得た。

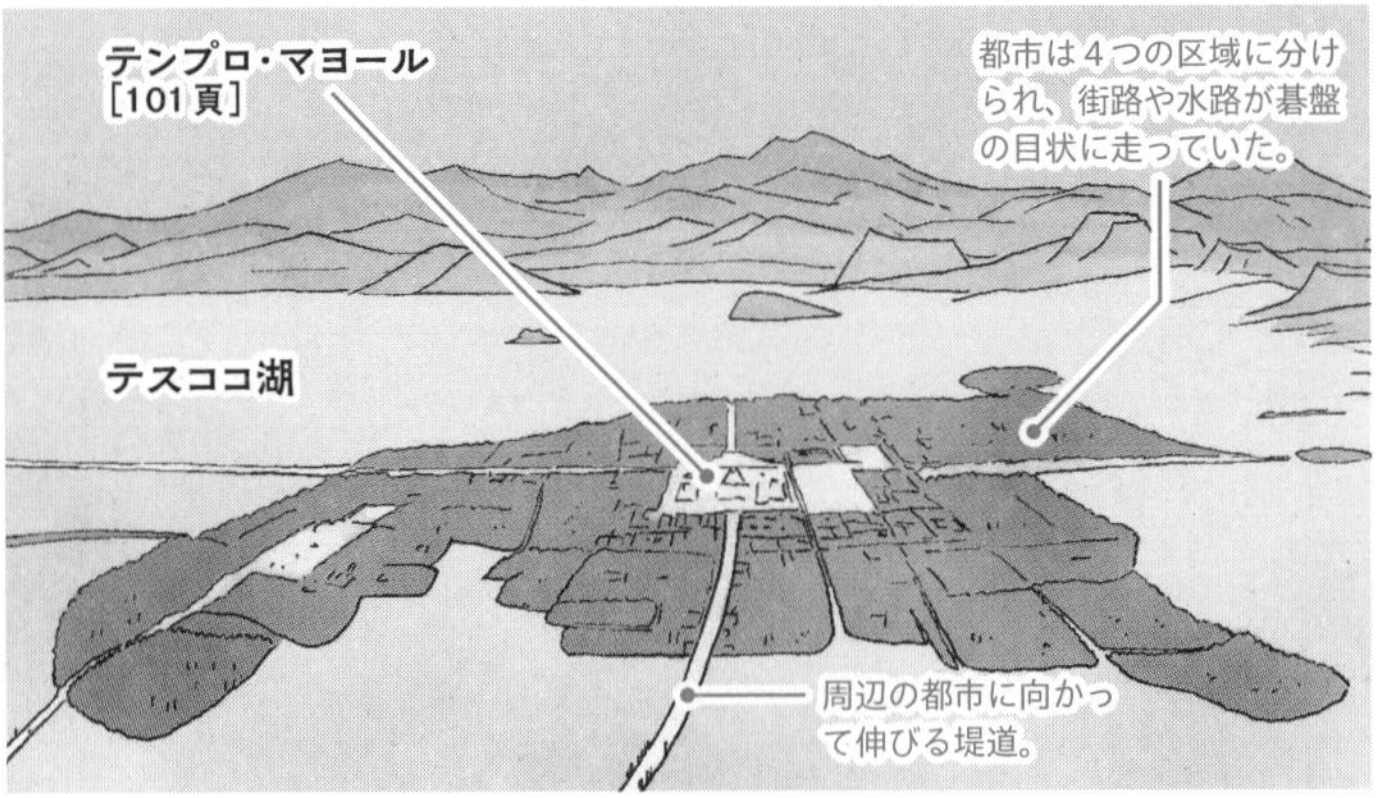
テンプロ・マヨール
［101頁］
都市は４つの区域に分けられ、街路や水路が碁盤の目状に走っていた。
テスココ湖
周辺の都市に向かって伸びる堤道。

**テノチティトランの鳥瞰図**

アステカ王国の首都テノチティトランの鳥瞰図。メキシコ盆地のテスココ湖に浮かぶ様子が描かれ、テンプロ・マヨールから湖を越える堤道が延びている。

＊アステカの暦法における年の名前については、128頁を参照。

## 「2の家」の年、テノチティトラン創設の場面

テノチティトランが創設された「2の家」の年は1325年と考えられているが、他には1345年という説もある。テノチティトランは東西と南北の通りによって四つの区域に分けられ、後に新大陸最大の都市となっていく。

**指導者のテノチ**
町を創設した10人の人物のうちの指導者テノチ。背後にサボテンが描かれている。

太陽と戦争の神ウィツィロポチトリを表現。

最初の神殿。

生け贄の頭蓋骨を並べたツォンパントリ。

運河によって4分割されたテノチティトランの島を表現。

盾と矢。

**メンドーサ絵文書（第2葉）**
『メンドーサ絵文書』の第2葉に描かれたテノチティトランの創設の場面。中央にはサボテンの上に乗った鷲が描かれ、後のアステカ王国の繁栄を表している。指導者のテノチをはじめとする10人の創設者の姿や最初に建てられた神殿も見える。

アステカの基本カレンダー〔128頁〕は、太陽暦（シウポワリ暦、365日周期）およびトナルポワリ暦（260日周期）である。太陽暦は20日×18カ月＋5日＝365日、トナルポワリ暦は20サイン（交替で1〜13の数字がつく）×13日週＝260日である。特定の日は両者の日付を併記して表わされた。

また、ある太陽年の名称はその年最後の太陽暦月の最後の日のトナルポワリ暦の日付で表わされた。「2の家」の年とはこの日が三つ目のサイン「家」であり、その数字が2であったことを意味する。

アステカの遺跡

# 王都「テノチティトラン」

## 湖上に建設されたアステカ王国の王都

### 大神殿テンプロ・マヨール周辺の神域

祭祀の場や宮殿が立ち並ぶテンプロ・マヨールを中心とした聖域の想像図。「鷲の戦士像」やツォンパントリは大神殿の北側から発見された。

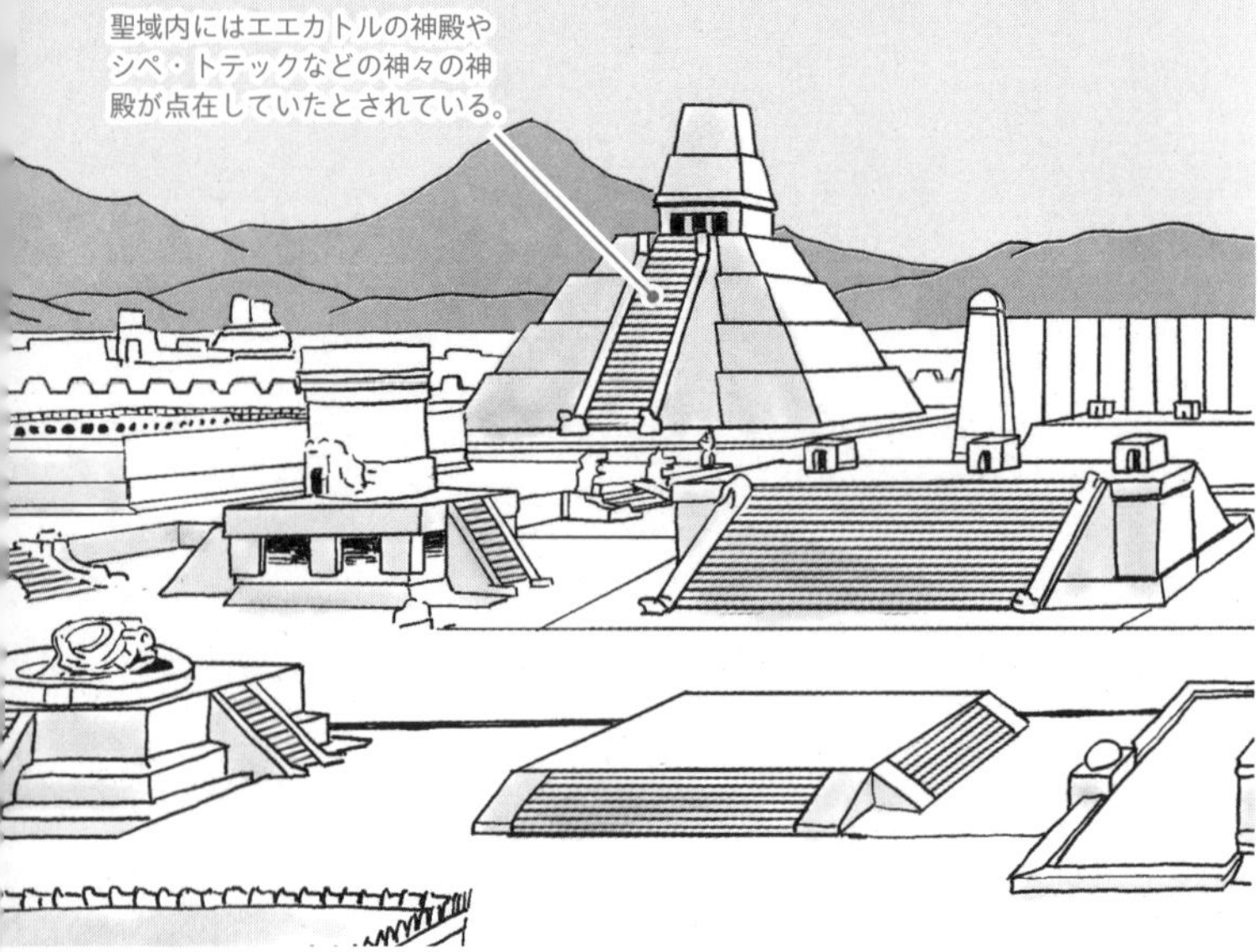
聖域内にはエエカトルの神殿やシペ・トテックなどの神々の神殿が点在していたとされている。

アステカ建国当時のメキシコ盆地（テスココ湖沿岸）は、諸部族の王国が乱立する戦国時代のさなかにあった。中でもアスカポツァルコ、クルワカン、コアトリチャンの三王国が強大で、新参者のアステカ族（メシカ族）は、さまざまな経緯の後、テスココ湖西方の小島テノチティトランに定着するが、部族の存続は容易ではなかった。彼らはテパネカ族が建てたアスカポツァルコ王国に隷属し、労働と兵役を提供し、その庇護を受ける。

しかしアステカ族はテノチティトランに小都市を建設し、少しずつ成長を始める。1372年、アステカはトルテカの血を引くアカマピチトリ（在位1372－1396）を最初の王として立てた。4代目の賢王イツコアトル（在位1427－1440）の時代にアステカは大発展を遂げる。テスココ、トラコパンと協力し（三国軍事同盟）、強敵アスカポツァルコ王国を倒して完全独立を果たしたのだ。

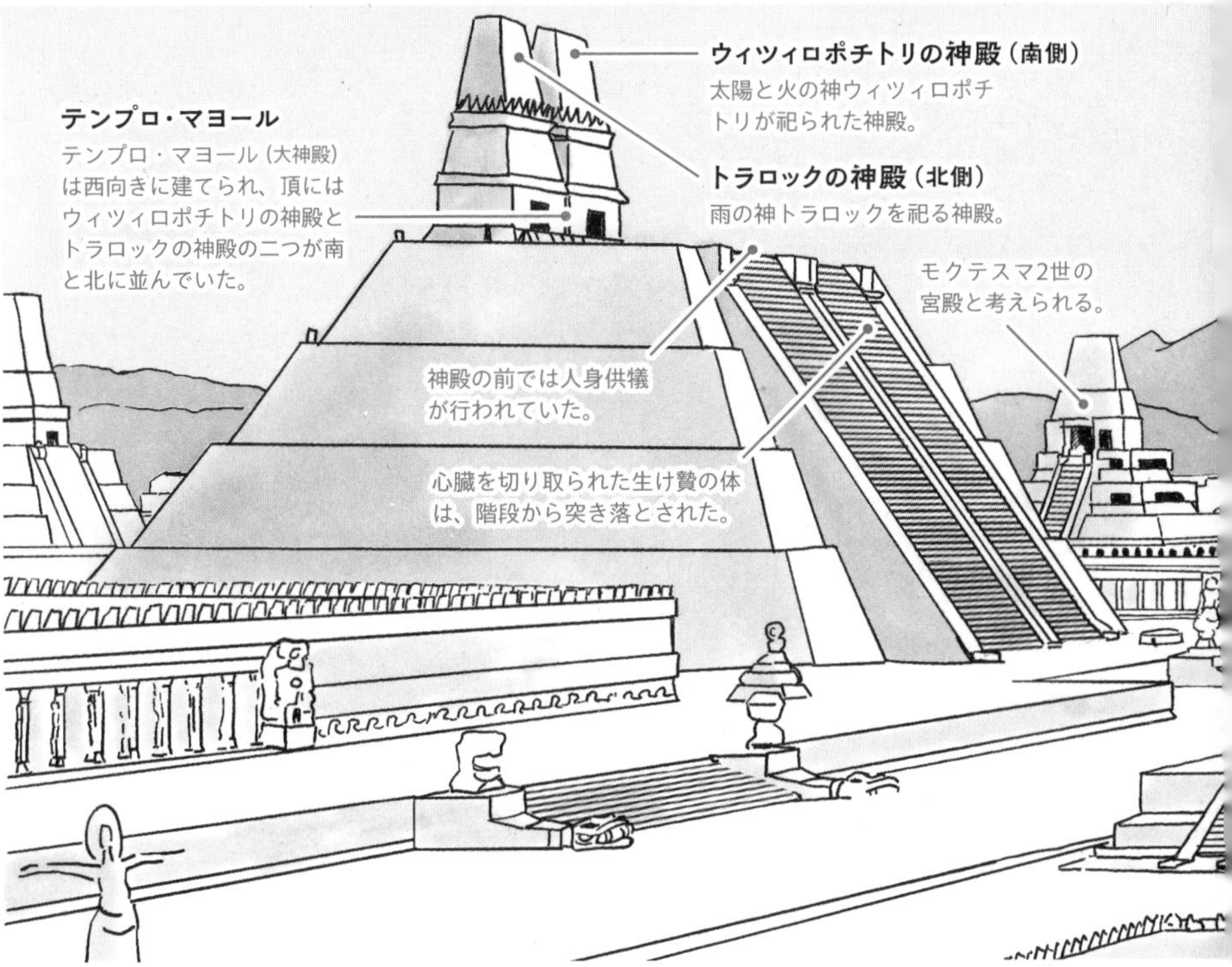
テンプロ・マヨール
テンプロ・マヨール（大神殿）は西向きに建てられ、頂にはウィツィロポチトリの神殿とトラロックの神殿の二つが南と北に並んでいた。
ウィツィロポチトリの神殿（南側）
太陽と火の神ウィツィロポチトリが祀られた神殿。
トラロックの神殿（北側）
雨の神トラロックを祀る神殿。
モクテスマ2世の宮殿と考えられる。
神殿の前では人身供犠が行われていた。
心臓を切り取られた生け贄の体は、階段から突き落とされた。

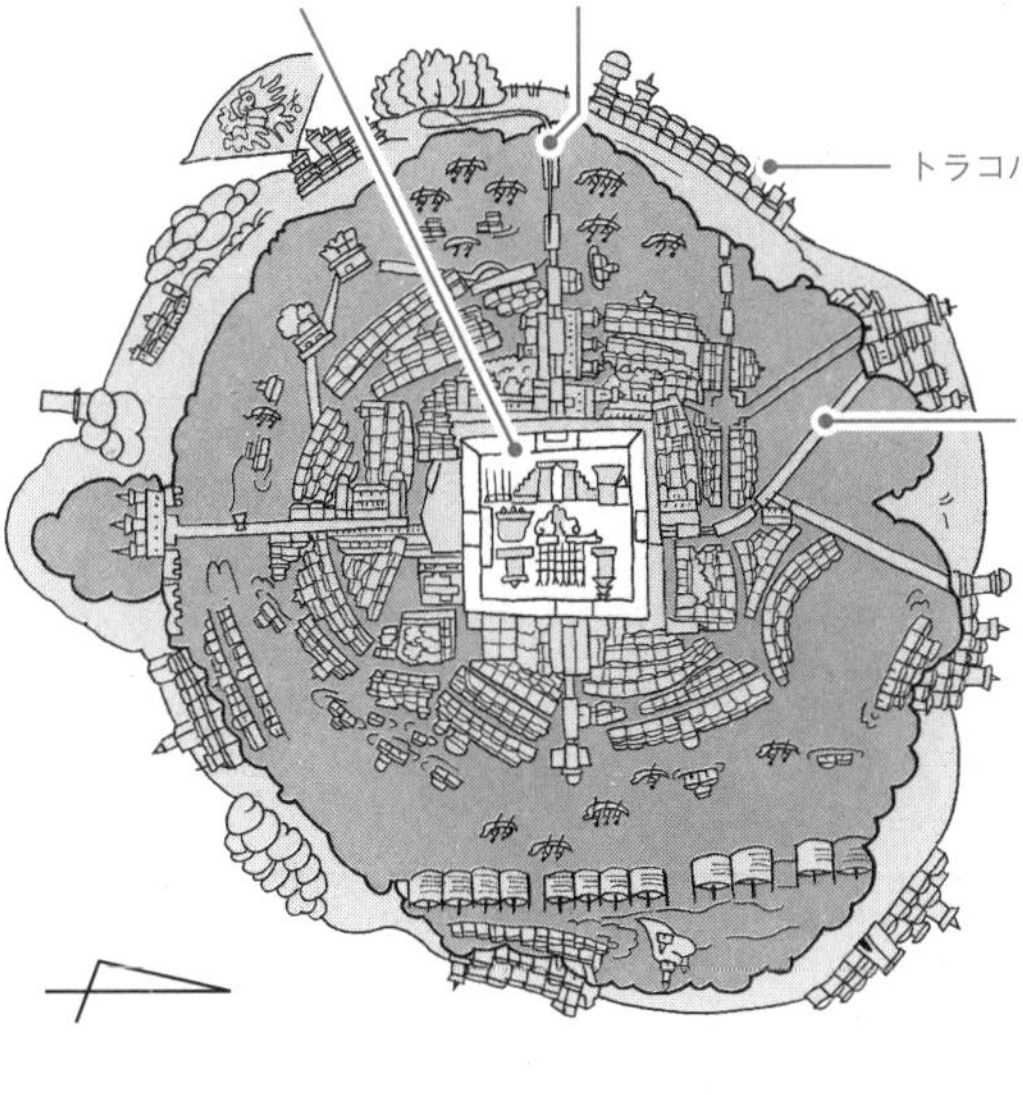
テンプロ・マヨール
西向きのはずだが、東に向いているように描かれている。
チャプルテペク水道橋
テノチティトランに飲用水を送る水路の一つ。
トラコパン（同盟国）
湖上に浮かぶ都と湖岸とはいくつかの堤道でつながっていた。

**テノチティトランの図（1524年）**
テノチティトランは湖上の王都である。テンプロ・マヨールの祭祀区域が強調して描かれている。

アステカは法を整備し、埋め立てによって農地を拡大し、貢納制を確立して経済基盤を固めた。内政を整える一方、代々の王は遠征を繰り返して周辺を征服し、軍事的支配を広げていった。9代王モクテスマ2世（在位1502－1520）のときにはメキシコ中央高原のみならず、ベラクルス州北部や太平洋岸低地のソコヌスコなども支配下に治めていた。このとき、アステカ王国は最盛期を迎え、面積20万㎢、人口600万人に達する。アステカは占領よりも、貢納を重視していたため、各地からトウモロコシや豆類などの生産物をはじめ、大量の特産品がテノチティトランにもたらされた。

また、アステカの人々は湖の大治水工事を行って街路や水路を整備し、都市を四つの区画に分けた。さらに全長16㎞の堤防も築いて、北と西、南に向かう3本の堤道で湖岸と都市をつないだ。

テノチティトランの中心部の聖域には、高さ45mものテンプロ・マヨール（大神殿）がそびえ立っていた。この聖域から出土したものに、「コヨルシャウキの石板」や「太陽の石」、さらに巨大な「トラルテクトリの石彫」などがある。等身大の「鷲の戦士像」や「ミクトランテクトリ神像」もここで発掘されている。大神殿の北側には数多くの頭蓋骨石彫のあるツォンパントリが見えるが、実際に人間の頭蓋骨を串刺しにして並べた祭壇も発見されている。

## テンプロ・マヨールと聖域の遺跡と出土品

テンプロ・マヨールの周辺からは、巨大な石板の石彫をはじめ、土製の等身大神像や戦士像、カエルや蛇の像、チャックモール、黒曜石の石器、儀礼用ナイフ、ツォンパントリの頭蓋骨など1万点以上が出土している。

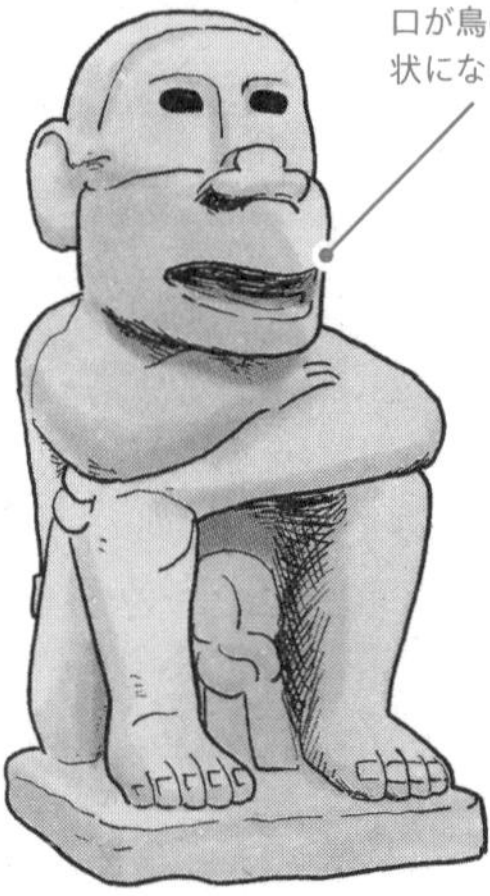
口が鳥のくちばし状になっている。

**エエカトル神像**

エエカトルは生と豊穣に関わる力を持ち、「風」を意味する神。

台の側面には頭蓋骨を象った漆喰装飾が施されている。

**礼拝堂Bのツォンパントリ（建築段階6）**

大神殿基部の近くで発掘。神殿の下からは、実際に人間の頭蓋骨を串刺しにして並べた祭壇も発見された。

# アステカの商業都市トラテロルコとソチミルコの浮き畑農法

テノチティトランと合併したトラテロルコは、テノチティトランのすぐ北に位置する。連日数万人が集まるメソアメリカ最大の市場として繁栄し、黒曜石や羽根飾りを扱う職人も住んでいた。

**サンティアゴ教会**

スペイン植民地時代の建造。

**トラテロルコ大学文化センター**

メキシコ国立自治大学の学際的な複合施設で、博物館もある。

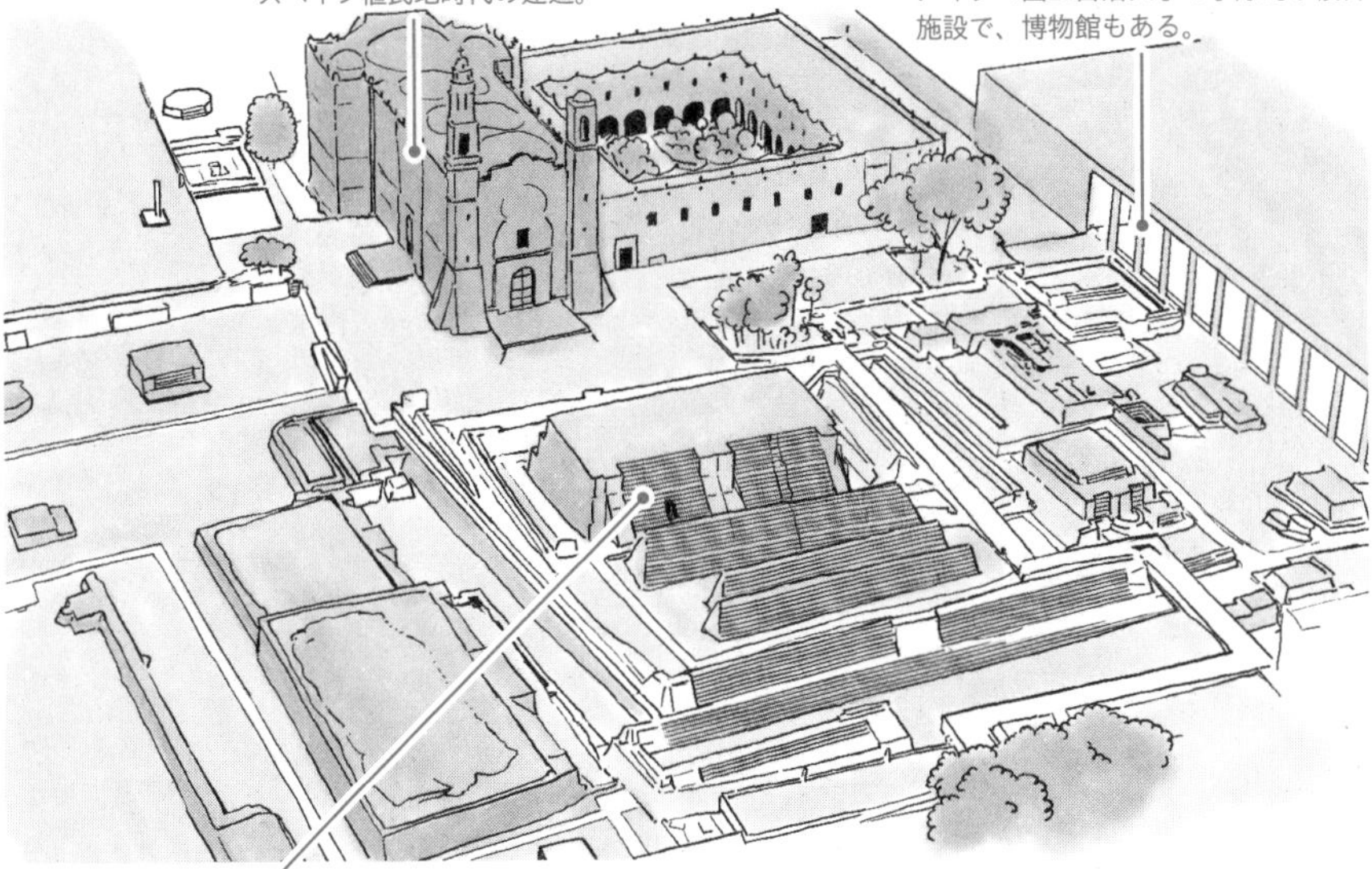

**アステカの遺跡**

アステカ時代の神殿の遺構が多く残されている。

**トラテロルコの三文化広場**

メキシコシティのトラテロルコ地区にある広場で、三つの歴史・文化を見ることができることから、「三文化」と名づけられた。手前がアステカの遺跡、奥がスペイン植民地時代のサンティアゴ教会、右奥が現代のトラテロルコ大学文化センター。

**ソチミルコのチナンパ**

メキシコシティから南へ28㎞。「花の野の土地」を意味するソチミルコでは浮き畑農耕（チナンパ）［69頁］が盛んに行われた。現在でも運河が多く残り、トラヒネラという小舟で観光ができる。

樹木の根は年月が経つと固定に達し、チナンパ全体を安定させる。

テスココ湖のチナンパは、スペイン植民地時代に埋め立てられてほとんどが姿を消し、ソチミルコ周辺にのみ見ることができる。

メキシコ中央高地の遺跡

# 神々が集う場所「テオティワカン」

## マヤ文明と同時期に栄えたメキシコ中央高原の文明都市

テオティワカンはアステカ王国の首都テノチティトラン（現在のメキシコシティー）の北東40㎞にある。この地に都市文明が栄えたのは、アステカ建国のはるか昔、紀元前200年頃から西暦750年頃のことで、最盛期の350〜650年には23・5㎢に20万人以上が集住し、ローマやコンスタンティノープルと肩を並べる大都市となっていた。

マヤ文明の諸都市に比べて中央集権的な政治組織を持ち、強大な軍事力を持ってたびたびマヤに侵攻してその歴史に大きな影響も与えている。

テオティワカンはナワトル語で「神々の場所」を表す。神話によると、暗黒の時代、テオティワカンに集まった神々は、火の中に身を投げて太陽と月に生まれ変わり、人間世界が始まったという。テオティワカンにある「太陽の神殿（ピラミッド）」と「月の神殿（ピラミッド）」の名称は滅亡後に流入してきたアステカ人が付けたものであり、過去の神々の自己犠

### ピラミッドが立ち並ぶ巨大都市

テオティワカンでは、太陽と月に関わる「聖なる山」として、ピラミッドが築かれた。太陽のピラミッドの建築は後100年頃に始まり、250年頃まで行われた。ただし、都市の来歴は神話伝承に語られるばかりで、古代文字などの十分な史料は発見されておらず、文字体系なしにアメリカ大陸最大にまで成長した都市である。

広場の周囲にはタルー・タブレロ様式の大基壇が立ち並ぶ。傾斜面「タルー」の真上に垂直の枠付きパネル「タブレロ」をはめ込んだこの様式は、マヤ文明の遺跡にも影響を与えた。

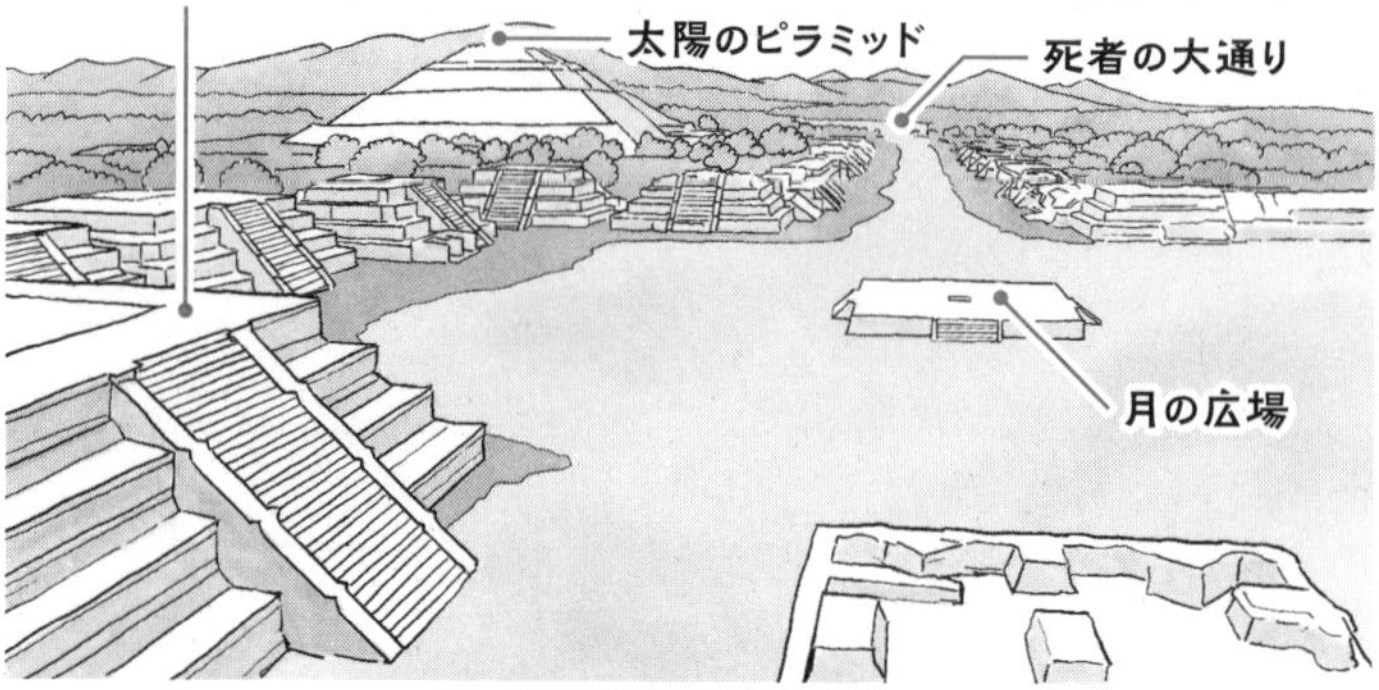


**「月のピラミッド」からのテオティワカンの眺望**

「月のピラミッド」前の「月の広場」からの南方向の眺め。左に「太陽のピラミッド」が見え、奥に伸びる「死者の大通り」の両脇には今でも多くの神殿が並んでいる。

**テオティワカン遺跡配置図**

中央集権国家であったテオティワカンであるが、王墓はまだ一基も発見されておらず、どのような支配者がいたのかわかっていない。

月のピラミッド
テオティワカンで最初に作られた建築物。
テパンティトラ宮殿
トラロックの楽園を描いたとされる巨大な壁画がある。
月の広場
テオティワカンの十字架と言われる祭壇がある。
ケツァルパパロトル宮殿
神官の住居と考えられ、柱にはレリーフが施されている。
死者の大通り
全長４㎞にも及び、南の「羽毛の蛇神殿」を含む儀礼区域から「太陽のピラミッド」を経て北の「月のピラミッド」に至るまで都市の両端を縦貫している。
サクアラ宮殿
ヤヤワラ宮殿
太陽のピラミッド
月のピラミッドと同様、タルー（斜面の基壇）が特徴的。
テティトラ宮殿
アテテルコ宮殿
死者の大通り
全長4㎞。大通りの両端に多くの神殿が並ぶ。
羽毛の蛇神殿
（ケツァルコアトル神殿）
400m四方もの広い城塞（儀礼場）の中に羽毛の蛇神設がある。

牲を偲ぶよすがとしていたと考えられる。

死者の大通りは真北から東に15度25分傾いている。すべての建造物がこれに倣う形で碁盤の目を構成し、かつては600基のピラミッドが並んでいたという。

「太陽のピラミッド」は、8月13日と4月30日の年に二度、太陽がピラミッドの真向かいに沈むよう綿密に設計されている。なお、両日の間隔は260日周期のトナルポワリ暦に対応している。

テオティワカンは、太陽のピラミッドによる東西軸と死者の大通りの南北軸から構成され、その後の高原地帯における都市設計の基本となった。

空前の繁栄を誇ったテオティワカンは、西暦700年頃、突如衰退する。その理由は異民族の侵入、戦乱などが考えられているがはっきりしていない。

## 都市計画に基づいて作られた多くの建造物

ピラミッドの地下道の先には、「四つの花びら」の形をした空間がある。これはテオティワカンでは東西南北からなる世界の象徴である。この「四つの花びら」の小空間のある洞窟の上に、太陽のピラミッドは築かれた。テオティワカンは聖なる地下への入り口であり、地上と天空世界をつなぐ地でもあるのだ。

### 太陽のピラミッド

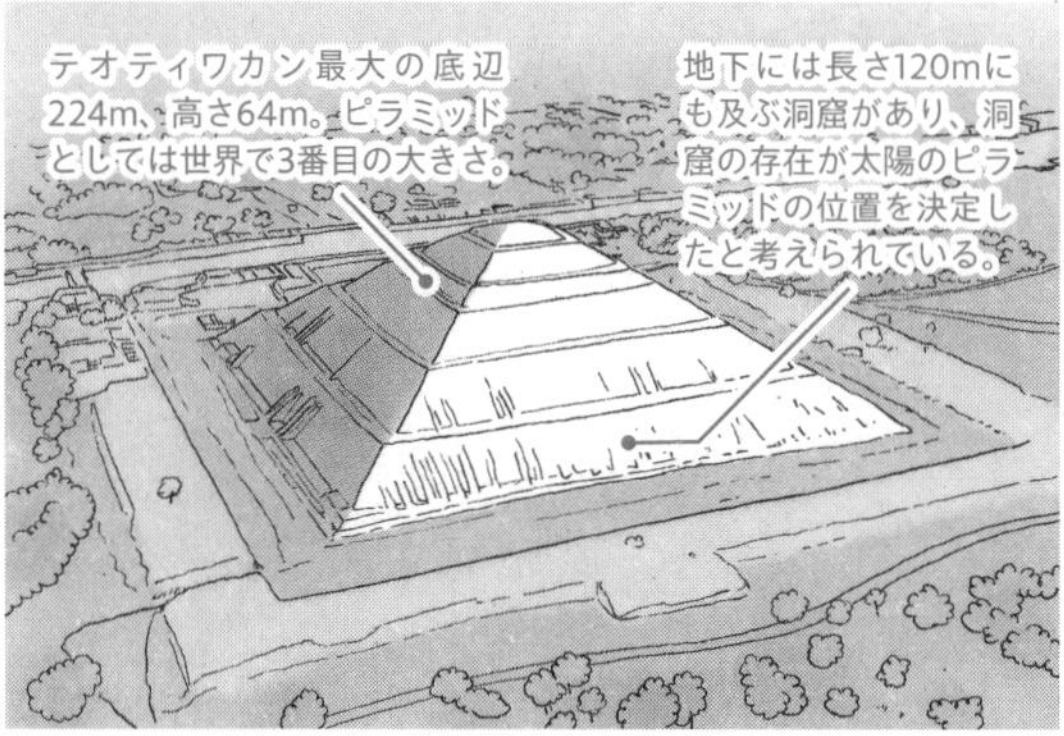
テオティワカン最大の底辺224m、高さ64m。ピラミッドとしては世界で3番目の大きさ。
地下には長さ120mにも及ぶ洞窟があり、洞窟の存在が太陽のピラミッドの位置を決定したと考えられている。

### 死のディスク石彫

太陽のピラミッド前の広場から出土した石彫。地平線に沈んだ夜の太陽を表している。頭蓋骨をモチーフとしたものはまれである。

## 月のピラミッド

月のピラミッドは後100年頃から建築が始まり、400年頃まで増築されていった。

5段のタルーによる建築物で、テオティワカン初期のツァクアル期(1〜150年)に造られた。
月のピラミッドには7基ものピラミッドが重なっている。底辺149×168m、高さ45m。

## TOPICS

### 羽毛の蛇神殿のケツァルコアトルとシパクトリ

死者の大通りの南側に位置する「城塞」は巨大な建築複合である。支配者や神官の居住区域であり、ここで行政や宗教儀礼が行われた。「羽毛の蛇神殿」は、この「城塞」の中にある。テオティワカンで3番目に大きい建造物で、底辺65m、高さは20mである。

タルー・タブレロ様式でできており、傾斜壁のタルー部分には金星と権力の象徴である「ケツァルコアトル（羽毛の蛇の神）」が並ぶ。そして、垂直の枠付パネルのタブレロ部分には、時の始まりを象徴する「シパクトリ」とケツァルコアトルの頭部が交互に飾られている。「シパクトリ」は雨の神トラロックと混同されるが、ここはシパクトリである。

ケツァルコアトル
シパクトリ

メキシコ中央高地の遺跡

# トルテカ文明の中心地「トゥーラ」

## メキシコ中央高地に栄え、後古典期マヤの諸都市と交流を持った

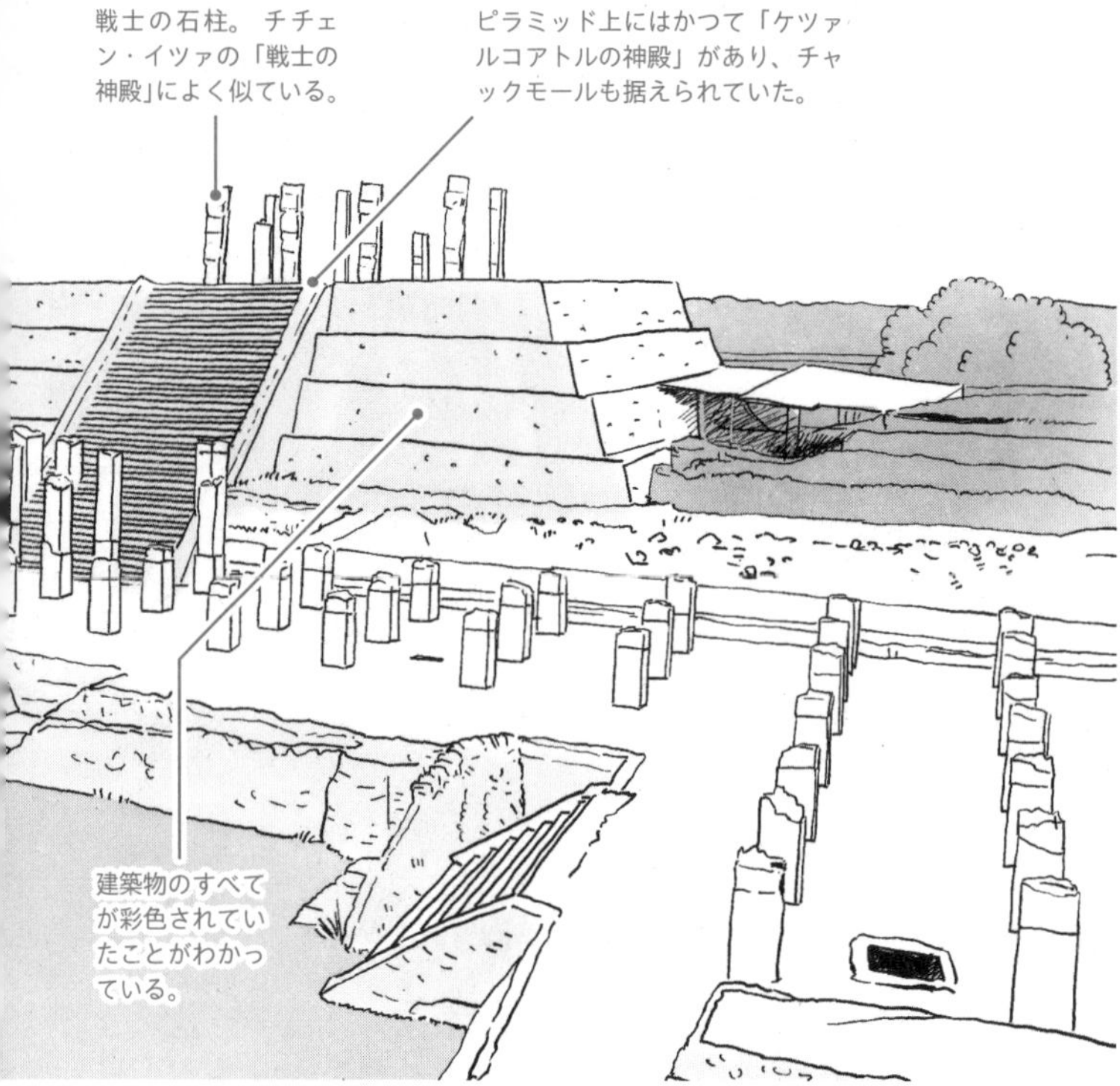
戦士の石柱。チチェン・イツァの「戦士の神殿」によく似ている。
ピラミッド上にはかつて「ケツァルコアトルの神殿」があり、チャックモールも据えられていた。
建築物のすべてが彩色されていたことがわかっている。

トルテカ文明は、900～1150年頃、メキシコ中部高地のトゥーラを首都として繁栄した。これはテオティワカン崩壊よりも後の時代であり、アステカの都市国家がメキシコ盆地に誕生するよりも前のことである。

トゥーラはテノチティトラン（現メキシコシティー）の北西80㎞に位置し、16㎢に6～8万人の人口を擁した中央高地最大の都市国家であった。

この地には、トルテカ文明以前にもトゥーラ・チコが栄えていたが、この都市は850年頃に放棄され、900年頃になって台地の上にトゥーラ・グランデが建設された。

トルテカの始祖神であるケツァルコアトルは理性と平和の神であり、人身供犠を廃止した。しかし、戦争と生け贄を好む神テスカトリポカと対立し、抗争に敗れてトゥーラを去ったという。

「ケツァルコアトルの神殿」はトルテカ文明を代表

## 多柱回廊と神殿ピラミッドが結合したトゥーラの神殿

トゥーラは標高2,000mの高地にあり、トルテカ文明の中心地として栄えた。都市設計の考え方は、7～8世紀に滅亡したテオティワカンの影響を受けている。

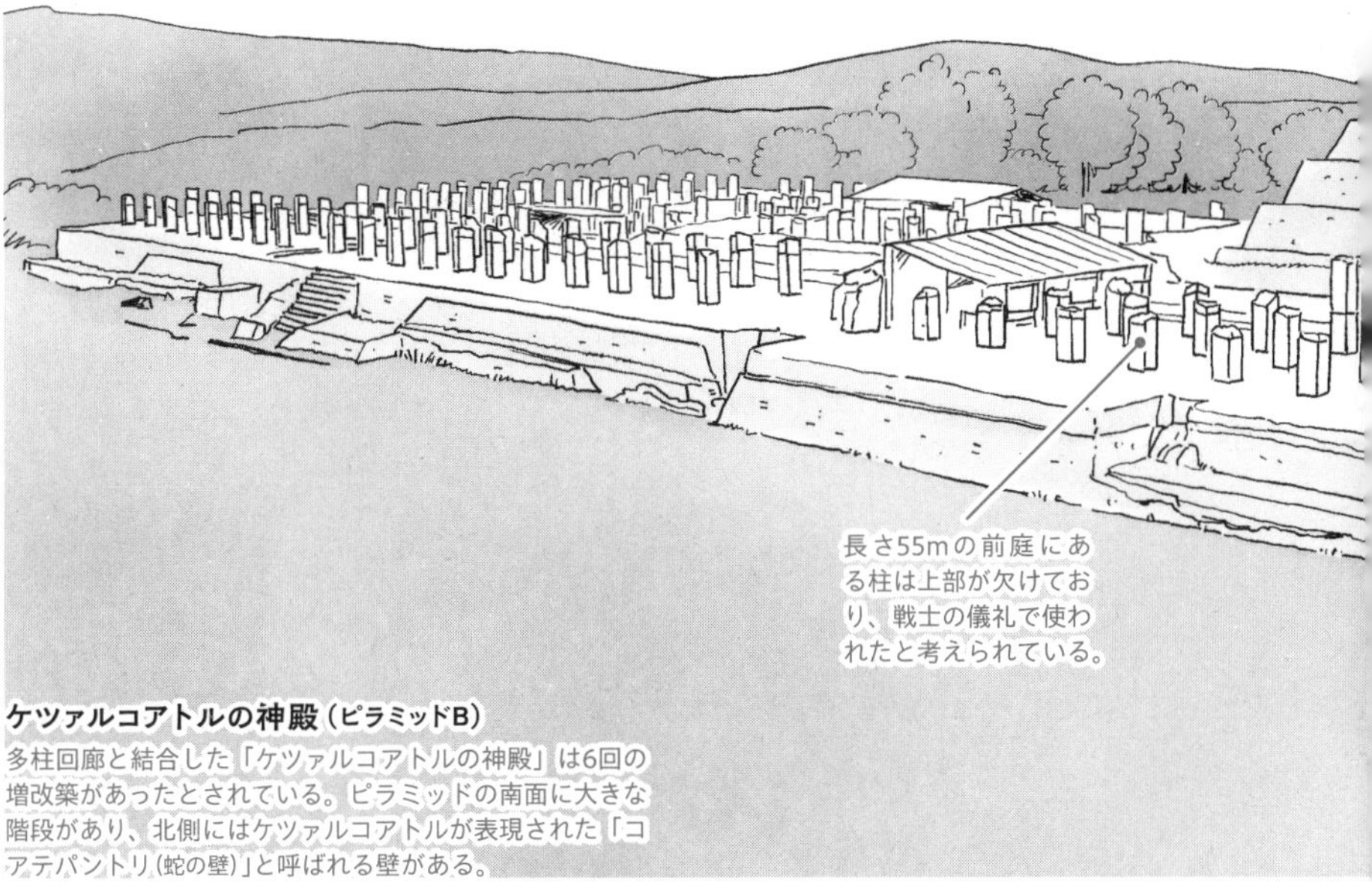
長さ55mの前庭にある柱は上部が欠けており、戦士の儀礼で使われたと考えられている。

**ケツァルコアトルの神殿（ピラミッドB）**

多柱回廊と結合した「ケツァルコアトルの神殿」は6回の増改築があったとされている。ピラミッドの南面に大きな階段があり、北側にはケツァルコアトルが表現された「コアテパントリ（蛇の壁）」と呼ばれる壁がある。

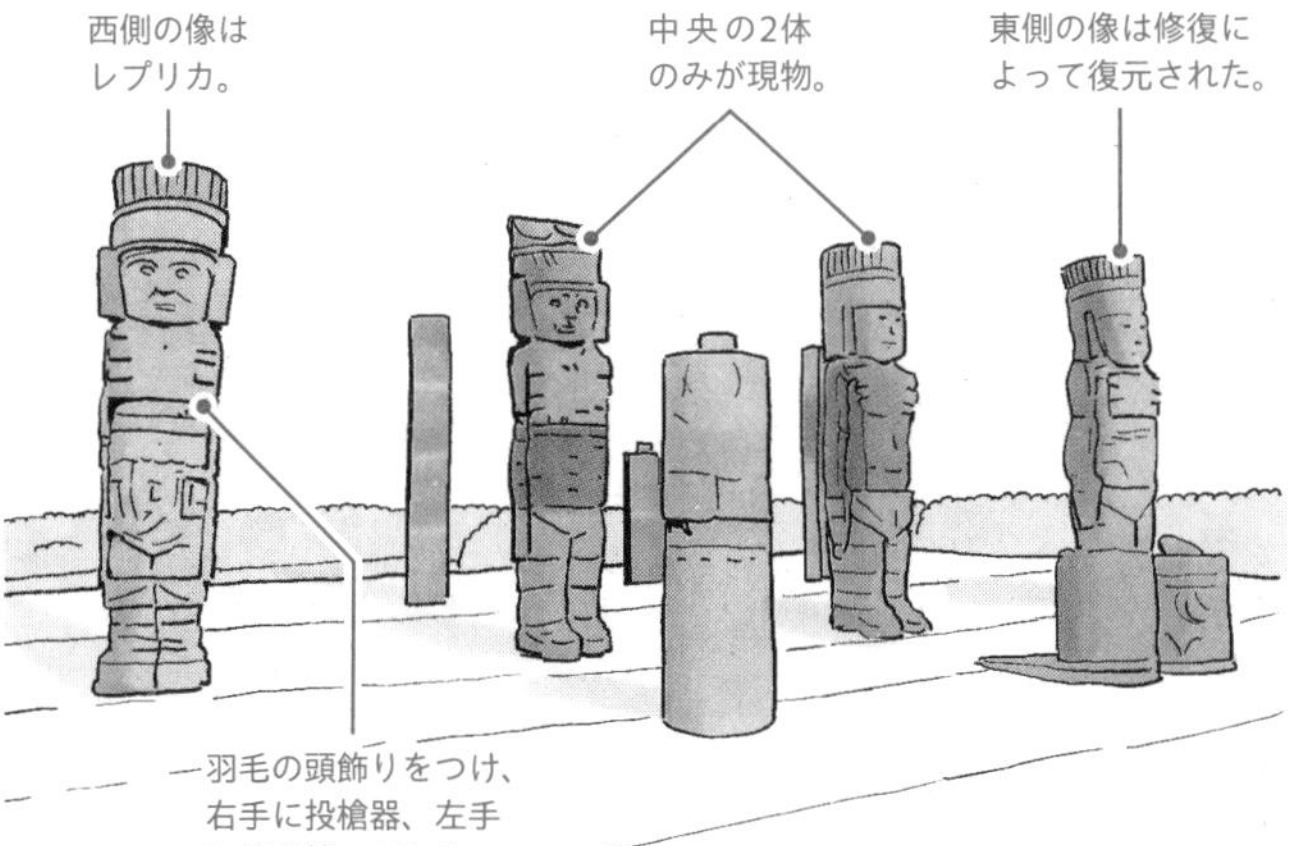
西側の像はレプリカ。
中央の2体のみが現物。
東側の像は修復によって復元された。
羽毛の頭飾りをつけ、右手に投槍器、左手に槍を持っている。

**戦士の石柱**

ケツァルコアトルの神殿の上にある。高さ4.6mの石柱。かつては神殿の入り口を支えるケツァルコアトルの柱も存在した。

する建築物である。かつては頂上にあった神殿にケツァルコアトルの形の大きな柱があり、入り口を支えていた。今は「戦士の石柱」が残るばかりである。

文明の終焉

# スペイン人による征服

## 征服者コルテスの到来とアステカの滅亡

1519年、アステカの繁栄に終止符が打たれる。

この年の2月、エルナン・コルテスというスペイン人が、アステカの征服を企図してキューバを出港した。彼は500人の兵、馬16頭を率いてメキシコに上陸すると、メキシコ高地においてアステカの宿敵トラスカラ族と同盟を結んで戦力に組み込んでしまう。

一方、神話のなかでケツァルコアトルは、ほかの神との争いに敗れ、「一の葦の年に戻る」と宣言してアステカを去ったといわれ、1519年がその年に当たっていた。こうした神話上の偶然も手伝って、コルテスはケツァルコアトルの化身と崇められ、テノチティトランまでの道中で歓待を受けるほどであった。モクテスマ2世も使者を出し、贈り物を届けていた。

そのため同年11月8日、コルテスはやすやすとテノチティトランに入城。無抵抗のモクテスマ2世はやがて囚われの身となり、翌年に悲運の死を遂げる。こうしてアステカ王国は崩壊した。

### 首都テノチティトランの陥落

アステカを攻撃したのはスペイン人だけではなかった。スペインは敵対する先住民と連合軍を結成し、その数20万人ともいわれる兵力を率いていた。

tecpatepec
xochinilco
Hacopā
coyouacā
テノチティトランの神殿が様式化され、テスココ湖の中心に描かれている。
戦士が船に乗って、都市を守っている。
四方にある絵文字の都市名はスペイン＝トラスカラ同盟軍の野営地。


**テノチティトランに攻め込む先住民とスペイン連合軍**

アステカに従属することのなかったトラシュカラ人などの先住民族がスペインと共闘した。「トラスカラ絵布」より。

## コルテスの上陸とアステカ王の降伏

9代モクテスマ2世のときにコルテスはテノチティトランを占領すると、２年後に反乱を起こした11代クァウテモク王を降伏させてアステカ王国を滅した。1521年8月13日のことであった。

**マリンチェ**
コアツァコアルコス地方の王女でタバスコの奴隷だった。コルテスの通訳として働き、最後はコルテスの妻となる。

**モクテスマ2世**
コルテスを、「1の葦」の日に再臨したケツァルコアトルだと思い込んだとされている。

**コルテス**
ベラスケスのキューバ征服に参加した後、第3次隊としてメキシコ高原に上陸。アステカ王国を壊滅させた。

**モクテスマと会うコルテスとマリンチェ**
コルテスとマリンチェがアステカの王モクテスマ2世（在位1502-1520）と出会う場面。「トラスカラ絵布」より。

**コルテス**
ヌエバ・エスパーニャ総督となったコルテスであるが、その後植民地の利益分配をめぐって国王の官吏と対立し、1540年にメキシコを去る。その後アルジェリアに遠征するが、同地で死亡した。

**マリンチェ**

着飾ったアステカの貴族たちが続々と降伏する。

**コルテスとマリンチェの前に降伏するアステカの貴族たち**
コルテスがヌエバ・エスパーニャ（メキシコ）の総督・総監になったところ。帽子にはケツァルの羽根が飾られている。「こうしてメヒカ（アステカ）は打ち負かされた」とのナワトル語の文字が見える。

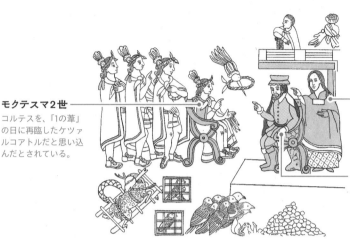

column

# アステカ王族のファッション

## 青いマント、腰布、サンダルを身につけた テスココの支配者ネツァワルピリ

アステカの王族がどのような衣装に身を包んでいたかは、モクテスマ2世の肖像に見られるが、ここで紹介するのは、より精緻に描かれたテスココ王ネツァワルピリ（在位1472－1515）の衣装だ。なお、テスココはテノチティトランが三国同盟を結び、友好関係を築いていた都市国家である。

階級社会だったアステカでは、着飾る機会があったのは王と貴族、神官や上層の戦士に限られていた。

男性衣装の基本は「マクストラトル（腰布、ふんどし）である。これに「ティルマハトリ」と呼ばれるマントや外套を羽織っていた。ネツァワルピリ王の場合、「トルコ石で結ばれたマント」を身につけているが、階級によってさまざまなバリエーションがあった。羽毛の髪飾りや笏《しゃく》なども、富と地位を示す上で重要なアイテムであった。

**羽毛の髪飾り**
富と地位を示し、宗教的な用途に限定された。
**マント（ティルマハトリ）**
ナワトル語の名称を直訳すると、「トルコ石（ターコイズ）で結ばれたマント」となる。幾何学模様は、先行する王国との結びつきを示すとされ、ビーズ加工も施されていたと考えられる。
**腰布（マクストラトル）**
王族の身分を示す腰布。マントと揃いになっている。
**サンダル**
トルテカ族の王族とのつながりを示す水色のサンダル。
**リッププラグ**
貴族の唇につけられたグリーンストーンのリッププラグ。
**首輪**
グリーンストーンの儀式用首輪。
**笏**
太陽と太陽神ウィツィロポチトリと王室が近い存在であることを示し、主に儀式的に使用された。
**金箔**
ふくらはぎと腕のバンドを表すため、金箔が貼られている。


**ネツァワルピリの衣装**
テスココの王（トラトアニ）ネツァワルピリの名はナワトル語で「断食王子」を意味する。『イシュトリルショチトル絵文書』より。

# 第4章

# 軍事強国アステカの社会と文化

アステカの社会

# 絶対君主と階級社会

**当初は4人の長老たちの評議会が王を選出。王の世襲制も確立**

## モクテスマ２世による専制君主制の確立

アステカがアスカポツァルコの属国として始まった時代を経て、9代王モクテスマ２世の時代、王権は強さを増し、官僚制から専制君主制へと移行した。

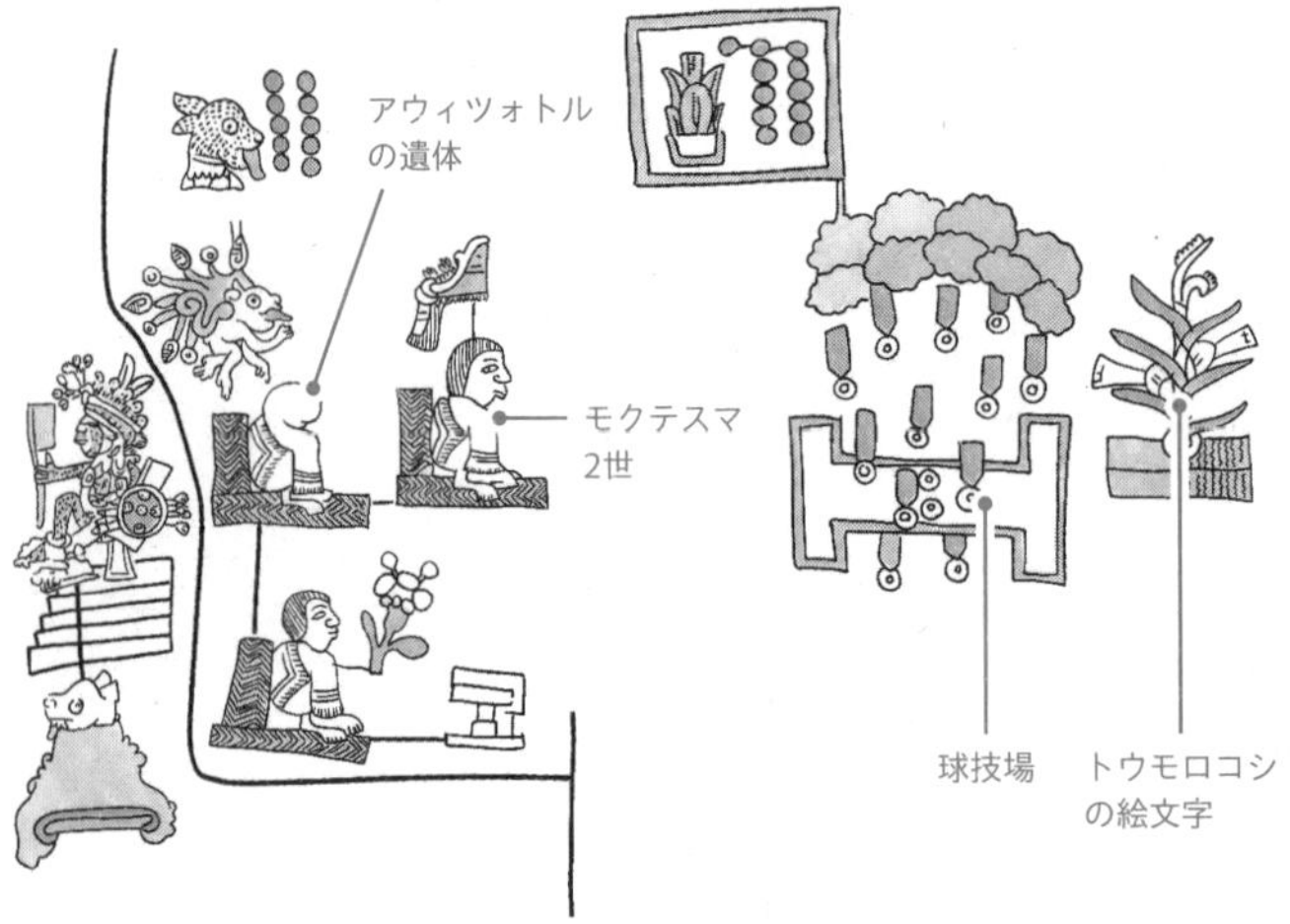


**モクテスマ2世**

玉座に座るのはモクテスマ・ショコヨトル（モクテスマ2世）。統治下での1502年～03年の出来事が綴られている。『テレリアーノ・レメンシス絵文書』（第3部41r）。

1375年、メシカ族のアカマピチトリがメキシコ最大勢力の宗主国アスカポツァルコ王国の許可を得て国王に即位、世襲の王族となる。1396年には子のウィツィリウィトルが長老たちの評議会によって王に選出され、領土を拡大していった。アステカはこれ以降、軍事国家としての色を強めていく。1502年、35歳で王位についたモクテスマ2世は、叔父で前王のアウィツォトルが採用した官僚制を廃止。家系を重視した登用を強め、これに伴って王の地位は上がり、絶対君主へと上り詰めていった。政治・経済・軍事のすべてにおいてモクテスマ2世を頂点とした階層ピラミッドが成立したのである。

アステカの歴史を描いた『テレリアーノ・レメンシス絵文書』には、モクテスマ2世の背後に前王アウィツォトルの遺体が包まれ、両者の名前が書かれている。また、球戯場やトウモロコシの絵文字が描かれており、アステカが征服した都市を示している。

## アステカの社会階層ピラミッド

王を頂点とするアステカの階層は大まかに4層に分かれ、王の血縁を中心とした貴族階級と一般市民の間に社会的分断が見られる。なお、奴隷の多くはアステカ市民であり、兵役はあったものの、税金を払う必要もなく、自由の身であったとされている。

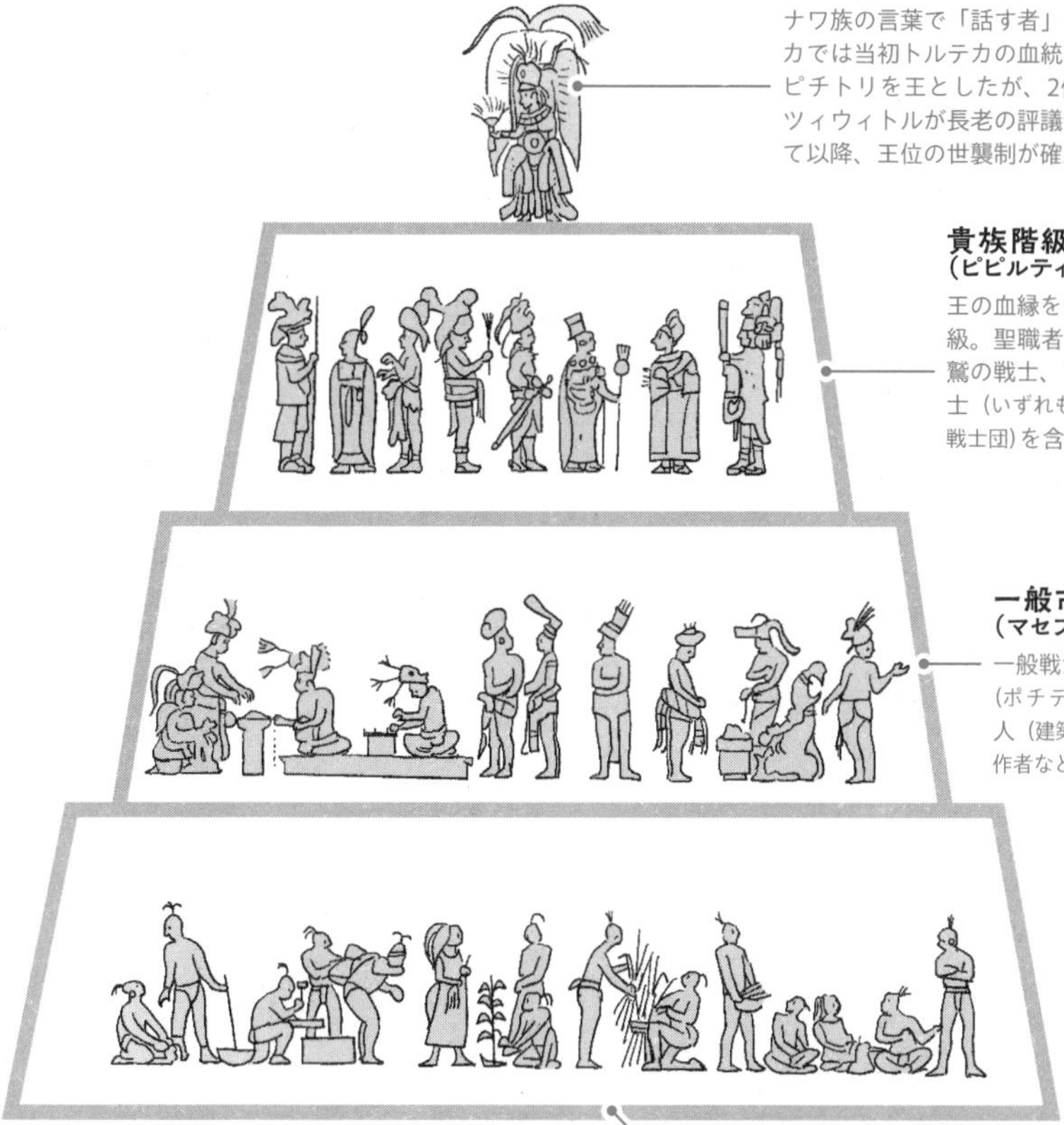

**王（トラトアニ）**
ナワ族の言葉で「話す者」の意。アステカでは当初トルテカの血統を引くアカマピチトリを王としたが、2代目の王ウィツィウィトルが長老の評議会で選出されて以降、王位の世襲制が確立した。

**貴族階級（ピピルティン）**
王の血縁を中心とした階級。聖職者（教会関係者）、鷲の戦士、ジャガーの戦士（いずれもエリート貴族戦士団）を含む。

**一般市民（マセフアルティン）**
一般戦士、商人集団（ポチテカ）、工芸職人（建築家、装飾品製作者など）を含む。

**農奴・奴隷（マイェケ）など**
一般的な奴隷のイメージとは違い、自由な身の上であった。生け贄にされる多くは他国の捕虜であった。

### TOPICS

#### アステカ人の教育

一般市民（マセフアルティン）の子弟は10歳頃になると男女別に地域の氏族集団に属し、「若者の家（テルポチカリ）」に通うようになる。これはモクテスマ1世のときに作られ、宗教、農業・商業・工芸などの職業訓練、あるいは戦闘訓練を受ける教育機関である。一方、貴族（ピピルティン）の子弟が通ったのがカルメカックという学校で、宗教や政治、軍事の指導者になるための教育が行われた。いずれも、人間は神の意思によって生かされているというアステカ人の思想が教えられた。

アステカの社会

# 特権階級だった交易商人

## 経済だけでなく軍事にも関わった長距離交易商人

アステカを支える最大の市場はトラテロルコにあったが、首都テノチティトランにも、大神殿に隣接した市場があった。品物が水路で運搬されるなか、湖岸の行商人たちで賑う市場は、軍事に関する噂や情報の集積地でもあった。

市場に並ぶ多種多様な品物は、首都近郊の一定地域で生産できるものばかりではなく、遠方の国境地域や異国から運ばれた品々も数多く存在した。そこで「ポチテカ」と呼ばれる交易商人が現れる。彼らはアステカの公的な依頼を受けて長距離交易を担うと同時に、誰にも属さない商人として活動していた。

ポチテカは、ケツァルの羽根や毛皮、緑色岩や黒曜石など、主に王や貴族たちが必要とする貴重品を扱っていた。このことによって、一般市民とは異なる特権を手中にし、血縁単位の組織を世襲した。

交易としての仕事を行う一方、新たな支配拡大のために諜報活動も行っていたとされる。

## 長距離交易の旅をしたアステカ人

ポチテカの長距離交易によって、多くの贅沢品がテノチティトランにもたらされた。しかし、その恩恵を受けたのは王や貴族などのエリート層のみであり、一般市民にはほとんど関係のない世界のことであったろう。

トルコ石
ジャガーの毛皮
宝飾品
布地
ウィピル
様々な鳥の羽根
ケツァルの羽根飾り

**交易品の目録**

商人によって売買された商品の目録。ケツァルの羽根飾りやジャガーの毛皮、トルコ石、布地やウィビル、宝飾品などが見える。『フィレンツェ絵文書』。

# アステカの支配域

属国から貢納品を貢がせていたアステカは、征服域を超えた遠方との交易を活発に行っていた。アステカに服従しなかった都市および国家には、テノチティトラン東方のトラスカラやチョルーラといった諸都市をはじめ、東南のテオティトラン、北方のメッティトランなどであった。

チチメカ
アステカ
メッティトラン
メッツティトラン
メキシコ湾
タラスコ
トラスカルテカ
テスココ
トラコパン
テノチティトラン
トラスカラ
テオティトラン
テオティトラン
ミシェ
ヨピツィンコ
サポテカ
ミシュテケ
テワンテペク
太平洋
シカランカス
クアウテマラン
テスココ
トラコパン
テノチティトラン
トラスカラ
ウエショツィンコ
チョルーラ
三国同盟に依存する州
★ 三国同盟のメンバー
ミシュテケ 独立国家
● 独立国家の首都

三国同盟とは、メキシコ中央部に拠点を置いたアステカ、テスココ、トラコパンの三国が結んだ同盟のこと。アステカは、初代王の頃からアスカポツァルコの属国とされてきたが、4代王イツコアトルの時代に従属から逃れ、三国同盟を結成。これがすなわち「アステカ帝国」である。1521年にスペイン人によって征服されるまで、アステカ帝国は貢納と交易、武力によってメソアメリカを支配した。

## TOPICS

### 交易品を背負うポチテカ

アステカの経済を支えたポチテカは、マヤ地域の交易を担うプトゥン人が拠点としたユカタン半島のメキシコ湾岸の町「シラカンゴ」をはじめ、カカオの産地であるソコヌスコ地方（メキシコ南西部からグアテマラにかけての太平洋岸）など、各地へ旅をした。

ポチテカは、平民でありながら独自の法律や神殿を持つ特権集団であり、最高位の役職者はポチテカトラトケ（ポチテカの指揮官）と称された。右絵は、『フィレンツェ文書』より。

交易品を背負い旅するポチテカ。彼らは武装した隊商を組んで長距離交易に出かけた。

アステカの社会

# 鷲の戦士とジャガーの戦士

## 階級が明確に表されたアステカの軍事システム

アステカの国家建設と支配地域拡大の要因は、多くが軍事力によるものであった。テスココ湖に移住した当初、強大国の傭兵にすぎなかったアステカは、アスカポツァルコ王国の許可を得て独自に軍を出して領土を広げつつ、徐々に武力と国力を高めていった。

アステカ軍は、王の血縁者からなる評議会によって統率されていた。軍団のうち、最も高位にあったのは「オトンティン（またはオトミー）」と「クアチク（刈り上げられた者たち）」であった。どちらも多くの捕虜を捕獲していることが求められた。階級や名誉などすべての戦士を超えた最高指揮官の「トラカテカトル」は、どちらかの軍団に属していた。

同様に、エリート戦士団である鷲《わし》の戦士やジャガーの戦士も、階級に応じて盛装する資格を持っていた。それらの衣装や装身具は、王自らが手渡すこともあったという。

### 「鷲の家」で戦士の訓練が行われた

鷲の戦士やジャガーの戦士になるための訓練は集会所で行われた。大神殿の北にある「鷲の家」からは等身大の「鷲の戦士像」が発見された。

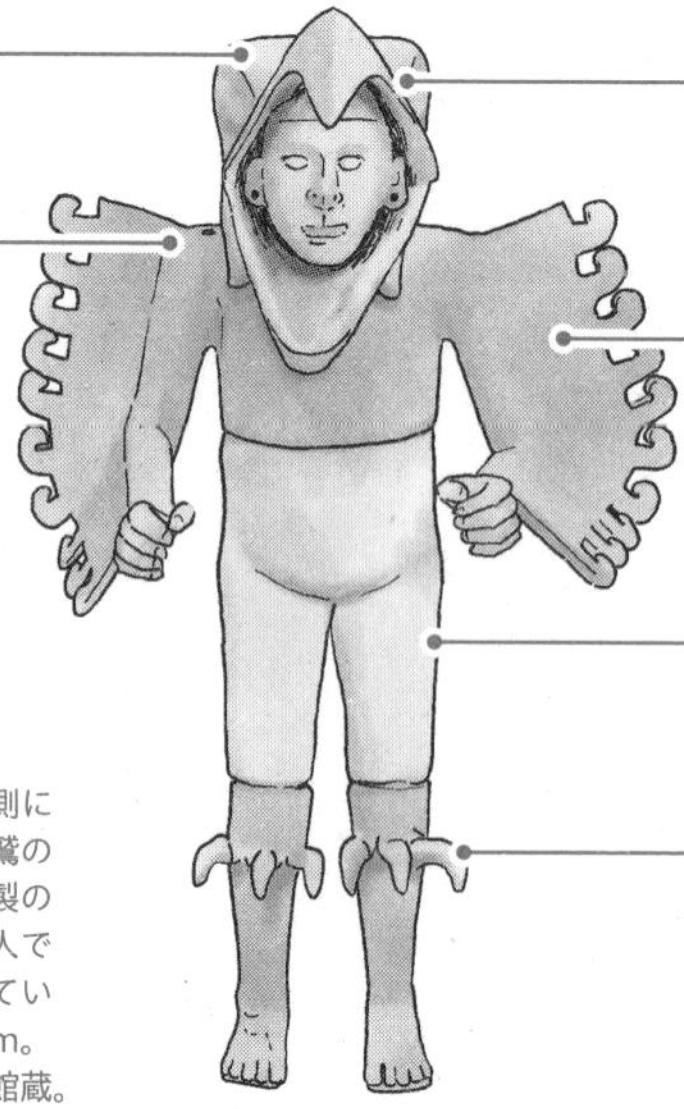
鷲は昼間の太陽を象徴し、「鷲の戦士」は太陽神ウィツィロポチトリの化身とされた。

鷲の戦士は軽装で機動力があり、他の戦士が敵に真正面からぶつかるのに対し、偵察や奇襲などを行っていた。

鷲の頭飾りをかぶり、くちばしの中から顔が見える。

勇ましい戦死の末、姿を変えた戦士の魂を表わしているとされる。

胴から膝上までを覆う衣装。

膝下にはかぎ爪がついている。

**鷲の戦士像**
テンプロ・マヨールの北側にある新トルテカ様式の「鷲の家」の入り口にあった土製の像。アステカの勇敢な軍人である「鷲の戦士」を表しているとされる。高さ170cm。テンプロ・マヨール博物館蔵。

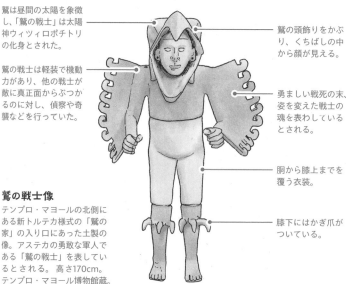

## 階級が上がると盛装が許されたエリート戦士

戦士が昇格するための方法は、より多くの捕虜を捕らえることである。ワステカ軍服の戦士になるための捕虜は2人、蝶の戦士は3人、ジャガーの戦士は4人とされていた。

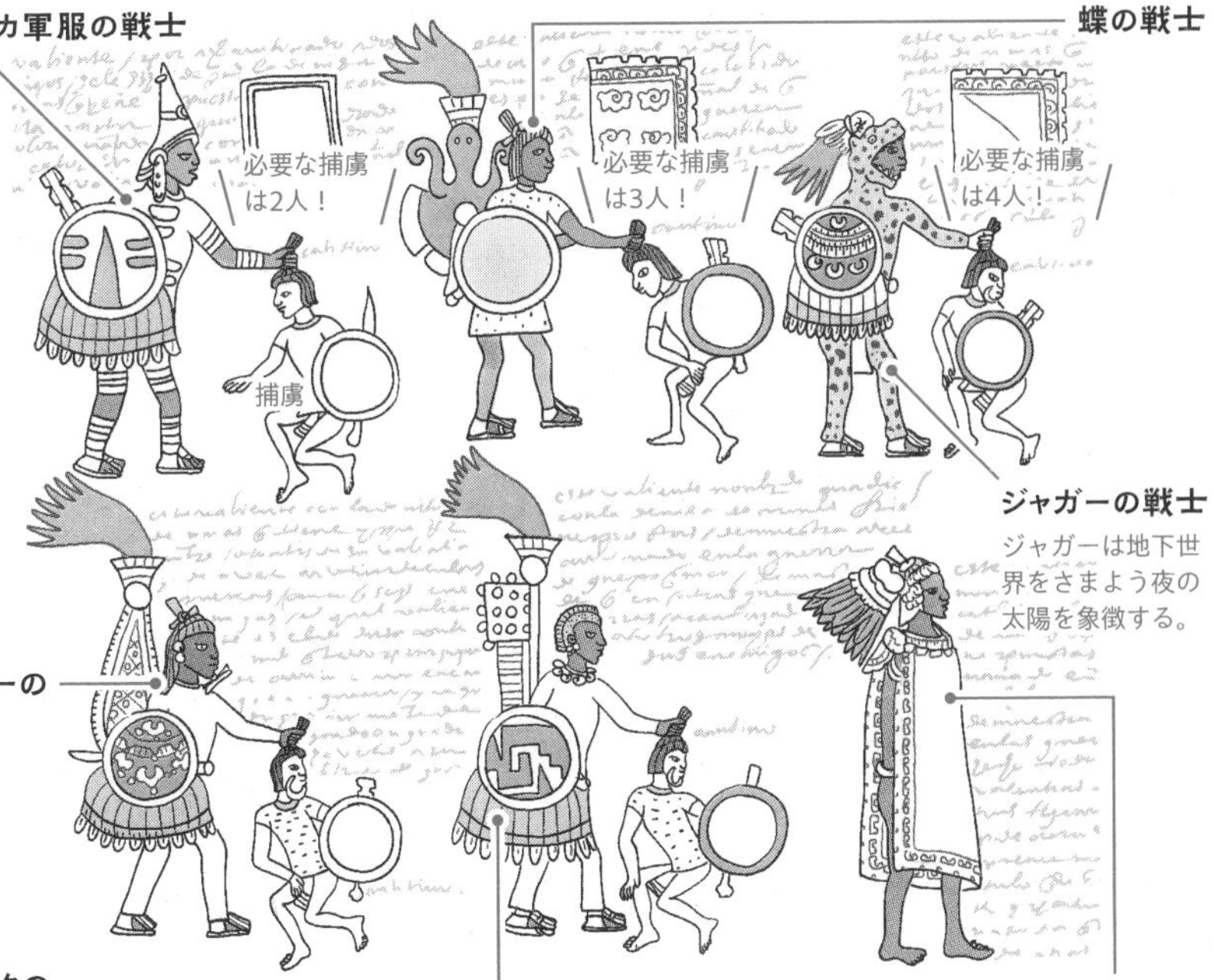
ワステカ軍服の戦士
必要な捕虜は2人！
捕虜
蝶の戦士
必要な捕虜は3人！
必要な捕虜は4人！
ジャガーの戦士
ジャガーは地下世界をさまよう夜の太陽を象徴する。
オトミーの戦士
クアチクの戦士
トラカテカトル
アステカ軍の最高指揮官。オトミー、クアチクのいずれかに属した。

**アステカ軍の七つの階級（部分）**
アステカ軍は捕らえた捕虜の数によって階級が上がるシステムを取っていた。一つ目の階級は省略。右下に書かれているのが最上級の戦士で軍の最高指揮官とされる。『メンドーサ絵文書』より。

## TOPICS

### ジャガーの戦士

勇敢なエリート貴族戦士団であった「ジャガーの戦士」は、ナワトル語でオセロメー（またはオセロートル）といわれ、アステカ神話の中でも重要なテスカトリポカ神がジャガーの姿で描かれることから、テスカトリポカの戦士とされている。頭にジャガーの毛皮をかぶり、羽根飾りをつけ、ジャガーを表す戦いの服を身につけて戦場に臨んだ。こうした衣装や頭飾りも征服した従属国からの貢納品であったことが『メンドーサ絵文書』から見て取れる。テスカトリポカは第一の太陽を司っていたが、第二の太陽を司るケツァルコアトルとの戦いに負け、ジャガーに変えられてしまうという神話がある。右絵は、『マリアベッキアーノ文書』より。

ジャガーの戦士
黒曜石の石刃をはめ込んだ棍棒。
ジャガーの毛皮をまとう。
楯

アステカの芸術

# アステカの芸術・装飾品

## 神話の中の太陽をモチーフにした金製品や儀礼用土器

### 神官の宗教儀礼や戦争で使われた工芸品

テンプロ・マヨールの埋納石室や周辺からは、神聖な儀礼に使われた膨大な数の芸術品や装飾品が出土している。

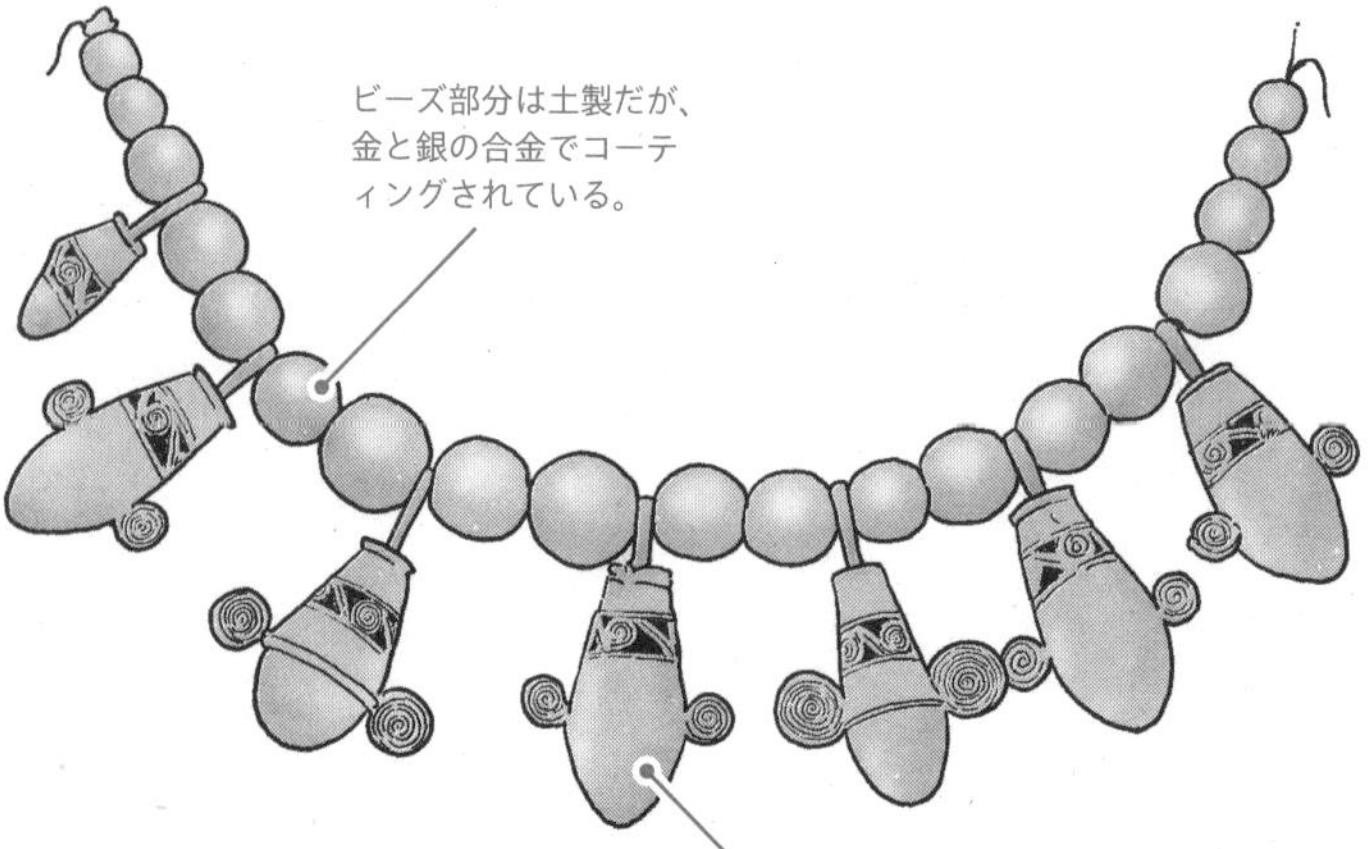
ビーズ部分は土製だが、金と銀の合金でコーティングされている。
アステカの人々にとって、金は生命や水、美の象徴とされていた。

**鈴付金製首飾り**

神官や戦士の装飾品として重要な役割を持っていた首飾り。金と銀の合金で覆われている。テンプロ・マヨール出土。

アステカの王族や神官たちは黄金に輝く装飾品を好んで身につけていた。その精巧な装身具のほとんどは、テノチティトランに移住したミシュテカ族の工芸職人たちの手によるものであった。ミシュテカの本拠地は現在のオアハカ州、ゲレーロ州、およびプエブラ州一帯で、10世紀頃から工芸品作りの高い技術を持ち、また、金の材料もこの地域から運ばれていた。

トルコ石やヒスイなどと組み合わせて使われた金は、豊穣と再生の神シペ・トテックとも結びつき、同神は金細工職人の神としても崇められていたのである。ほかにも、黒曜石や水晶、ヒスイといった石材を細工した耳飾りやナイフや杓、あるいは骨壺などの製品も出土し

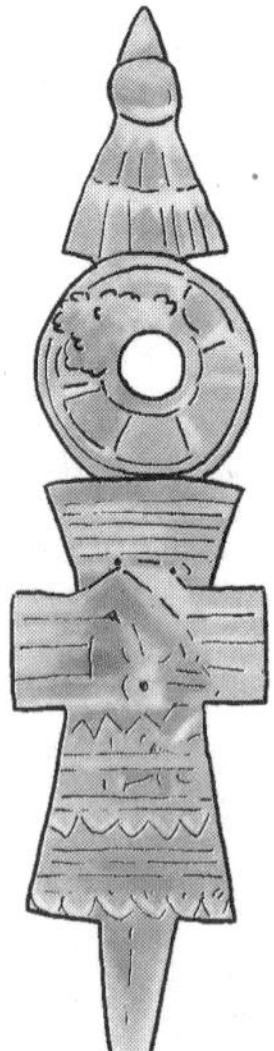

**テスカトリポカ神とウィツィロポチトリ神の笏形（しゃくがた）飾り**

大神殿の石室から発見された装飾品。アステカでは重要な貴族軍人をジャガー（テスカトリポカ）や鷲（ウィツィロポチトリ）に重ねた。

庶民の土器は手びねりで成形を行い、低温焼成された。

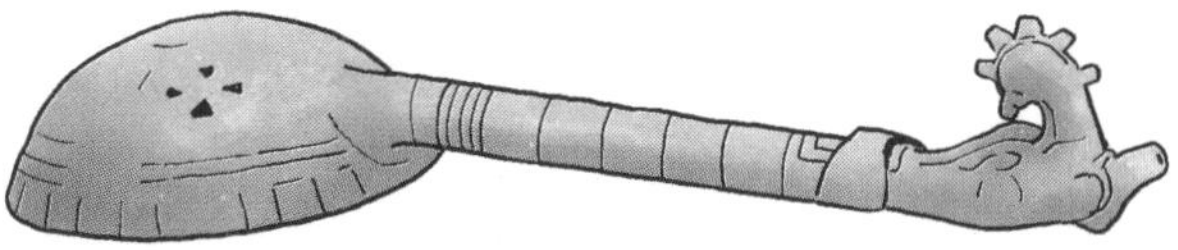

**サウマドール（香炉）**

椀状部分に熱した炭を入れ、樹脂を置いて香りを立てる神官の道具。四つの空気孔は世界の中心と四方（東西南北）を表している。

**ウェウェテオトル神の甲羅形土器**

15世紀、テスココで製作されたと考えられる亀の甲羅形の土器。宗教儀礼に使われたと考えられる。

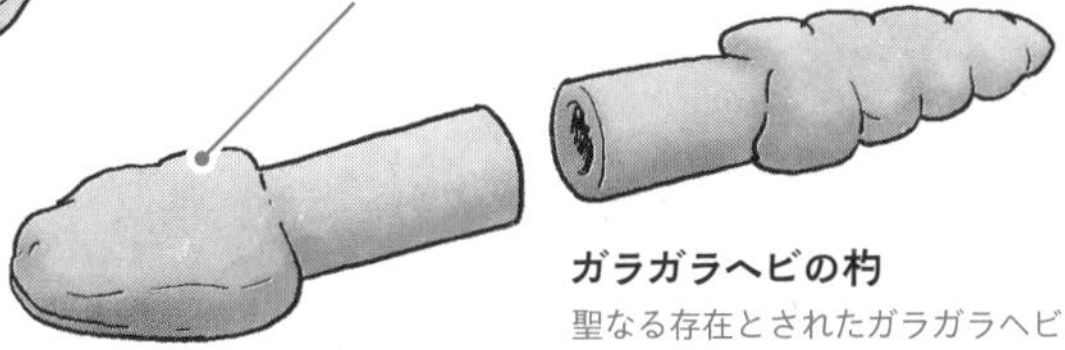
ガラガラヘビの頭部を表す。

**ガラガラヘビの杓**

聖なる存在とされたガラガラヘビの杓。頭部と尾を緑石で作り、間に木の棒を渡し、権力を象徴するものであったと考えられている。

ている。石を精密に加工する高度な技術は、やはりミシュテカ族の職人が担っていたと考えられている。

この他、アステカの職人は大きな玄武岩を彫刻した地母神コアトリクエ像や女神コヨルシャウキの円板などの作品も残した。また、土器も欠かせないアステカの工芸品のひとつで、トラテロルコの市場では、多くの土器が扱われていた。

宮殿で使われるような高級土器は市場には出回らなかったと思われるが、多色彩色され、表面に光沢がある。儀礼用土器には神々や貴族の姿が浮き彫りにされていた。これはサウマドール（香炉）や笛などの土器も同様である。

## TOPICS

### 宗教儀礼において神々を表象する笛

音楽や踊りが重視されていたアステカでは、主要な管楽器として土製の笛が発掘されている。大神殿に奉納された縦笛は鮮やかに彩色され、先端に神々の顔の飾りがつけられている。この他、打楽器は数が多く、テポナストリと呼ばれる木製や土製の円柱形の太鼓をはじめ、石製の打楽器も多く見られる。
テンプロ・マヨール博物館蔵。

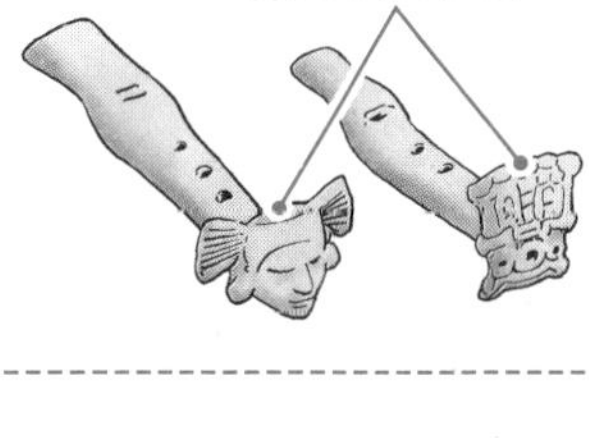
先端には神か人の顔があしらわれている。

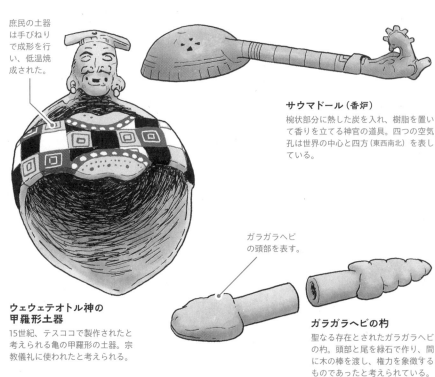

アステカの信仰

# アステカの創世神話

## アステカの創造神と五つの太陽の神話、ウィツィロポチトリの誕生

アステカの神話の特色は、その二元論的性格であり、世界が創造と破壊を繰り返すというものである。

それによると、最初に世界創造を行ったのはオメテクトリ（二元性の男神）、オメシワトル（二元性の女神）の二神である。

彼らは色、方角を持った4人の兄弟神を産んだ。トラトラウキ・テスカトリポカ（赤いテスカトリポカ、東）、ヤヤウキ・テスカトリポカ（黒いテスカトリポカ、北）、ケツァルコアトル（白いテスカトリポカ、西）、ウィツィロポチトリまたはオミテクトリ（青いテスカポリトカ、南）である。

これらの神々の誕生から600年後、四つの太陽の時代が創造されては滅びるというサイクルが繰り返された。

最初の太陽は「4のジャガー（土の太陽）」で、テスカポリトカが太陽であった。住民は狩猟採集の巨

### 二面性原理を体現する二人の神

始原の神である男性的な力と女性的な力は、トナカテクトリとトナカシワトル（われらの肉体と生きる糧の王と女王）としても表された。

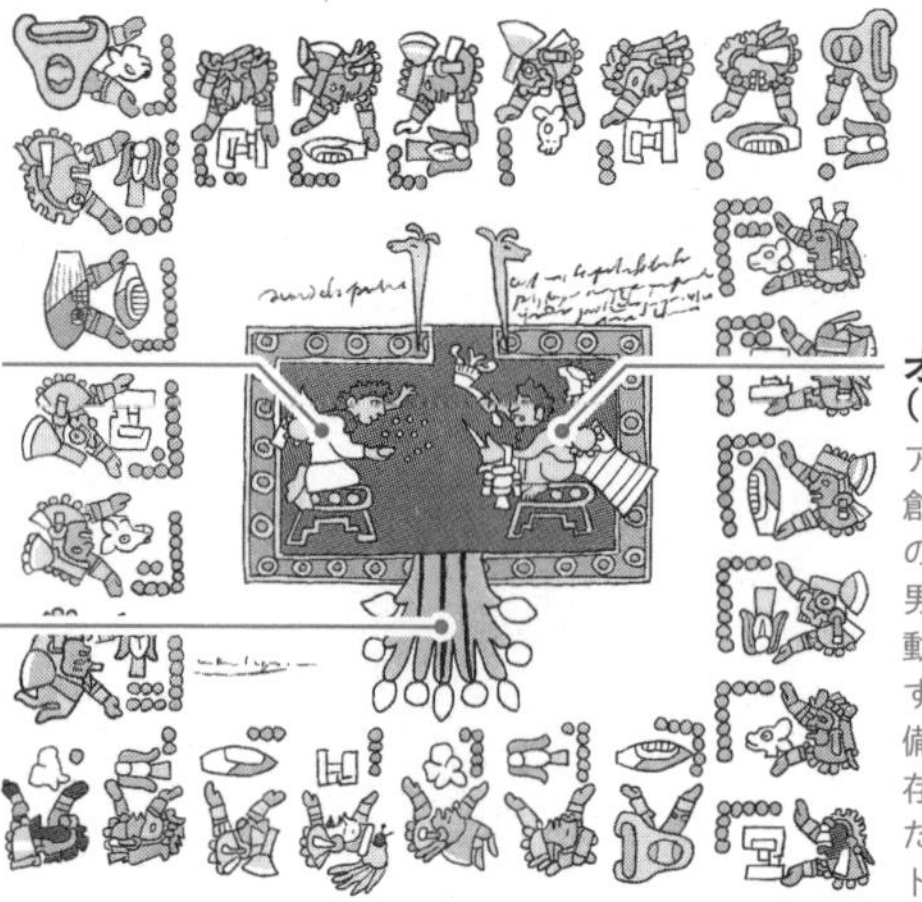
オメシワトル
（女性神）
オメテクトリ
（男性神）
アステカ神話の創造神。二元性の神を意味し、男と女、光と闇、動と静など対立する二つを兼ね備えた完全なる存在。合わさった姿をオメテオトルとする。
水が流れ出している。

**ボルボニクス絵文書**（21ページ）

原初の創造神である男女の神、オメテオトルとオメテクトリが中央に描かれている。長方形の区画に二人が座り、周囲を暦が囲んでいる。

# 五つの太陽の神話を表す「太陽の石」

第1から第4の太陽までの神々の時代を経て、アステカ人たちは第5の太陽「4の動き」の時代を生きていると考えていた。[126頁]

太陽神（トナティウ）
日付の文字「13の葦」。
時代の始まりを表す。
「火の蛇」の尻尾
「火の蛇」の尻尾
第2の太陽
「4の風」
第1の太陽
「4のジャガー」
帯の各部分には、
トレセーナ*の20
個の「日の名前」
が刻まれている
日輪を表す帯
第3の太陽
「4の雨」
第4の太陽
「4の水」
「火の蛇」の頭
「火の蛇」の頭

**太陽の石**（アステカ・カレンダー）

直径約3.6m、重さ24トンを超える巨大な石彫。暦ではなく、アステカの宇宙観、歴史観、時間観を表す。中央に彫られているのは太陽神トナティウとされ、口から供犠用のナイフ姿の舌を突き出している。また、中央の顔は大地神トラルテクトリともいわれ、太陽神ウィツィロポチトリであるという説もある。

人族であったが、676年後にテスカポリトカによって食い殺されてしまう。

2番目の太陽は「4の風（風の太陽）」で、ケツァルコアトルが支配する。住民の主食はマメ科植物であった。しかし、676年後、今度は暴風により吹き飛ばされてしまう。

3番目は「4の雨（火の太陽）」で、雨と雷の神トラロックが太陽となった。住民はカエデ科の植物の種を食したという。364年後に火の雨が降り注ぎ、ほとんどの人間は焼け死に、生存者は鳥だけとなった。

4番目の太陽は「4の水（水の太陽）」で、チャルチウクエイェ（トラロックの妻）が引き継ぐ。住民はトウモロコシに類似した種を食べた。312年後に大洪水のために滅亡し、生存者は魚だけとなった。その後、現在の人間が創造される。トウモロコシが発見され、人間に与えられると、最後に太陽と月が創造された。

この太陽が現在、つまり5番目の太陽であり、「4の動き（動きの太陽）」である。

太陽となったのはナナワツィンであるが、その経緯については126頁で触れる。

＊トレセーナとは、13日間の「週」を指す。ワニ、ジャガー、シカ、花など20種類の名称がある。

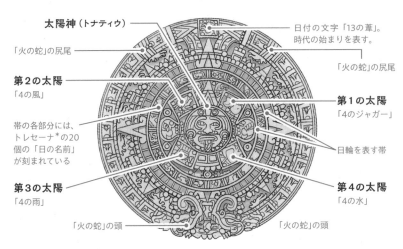

アステカの守護神は、太陽の化身であり、軍神でもあったウィツィロポチトリである。

アステカ族をテノチティトランへ導いた神〔98頁〕とされ、ある創世神話によれば、ウィツィロポチトリの母は、ナワトル語で「蛇のスカートをはいた女」を意味するコアトリクエであるとされる。天空から落ちてきた羽毛の玉がきっかけとなり、コアトリクエはウィツィロポチトリを身ごもった。

コアトリクエには、狩猟の神ミシュコアトルとの間に400人の息子と一人の娘がおり、その娘がウィツィロポチトリの姉コヨルシャウキであった。

兄たちと姉は、父親のわからない子を身ごもったとして、母の殺害を企てる。

ウィツィロポチトリは、おびえる母を胎内からはげましつつ、完全武装して飛び出し、姉の首を刎ね、兄たちを蹴散らした。姉の頭部は月となり、兄たちは星々となったという。

ウィツィロポチトリの姿は、『テレリアーノ・レメンシス絵文書』に見られる。ハチドリの羽根をつけ、火の蛇を手にした姿で擬人化されているが、石彫としては発見されていない。

## TOPICS

### コヨルシャウキの石彫

月の女神コヨルシャウキは、太陽神ウィツィロポチトリの姉である。1978年2月、「コヨルシャウキの石彫」はテンプロ・マヨールのウィツィロポチトリを祀る神殿へと続く階段の下で偶然に発見された。捕虜が神殿の前で生け贄にされると、この石板の上で四肢をバラバラにされたという。この石彫の発見以降、アステカ文明に関する本格的な発掘や科学的な取り組みが始まったといってもよいだろう。

ウィツィロポチトリと兄姉との戦いは、太陽と月、そして星々を含めた天体の動きであるとする説もある。

直径3.25m、厚さ0.31mの巨大な円盤に、切り刻まれたコヨルシャウキの姿が見える。

## アステカを首都テノチティトランに導いた神

アステカ族をテノチティトランへ導いたとされるウィツィロポチトリは戦いの神でもある。テンプロ・マヨールにも祀られ、多くの生け贄を求めたとされる。下絵は、『テレリアーノ・レメンシス絵文書』のウィツィロポチトリ。

火の蛇をかたどった武器を手にしている。

ハチドリの羽根の頭飾り。

アステカの最高神とされ、最も崇拝された神で、太陽と火と支配者一族に関係していた。ウィツィロポチトリは「左のハチドリ」を意味する。

ワシの羽根や着ぐるみなどが描かれることもある。

光り輝く円盤や、テスカトリポカと同様に「煙を吐く鏡」が描かれることがある。

片足が蛇の形をしているとされている。

### TOPICS

#### 5番目の太陽の時代を生きたアステカ人

金製鈴形ペンダントは、5番目の太陽をモチーフにしている。上部が太陽で、太陽の石(アステカ・カレンダー、123ページ参照)に彫刻されている中央部分と一致する。円形の部分が太陽神トナティウを象徴し、4方向に伸びる部分が1番目から4番目までの過去の太陽の時代であるジャガー、風、雨、水を表している。

第5の太陽は「動きの太陽」とされるが、それは動きすなわち地震によって滅びるとされていた。

テンプロ・マヨール遺跡出土、テンプロ・マヨール博物館蔵。

column

# アステカの神々

## アステカ人の信仰の対象となったさまざまな神々

アステカ神話は、神々たちの五つの太陽の伝説に始まる（第1の太陽から第4の太陽の時代については122～123頁参照）。

5番目の太陽の時代は人間の世である。ここで太陽になる神は、神々同士の話し合いによって決めることとなった。

これに名のりを上げたのは裕福で高慢な「テクシステカトル」（後の月の神）であった。別の候補として「ナナワツィン」（腫瘍の神）が擁立された。ナナワツィンは皮膚病にかかり、みすぼらしい身なりであった。

太陽になる者の選出に当たっては、4日間にわたって断食と苦行が行われた。テクシステカトルは黄金や宝石、羽毛で儀式を行う一方、ナナワツィンが使ったのは雑草と彼自身の血であった。火に飛び込む最後の儀式では、テクシステカトルは4度ためらっていたが、ナナワツィンは勇敢に火に飛び込んでその身を焼き、太陽となった。テクシステカトルも飛び込んで太陽とな

**ケツァルコアトル**

「羽毛のある蛇」を意味し、蛇と鳥が合体した神。アステカ神話の文化神であり農耕神である。テオティワカンの「羽毛の蛇神殿」では精緻な彫刻が見られる。

**テスカトリポカ**

支配者や戦士、魔術を司り、「煙を吐く鏡」を意味する。大地の怪物に食われた足に黒曜石の鏡をつけている。世界創造に加わったが、争いをもたらす神として描かれ、人の生け贄を求めた。

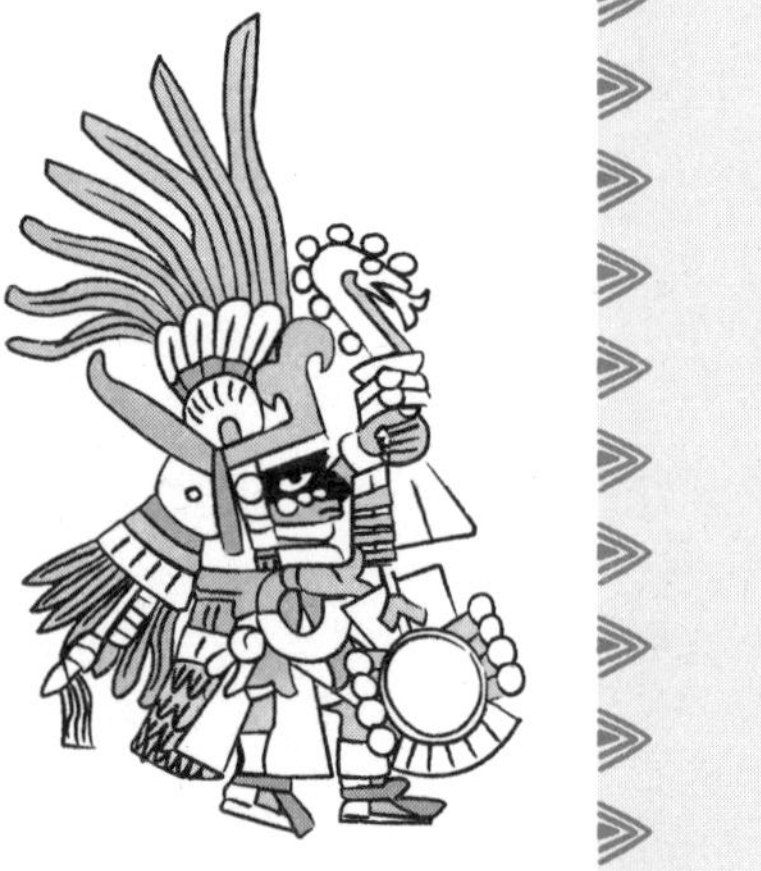

**ウィツィロポチトリ**

アステカの最高神。「左のハチドリ」を意味し、太陽神、軍神として崇拝された。神託により、蛇をつかんでサボテンの上に止まる鷲の地を示し、アステカ族をテノチティトランに導いた。

ったが、神々はウサギを投げつけたため、テクシステカトルの輝きは抑えられ、月となった。

太陽と月は東の空にとどまって動かなかったため、神々は自らを生け贄として差し出し、風の神エエカトルが風を吹きつけて動かしたという。

生け贄となったナナワツィンは、新たな太陽に転生した。こうして第5の太陽の時代となり、ようやく人間の世が始まった。なお、現在の太陽の時代は「4の動き（動きの太陽）」と呼ばれ、いずれ地震によって崩壊する運命にあるとされている。

この神話を表しているのが、モクテスマ2世の治世に作られたとされる「太陽の石」である［123頁］。

**コアトクリエ**

「蛇のスカートをはいた女」を意味する神で、ウィツィロポチトリとコヨルシャウキの母。頭部は切断されて腰にあり、首からは2匹の蛇が這い出している。

**コヨルシャウキ**

アステカの月の女神。義母コアトクリエの殺害を企てたところ、異母弟ウィツィロポチトリにバラバラにされ、その首が天にあげられて月になったという。

**ミクトランテクトリ**

骸骨の頭部を持ち、人間の眼球を数珠状にした首飾りをつける地下世界の支配者。ケツアルコアトルに人間の骨を奪われる形で人間の創造に関わった。

**トラロック**

雨と稲妻の神。第三の太陽を司っていたが、炎の雨によって焼き尽くされてしまう。丸い目と牙が特徴で、トウモロコシや稲妻、水とともに壺などに描かれることが多い。

column

## 祭礼と深く結びついたアステカの暦法

暦は、アステカ人たちにとって重要な活動のすべてを司っていた。アステカには重要な暦としてトナルポワリ暦とシウポワリ暦がある。

トナルポワリ暦は、260日周期の宗教暦・祭祀暦である。それぞれ特色を持った20日のサイン（ワニ、風、家、トカゲ、蛇、死、鹿、ウサギ、水、犬、猿、草、葦、ジャガー、鷲、禿鷹、動き、火打ち石、雨、花）と1から13までの数字を組み合わせて日を表わし、20と13の歯車がかみ合って進む。基本単位は13日であり、これをトレセーナ（スペイン語で「13日間の週」）と言い、それが20回循環する。13日×20回＝260日。

サインにはそれぞれ意味があり、1ワニ、2風、3家、4トカゲ、5蛇…と進み、13葦の次は数字が戻って1ジャガー、2鷲…となる。マヤのツォルキン暦に似ているが、20ではなく、13を主体に機能している。

シウリポリ暦は365日周期の太陽暦である。発祥は農業暦であると思われるが、季節の祭礼行事を統御していた。1カ月は20日で、18カ月あり、最後の5日が移行期間である。20日×18カ月＋5日＝365日。マヤのハアブ暦と同じである。

アステカの暦法ではある特定の日はトナルポワリ暦（260日周期）とシウリポリ暦（365日周期）の日付が併記された。

ところで、両暦上の日付は52年後に再び出会う。（52年は260日と365日の最小公倍数）。これをシウモルピルリ（またはアステカの「世紀」）と言う。マヤのカレンダー・ラウンドに相当する。アステカではこのたびに大規模な祭礼が行なわれた。

### トナルポワリ暦 20日のサイン

1. ワニ
2. 風
3. 家
4. トカゲ
5. 蛇
6. 死
7. 鹿
8. ウサギ
9. 水
10. 犬
11. 猿
12. 草
13. 葦（アシ）
14. ジャガー
15. 鷲（ワシ）
16. 禿鷹（ハゲタカ）
17. 動き
18. 火打ち石
19. 雨
20. 花

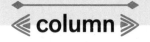

牙と眼鏡
トラロックの特徴でもある牙と眼鏡がある。
鷲のかぎ爪
手の一部が鷲のかぎ爪となり、骸骨をつかんでいる。
分娩の姿勢
助産婦の守護神としても崇められている。
四方に光
体の中央から四方に光を放射している。

**トラルテクトリ神のレリーフ**

「テクトリ」とはナワトル語では普通男神を表すが、この神は大地の女神の特徴を持ち、しゃがんで分娩をする姿勢を取っている。また、2006年にも重さ12トンのトラルテクトリ石彫が発見されている。テンプロ・マヨール博物館蔵。

## TOPICS

### テスカトリポカのマスク

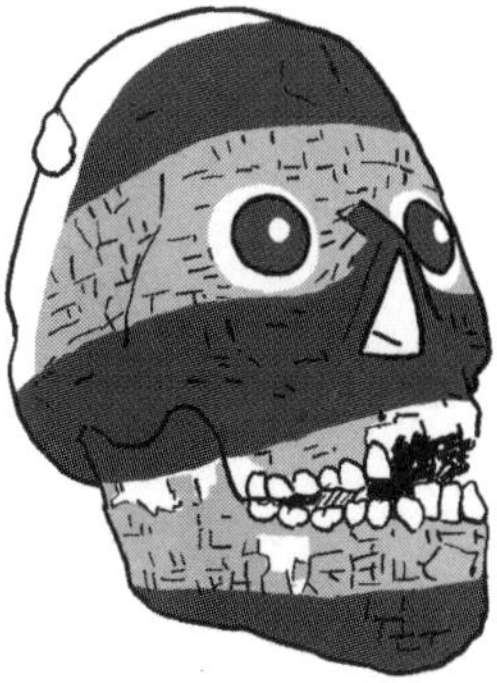

テスカトリポカのマスクは、テスカトリポカに捧げる儀式の際に神官がつけたと考えられている。テスカトリポカは身体は黒く、顔に黒と黄色の縞模様を塗った姿として描かれるが、このマスクはトルコ石と亜炭のモザイクで作られ、黒と緑色の縞模様を形成している。基材となっているのは人間の頭蓋骨であり、前歯は4本消失している。目は黄鉄鉱と貝でできている。

1年の5番目の月であるトシュカトルの最初の日（1519年の場合は5月5日）に行われるテスカトリポカの祭り（130頁「生け贄の儀式」の項を参照）は、すべての祭礼の中でも最も重視された。テスカトリポカはまた、支配者との特別な関係を持つとされ、王の即位の際に行われる祈祷のテーマともなっている。

アステカの信仰

# 生け贄の儀式

## 創世神話に基づき、世界が滅ばないよう生け贄を捧げた

アステカでは、神々が自らの身を生け贄として差し出した結果、太陽と月、および地上世界が生まれたとされる。

太陽は昇り、雨が降り、トウモロコシや豆が育つ。自然や世の営みはすべて神々によってもたらされている。こうした思想に支えられていたアステカでは、神への感謝を示すため、生け贄を伴う儀礼が行われることが必然となる。

儀式の内容は、捧げる神によって異なっていた。すべての祭礼の中でも最も重視されたのが、テスカトリポカの祭りで、1年（18カ月）の5番目の月であるトシュカトルの最初の日に行われた。

祭りは1年前から準備が行われ、まず傷一つない完璧な体を持つ若い戦士が生け贄として選ばれた。命を失うことが運命づけられるとはいえ、大変な名誉であり、彼は歌と笛を習い、宮廷言葉や振る舞いを教えられ、地上における神の「化身」となる。

### 重要な祭祀とともに行われた人身供犠

人身供犠は単なる犠牲ではない。アステカの世界観においては最高神の太陽を生かすための崇高な営みであり、聖なる任務であった。

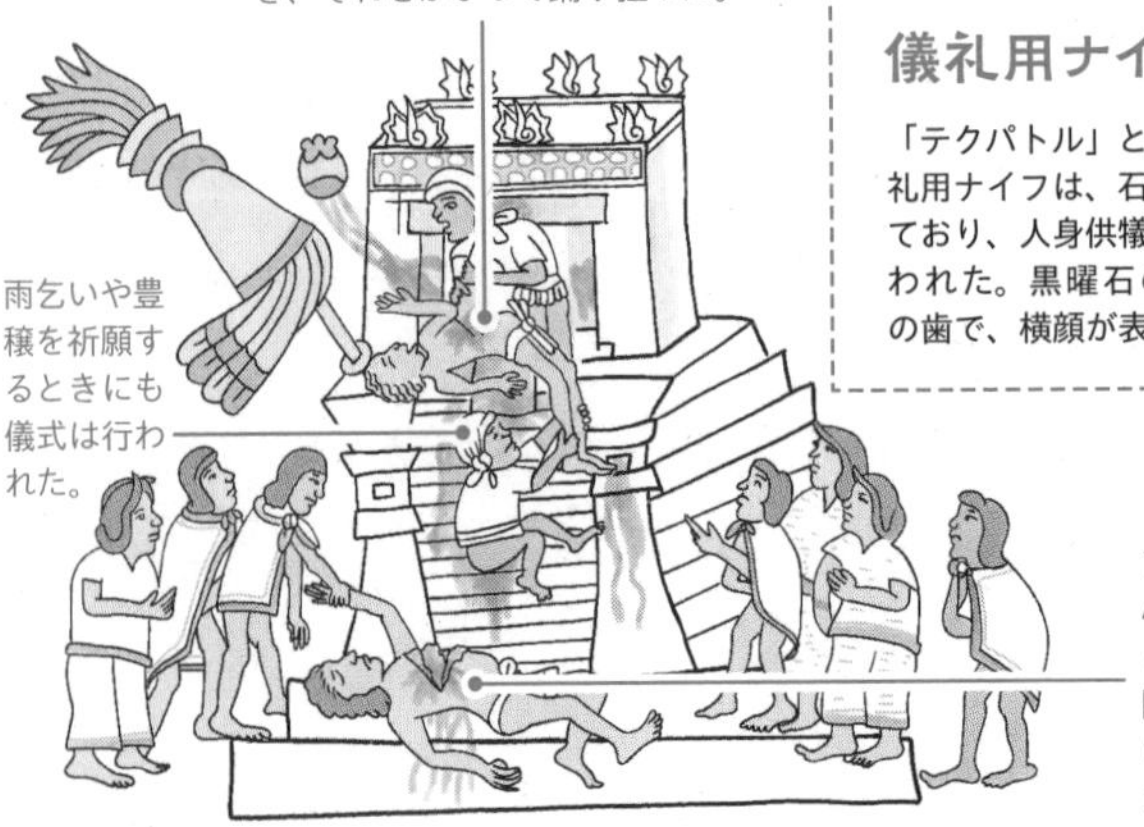

儀式によっては幼児も生け贄にされた。神官は生け贄の皮をはぎ、それをかぶって踊り狂った。
雨乞いや豊穣を祈願するときにも儀式は行われた。
アステカ人は、心臓を捧げることによって、太陽の消滅を先延ばしできると考えられていた。


**神前での生け贄儀式**

神官が生け贄用ナイフで胸を切り裂き、取り出した心臓は太陽に捧げられた。『マリアベッキアーノ絵文書』より。

**TOPICS**

**儀礼用ナイフ**

「テクパトル」と呼ばれる儀礼用ナイフは、石英で作られており、人身供犠の場面で使われた。黒曜石の目と12個の歯で、横顔が表されている。

# 1年間「化身」として生きたテスカトリポカへの生け贄

テスカトリポカの化身として1年にわたり、歌と笛などの音楽や貴族たちの言葉を習得していった。最後の日は名誉ある生け贄として、神殿の階段を上っていくのであった。

「化身」に選ばれた若者
教育者たちよりも大きく立派な体つきで描かれている。
発話を表す絵文字
宮廷の言葉遣いを教える。
飲み物や食べ物を与えられるが、「化身」は完璧な体を維持しなくてはならない。
「化身」の教育係
この他、歌い方や笛の吹き方を教える。

**「化身」に選ばれた捕虜の準備**

テスカトリポカの「化身」に選ばれた若い戦士は、1年間さまざまな待遇を受け、貴族階級の作法を習得していった。『フィレンツェ文書』より。

1カ月前には4人の美女が与えられ、5日前からは各地の儀式の踊りや晩餐に参加する。当日は自ら神殿の階段を上って心臓を捧げ、神官によって取り出された心臓が太陽に捧げられた。その後、若い戦士の頭蓋骨は美しく輝く石のモザイクで飾られたのだった。

古代文明では例外なく神々への饗応として供物と生け贄が捧げられた。これらの行為には人間の自然の恩恵に対する感謝があり、またその圧倒的な力に対する畏怖がある。

とはいえ、アステカほど狂気とも言える人身供儀を行った古代文明はおそらく他にはない。その理由は、「太陽は人間の血を捧げることによってのみ輝き続ける」という世界観であった。最後には人身供犠の生け贄用の捕虜確保を目的とした戦争を遂行した。

残されている資料を読む限り、アステカ人は極めて人間的かつ感情豊かな民族であった。しかし、文化的発展の過程で何らかの理由で理性の支配が破綻した形跡がある。その結果、世界と生命の安寧が大量の人身御供によってのみ維持されるという精神の暗愚に陥ったと思われる。

column

# アステカ庶民のファッション

## 男性はマシュラトルとティルマトル、女性はウィピルを基本としたシンプルな服

アステカの貴族たちが柔らかな木綿の服を着ていたのとは対照的に、庶民たちはマゲイ(リュウゼツラン)の繊維で作られた硬い服を身につけていた。また、名称は異なるが、古代マヤとほぼ同様の服装だったと考えられる。

男性は「マシュラトル」と呼ばれるふんどしを基本として、「ティルマトル」というマントを羽織ることが多かった。マントは片方の脇の下を通して反対側の肩の上で結んだり、肩にかけて結んだりした。防寒のため、二重に羽織ることもあった。装飾がふんだんに施された貴族の服と違い、ほとんどが素材そのもののシンプルなものであった。

女性は「ウィピル」(上衣)によるブラウススタイルを基本としていた。ノースリーブやロングスリーブなど、季節によって着替えていたと考えられる。

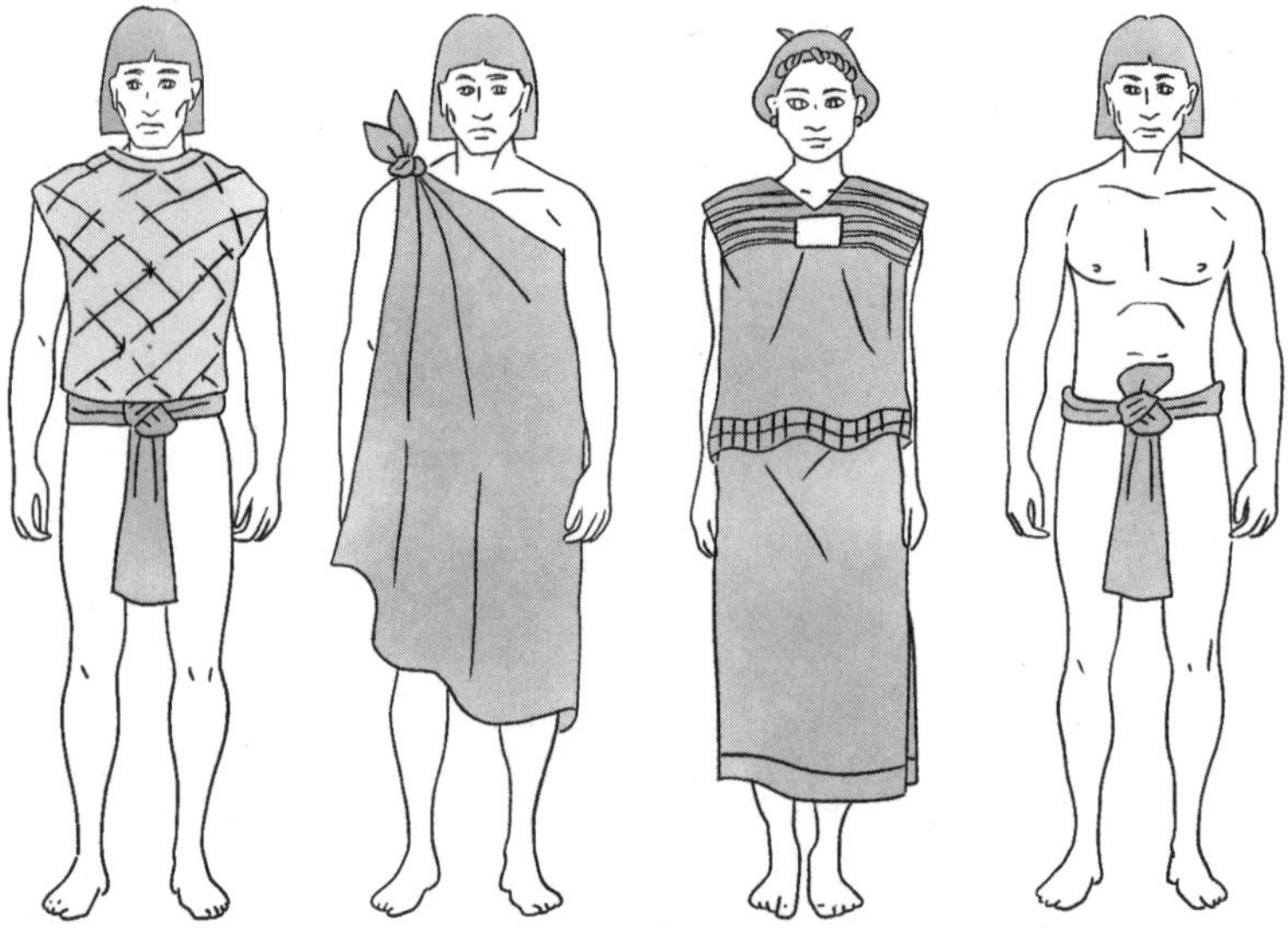

**綿の鎧**
最もシンプルな軍服のスタイル。

**ティルマトル**
脇の下で着用するマント。

**女性の短いウィピル**
ノースリーブのブラウススタイル。

**マシュラトル**
最も基本的なふんどしスタイル。

# 第5章

# インカ帝国の繁栄と滅亡

# プレ・インカ文明
## インカ帝国の基礎となったアンデスの諸文明

### 帝国の礎となったアンデス各地の文明遺跡

古代アンデス地域には、カラル、チャビン・デ・ワンタル、ティワナクなどの高度な文明が栄えていた。それらはインカ帝国によって集大成された。

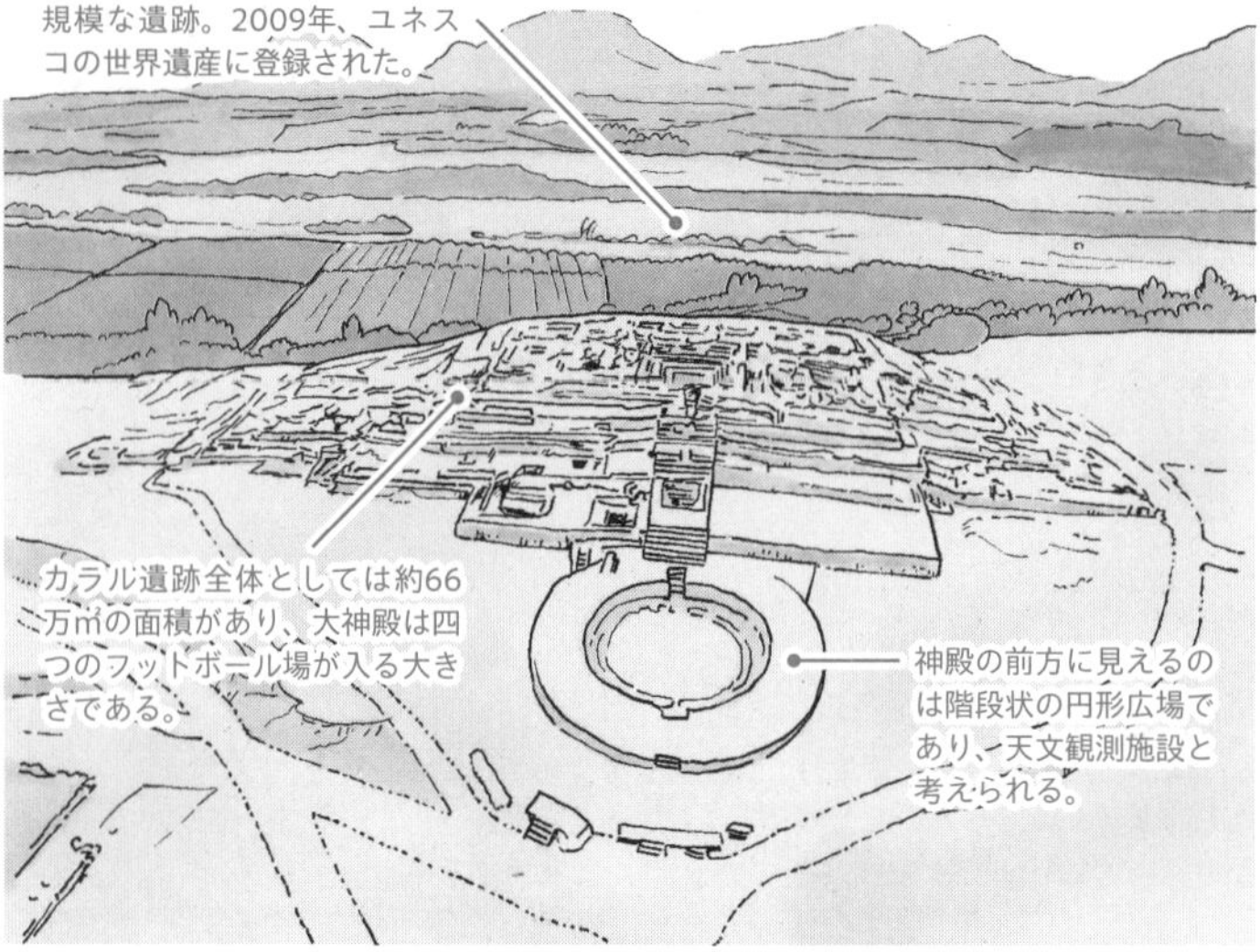
カラルはスーペ川の谷にある大規模な遺跡。2009年、ユネスコの世界遺産に登録された。
カラル遺跡全体としては約66万㎡の面積があり、大神殿は四つのフットボール場が入る大きさである。
神殿の前方に見えるのは階段状の円形広場であり、天文観測施設と考えられる。

**カラル遺跡　神殿と円形広場**

カラルは前土器文化に属するとされ、これまでに土器は見つかっていないものの、アンデス各地やアマゾン地域と広域な交易を行っていたことがわかっている。

1986年、チャンチャン遺跡は世界遺産に登録された。
歴代王による10の王宮の壁面には、幾何学模様や人物、動物など、意匠を凝らしたさまざまなレリーフがある。

**チャンチャン遺跡　レリーフ**

西暦900年以降ペルー北海岸を支配していたチムー王国の首都チャンチャン遺跡。アドベ(レンガ)で建てられた建物群と、貢ぎ物を表すレリーフ装飾が特徴的だ。

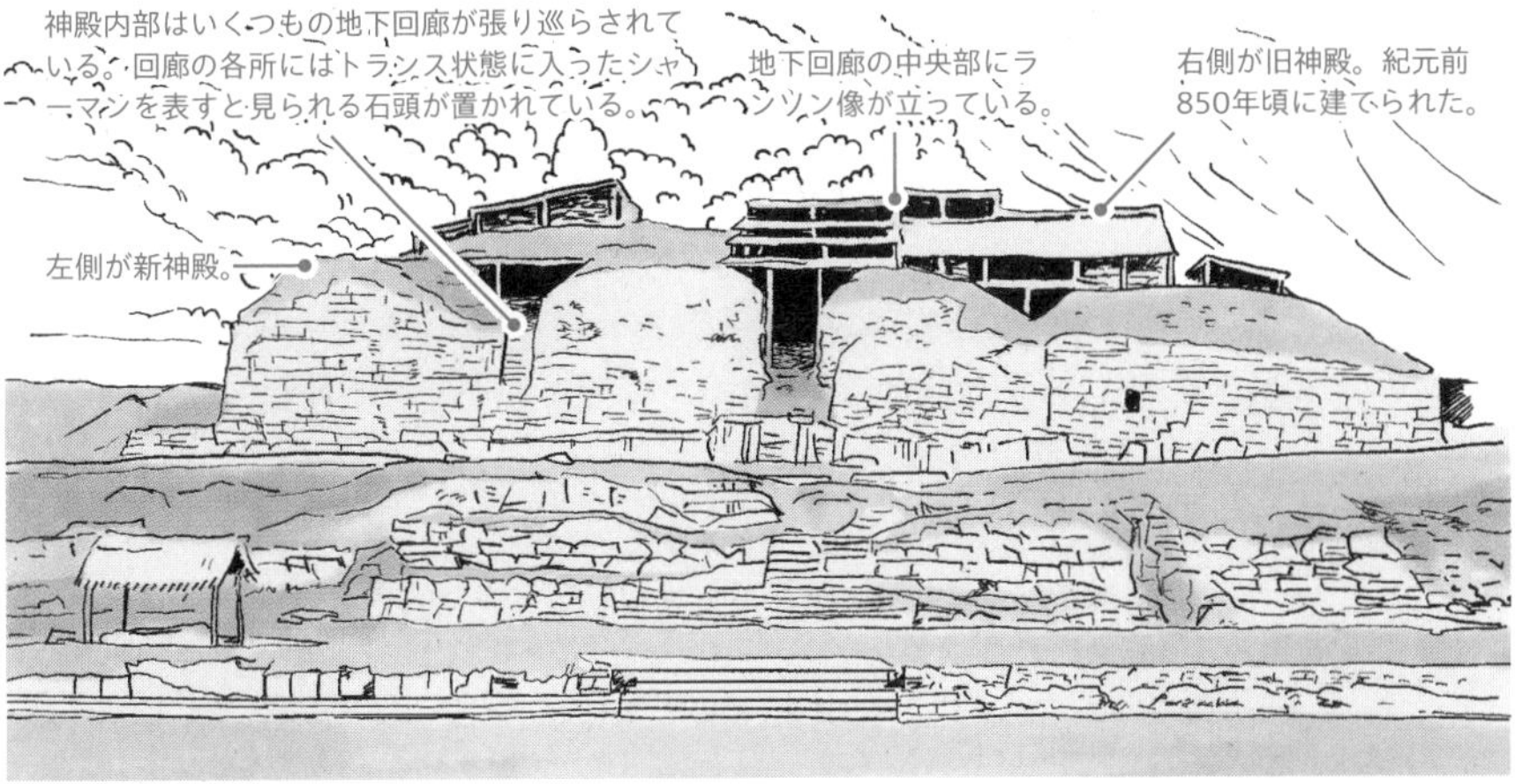
神殿内部はいくつもの地下回廊が張り巡らされている。回廊の各所にはトランス状態に入ったシャーマンを表すと見られる石頭が置かれている。
地下回廊の中央部にランソン像が立っている。
右側が旧神殿。紀元前850年頃に建てられた。
左側が新神殿。

**チャビン・デ・ワンタル遺跡**
**旧神殿地下回廊**

旧神殿内部には迷宮のような地下回廊が存在する。その中央にはチャビン文化の最高神（ジャガー、蛇、コンドル）が彫られたランソン像が建てられている。文化の高さと洗練度は優れた土器と複雑なシンボリズムを持つレリーフ（石彫）に表れており、生け贄や戦争を行った形跡はない。

**ワリ遺跡　人面彩画土器**

600～1100年頃ペルー中央部のアヤクチョ盆地に都があったとされるワリ帝国。遺跡からは人面彩画土器が発見されている。

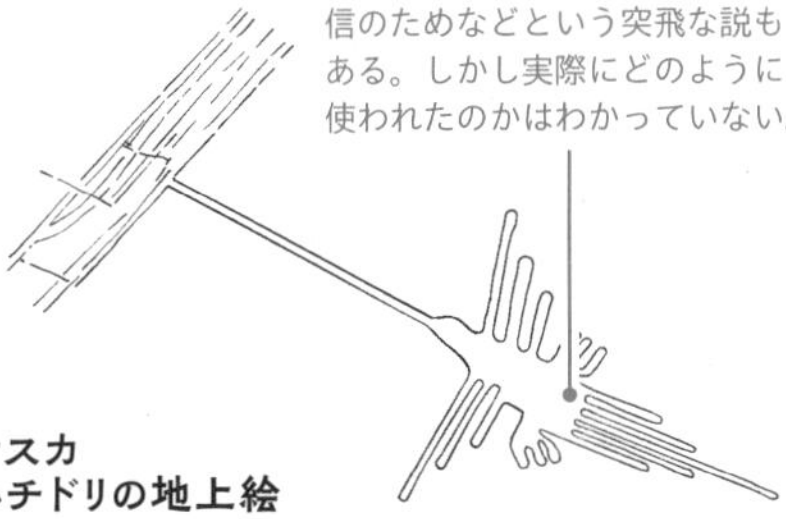
ナスカの地上絵は、暦とする説や雨乞いのための宗教施設という説がある一方、宇宙人との交信のためなどという突飛な説もある。しかし実際にどのように使われたのかはわかっていない。

**ナスカ**
**ハチドリの地上絵**

ナスカ人が描いた地上絵には、サル、コンドル、クモなどもある。動植物の彩色は「ナスカ土器」にも見られる。

アンデス各地では、インカ文明以前から1万年以上に及ぶ人類の文化的営みが展開していた。現在最も古いとみられるカラルは、リマの北方200kmのペルー太平洋岸に位置する遺跡である。円形に配置された6基のピラミッドや円形の天文観測施設があり、前2600年頃の年代測定がされている。

前1200年頃のペルー中部アンデス高地に発生したチャビン・デ・ワンタル文明は建築、石像、レリーフ、土器などの優れた文化を生み出した。地上絵で知られるナスカ文化（前100～後400頃）の土

## インカの文化的ルーツと考えられるティワナク文明

インカの神話で語られるティティカカ湖と、後500～1000年頃最盛期を迎えたティワナク。

**ティワナク遺跡**
**半地下神殿**

前200年頃、都市国家ティワナクの誕生により、石工、冶金、建築、農業、水利などの技術革命が起こり、国際的祭祀センターとして栄えた。「太陽の門」も有名である。500～1000年頃に最盛期を迎えたティワナクは、神域の中心部だけで約4k㎡、居住区域を含めるとおよそ100k㎡にも達していた。

ほかにも灌漑農業のためのラ・クンブレの運河と言われる巨大運河が残っている。

**モチェ遺跡**
**太陽のワカ（神殿）**

紀元前後から700年頃まで繁栄したモチェ文化。太陽と月の巨大な神殿ピラミッド（ワカ）で知られる。

器はその強い影響を受けている。

ナスカとほぼ同時期に北部海岸地域で栄えたのが、モチェである。太陽のワカ、月のワカといった巨大神殿ピラミッドの他、灌漑農業のための巨大運河（ラ・クンブレ）が残っている。モチェが衰退した後の同地域には、黄金文化で知られるシカン（800年頃～1300年頃）、次いでチャンチャン遺跡を残したチムー（1100年～1470年）といった文化が栄えた。

ボリビア・アンデスではティティカカ湖南岸にティワナク文明が栄えた。前1580年頃発祥した農業集落は冶金、石材加工、建築、水利、農業などにおける技術革新によって前200年頃に都市国家ティワナクに発展した。アカパナのピラミッド、カラササヤ、半地下神殿などの巨大構造物が造られる。やがて後700年頃拡大を始め、ペルーからボリビア、チリにまたがる帝国となる。ティワナクはまた宗教的聖地として各地から巡礼者を集めた。インカ文明はティワナク文明の遺産を受け継いで成立した。

ワリは600～1100年頃ペルー中部アヤクチョ盆地を中心に栄えた広域国家である。一時は中央アンデス地域をティワナクと二分する勢力であった。

インカの歴史

# インカ帝国の誕生

## 帝国の建国とアンデス制覇

インカにはマヤのような文字文化が発達しなかった。このため、王朝の誕生についても、貴族をはじめとする人々の口承と記憶が元となっている。現在伝わる説は、植民地時代にクロニスタ（記録作者）たちが整理したものである。

それによると、初代インカ王マンコ・カパックがクスコに拠点を定め、王朝の系譜が始まったとされる。しかしその後、第8代王ビラコチャまでは一帯の地方部族にすぎなかった。チャンカ族がクスコに攻めてくると、クシ・ユパンキはこれを撃破し、名を「パチャクティ」（革命者）と改め、1438年、第9代王として即位する。*

インカの存在は、9代王からスペインによる征服（1533年）までの100年ほどしかない計算となるが、ボリビア・アマゾン、リベラルタ近郊のインカ要塞のように、13世紀に建設されたものもあり、早い時期から存在し、広域国家であった可能性もある。

### 初代インカ王に始まる帝国への道

初代インカ王はマンコ・カパック。インカ帝国の建国は、第9代パチャクティ即位の1438年とされている。

**初代インカ王（右）と帝国建国時の皇帝（左）**

インカ帝国出身のインディオである、グァマン・ポマ（1550?-1616?）による挿画。この挿絵を収録する『新しい記録と良き統治』は、1615年にスペイン国王フェリペ3世に宛てた膨大な書簡であり、1,000ページ、挿絵500点を超える。

＊クスコの街からは、戦いの歴史を物語る遺物がほぼ現れない。このため、諸部族同士の贈与と再分配による穏やかな社会が構築されていたという説もある。

# インカ帝国4つのエリア

## クスコを中心に4エリアに分けて統治

### インカ帝国の4つのエリア

クスコを中心としてアンデス全域に支配を拡大していったインカ帝国は、領土を4つにわけて統治した。

太平洋
インカ帝国
キト
トゥミバンバ
チンチャイスーユ
カハマルカ
アンティスーユ
リマ
ハウハ
パチャカマク
クスコ
ビルガスマワン
クンティスーユ
コリャスーユ
サルタ
● 現代の都市
○ インカの遺跡

1438年に即位したパチャクティはティティカカ湖周辺を制し、版図を広げていった。続く10代トゥパク・インカ・ユパンキは広大なアンデス全土をインカの支配下に置き、11代ワイナ・カパックは帝国最期の栄光を享受した。

インカ帝国は、正式には「タワンティン・スーユ」と呼ばれ、四つのエリアに分けられる。「タワンティン」は、ケチュア語で四を指し、「スーユ」は州または地方を意味する。四つの州とは、チンチャイスーユ、コリャスーユ、アンティスーユ、クンティスーユを指す*。

全体の中央には首都クスコが位置する。四方に延びるインカ道の起点となっていたのがクスコの街中にある二つの広場であった。一つが「ワカイパタ」(祈りの広場＝現アルマス広場)、もう一つが「クシパタ」(喜びの広場)である。現在もアルマス広場はインティ・ライミなどの祭りが行われている。

*四つの州の名称は、各州に通じるインカ道の名称としても使われていた。

インカの社会

# インカ道と宿駅とチャスキ

## アンデス一帯に街道が張り巡らされ、飛脚が活躍した

### 「王の道」と呼ばれたインカ道

インカ道は、帝国全土を網羅する交通・流通網として経済や軍事を支えただけでなく、迅速な情報伝達の要でもあった。

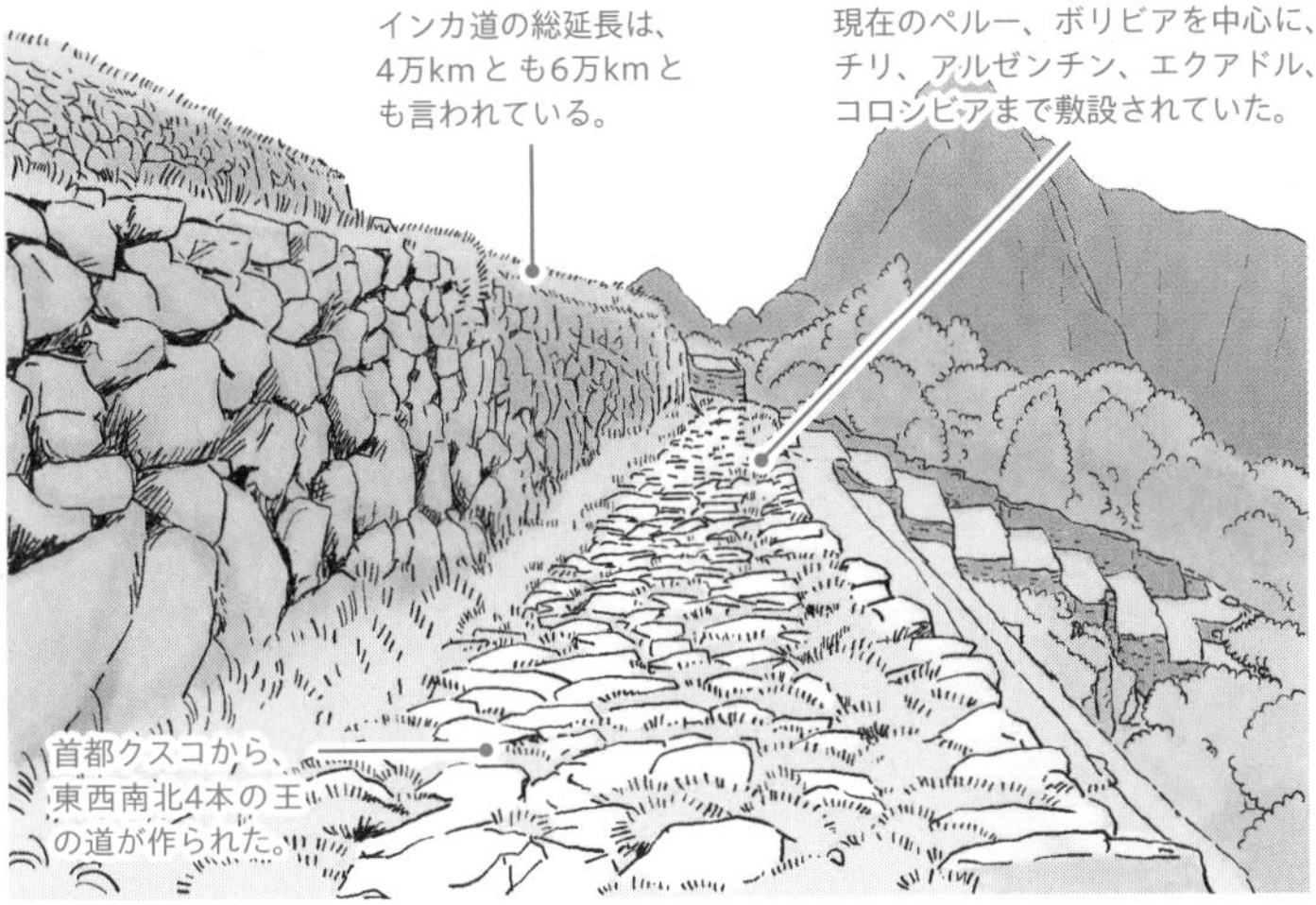
インカ道の総延長は、4万kmとも6万kmとも言われている。
現在のペルー、ボリビアを中心に、チリ、アルゼンチン、エクアドル、コロンビアまで敷設されていた。
首都クスコから、東西南北4本の王の道が作られた。

**マチュ・ピチュへ向かうインカ道**

急峻な峠や谷を通る場合、階段と緩勾配を組み合わせ、あるいは岩をくりぬいてインカ道が築かれた。路肩は石垣によって補強されている。

**チャスキ**

飛脚、伝令として王道に配置されたチャスキ。法螺貝に似た巻き貝を吹き、キープを運んでいる。

インカ帝国には「インカ道」（カパック・ニャン＝王の道）がある。アンデスの広大な領域を縦横無尽に走り、総延長は3万km以上に及ぶ。*特に地方支配において、交通網や情報網の整備は重視された。道は常に清掃され、山岳地帯や砂漠地帯をも貫いている。岩山をくり抜き、橋もかけられた。

移動する軍隊や役人の休憩のため、倉庫を備えたタンボ（宿駅）が置かれ、チャスキ（飛脚）リレーのための中継所が造られた。王の交代に伴い、道も刷新されたともいわれる。現在のペルー都市間の幹線道路の多くは、このインカ道が基本となっている。

インカの遺跡

# インカの首都クスコ

## インカ時代の遺跡とスペイン統治時代の建造物が残る

### わずかに残るインカ時代のクスコのシンボル

太陽の神殿として作られたが16世紀にスペイン人によって、サント・ドミンゴ教会・修道院に建て替えられた。インカ時代の遺構は円形の外壁の一部とわずかな基盤のみである。

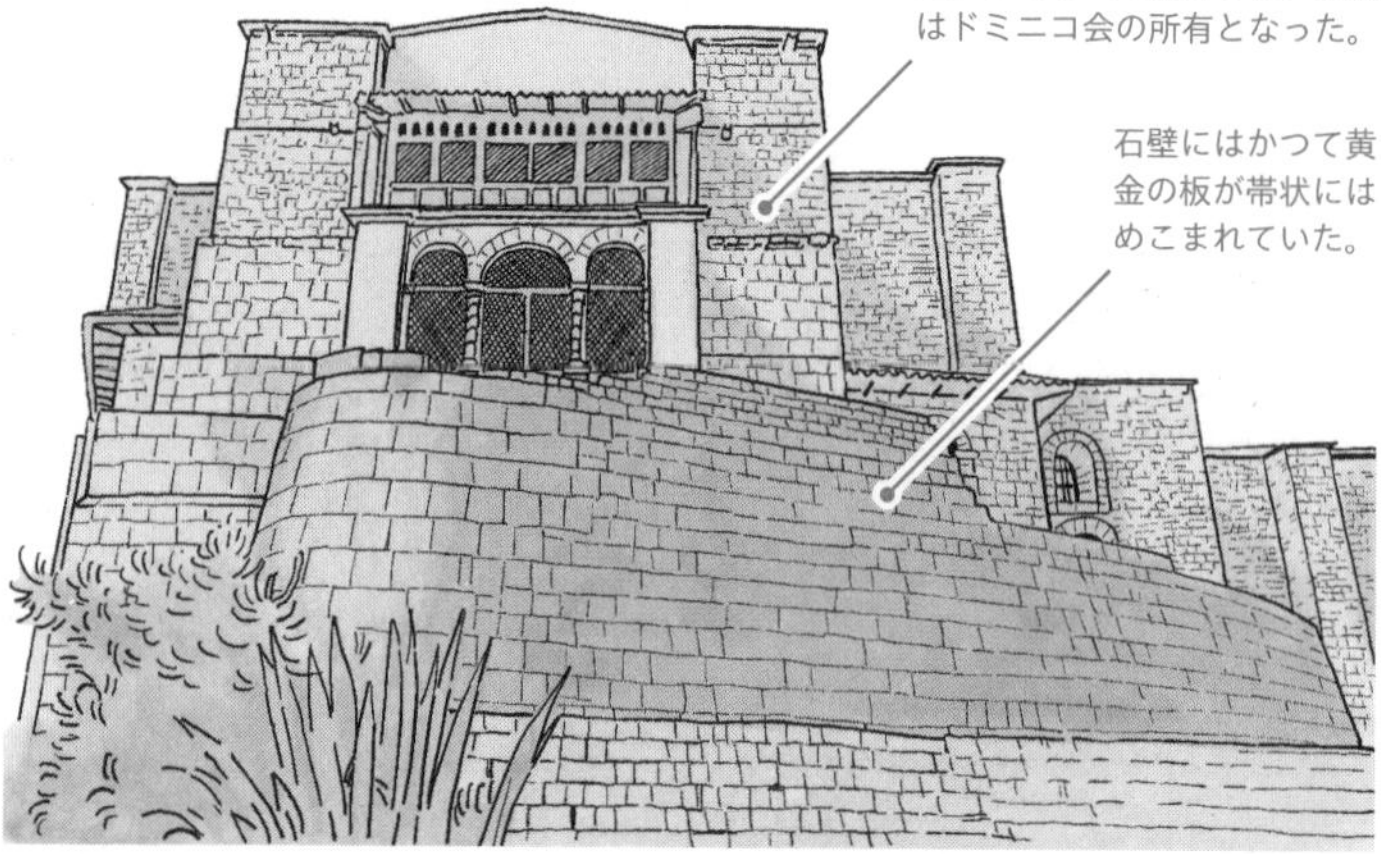

神殿の黄金はスペイン人の占領によってすべて略奪され、建物はドミニコ会の所有となった。
石壁にはかつて黄金の板が帯状にはめこまれていた。


**太陽の神殿コリカンチャ**

現在のサント・ドミンゴ教会・修道院の一部。元は「インティカンチャ」といった。「インティ」は太陽の意。「コリ」は黄金の意。「カンチャ」は場所の意。

クスコはインカ帝国の首都として栄え、人口15万人を誇る標高３４５０ｍの世界的大都市であった。

スペイン人たちが初めてクスコの街を目にしたのは、１５３３年11月のことである。タワンティン・スーユに至る街道の拠点にアルマス広場があり、その周囲には歴代皇帝の宮殿や首長たちの邸宅が立ち並んでいた*。

クスコの街は19世紀まで続いた植民地時代にほとんどが破壊され、栄光のインカ時代を偲ぶ建物はほとんど残されていない。ただし、スペイン人たちはインカ時代の堅牢な土台の上に、西欧様式の建物を建てている。往時の宮殿を感じされる美しい石壁は、アルマス広場近くのロレート通りをはじめ、ハトゥン・ルミヨック通りなどで見られる。

「太陽の神殿」は太陽信仰の中心であるインティカンチャとして初代王によって造られ、9代王パチャ

*それらの建物はインカ帝国征服後、ピサロをはじめとするスペイン軍に割り当てられたという。

現在、回廊にはキリスト教の
豪華な宗教画が飾られている。
インカ時代の中庭には、
腰かけのような岩があり、
金で覆われていたという。
ところどころにインカ時代の石組みの壁が残されている。

**サント・ドミンゴ教会の中庭**

かつて太陽の神殿の中庭であったサント・ドミンゴ教会の中庭。宗教画の飾られた回廊で四方を囲まれている。

クティの時代、黄金を使って増改築され、コリカンチャと呼ばれた。精巧な石壁は名の通り黄金の板で覆われ、まばゆい輝きを放っていた。また、かつてここには黄金でできた庭園があったという。現在ではドミニコ会の教会・修道院となっている。

高度な石材加工と石組み技術を生かしつつ、クスコは街全体が地上世界の神であるピューマの形に作られていた。アルマス広場が心臓、太陽の神殿が子宮に当たる。頭は巨石のサクサワマン遺跡である。

## TOPICS

### 12角の石

ハトゥン・ルミヨック通りの中ほどにある「12角の石」。一般的には四角く加工した石材をカミソリ1枚も通さないと言われるほど精巧に積まれている。この石は12角形になっており、他と比べてひとまわり大きい。現在はクスコ大司教館の壁となっている。

# インカの主要遺跡

## アンデス山脈に広がる神殿都市と要塞

### クスコ周辺に築かれたインカの都市や要塞

王宮のあるクスコ近郊には、石組みの要塞や沐浴場が整備されていた。

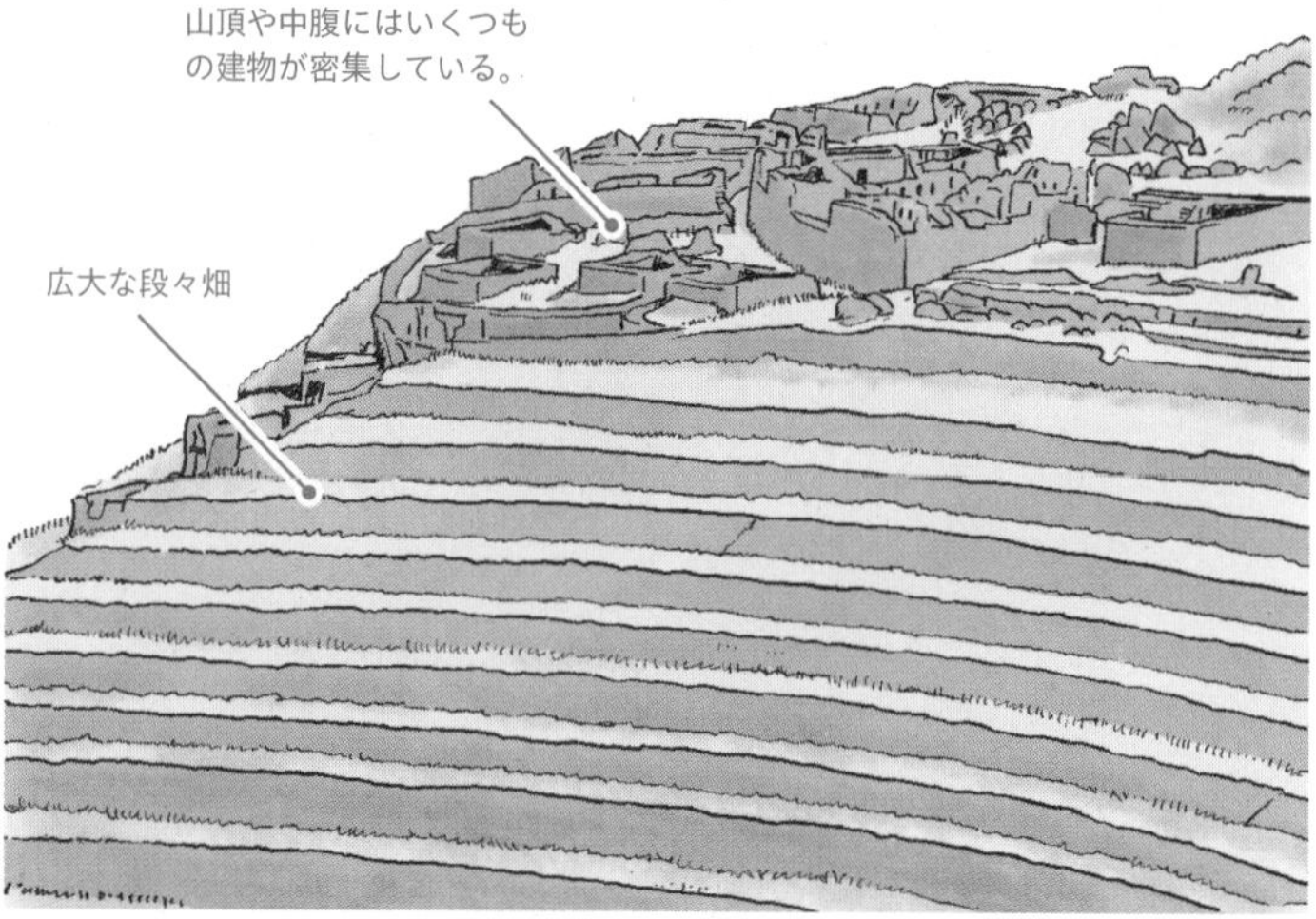
山頂や中腹にはいくつもの建物が密集している。
広大な段々畑

**ピサク遺跡　遺跡と段々畑**

ピサクはパチャクティ王のパナカの領地。マチュ・ピチュと同名の大岩、インティワタナがある。周辺は聖域となっており、神殿、円形の塔、聖なる広場などがあり、儀礼の場として使われたと考えられている。

クスコの周辺には、多くのインカ遺跡が残されている。9代王パチャクティの時代につくられたのがピサクである。聖なる谷の南端に位置し、建物群が山を取り囲み、広大な段々畑が斜面を埋めている。赤い石組みで囲まれたインティワタナもあり、宗教的施設であるとされている。

10代王トゥパク・インカ・ユパンキの頃には「聖なる泉」（沐浴場）のタンボマチャイが整備された。近くに「赤い要塞」プカプカラがあり、沐浴場の皇帝を護衛していたとされるが、記録はない。

巨石の屏風岩で知られるオリャンタイタンボは、マンコ・インカ・ユパンキが籠城した砦。この後、ビルカバンバに撤退することになる。

ラクチは、インカの重要なビラコチャ神を祀る神殿の都市。コルカ（食料貯蔵庫）がつくられた他、大規模なタンボ（宿駅）が設置され、軍事戦略上の重要拠点となっていた。

泉は聖なるものとして、「ワカ」の一つに挙げられる。[154頁]

**タンボマチャイ遺跡 沐浴場**

階段状の石組みでつくられた沐浴場。「聖なる泉」とも呼ばれる。タンボマチャイは「ゲストハウス」または「酔っ払うこと」を意味する。近くに湧水および温泉が湧く。

雨季・乾季を通じて一定量の湧水がある。

**オリャンタイタンボ遺跡　寺院の丘**

巨石の要塞にはアンデネス（段々畑）やコルカ（食料貯蔵庫）も広がっていた。

随所に巨石の石組みが見られる。

段々畑はかなりの段差。

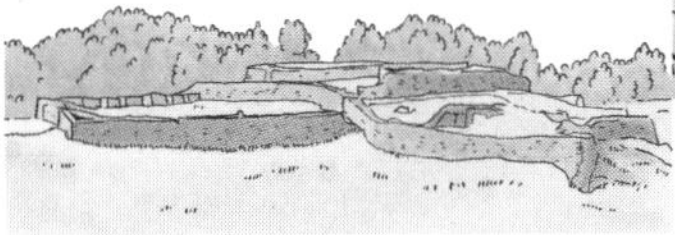

**プカプカラ遺跡**

「赤い要塞」を意味し、クスコを防衛する関所と考えられている。

美しい石組みの基盤。

アドベ（日干しレンガ）の壁。

**ラクチ遺跡 ビラコチャ神殿**

ビラコチャ神を祀った神殿。美しく加工された石組みの基盤の上に、アドベ（日干しレンガ）の壁だけが残っている。

インカの遺跡

# 空中都市「マチュ・ピチュ」

## パチャクティ帝の離宮マチュ・ピチュの発見とビルカバンバ

### マチュ・ピチュの全景

標高2,400mのアンデス東斜面の尾根に位置し、高地ながら首都クスコより1,000mほど低い。霧や雨が多く、水の不自由もない格好の避暑地であった。

コンドルの神殿
地面にある石がコンドルのくちばしと頭を表し、神聖な場所とされる。

ELNOVENOINGA
PACHACVTI·INGA
IVPANQVI


**マチュ・ピチュをつくった9代インカ王のパチャクティ**

マチュ・ピチュは「最後の都」ではなく、パチャクティの私領であり、郊外の離宮として使われたと考えられる。グァマン・ポマ画。

マチュ・ピチュはアマゾン川の源流の一つ、ウルバンバ川上流の「インカの聖なる谷」横の450mの急峻な山上にある。谷底から立ち上る霧に包まれ、麓からその全貌ばかりか存在すらもうかがうことができない。

1911年、マチュ・ピチュは米国の歴史教師ハイラム・ビンガム3世（1875－1956）によって発見された。当初ビンガムはマチュ・ピチュを、マンコ・カパック2世がスペインから逃れて建設した城塞都市ビルカバンバだと考えていたが、その後の調査を経て全貌が次第に明らかとなり、彼の説は否定されている。

マチュ・ピチュは、パチャクティ帝の離宮として山の尾根につくられた。中央に宗教的機能としての祭祀センターを置き、周囲をアンデネスと呼ばれる段々畑が取り囲んでいる。

主に西側は祭祀に関する建物が配され、大岩を囲む半円の塔を持つ「太陽の神殿」がある。塔には二つの窓

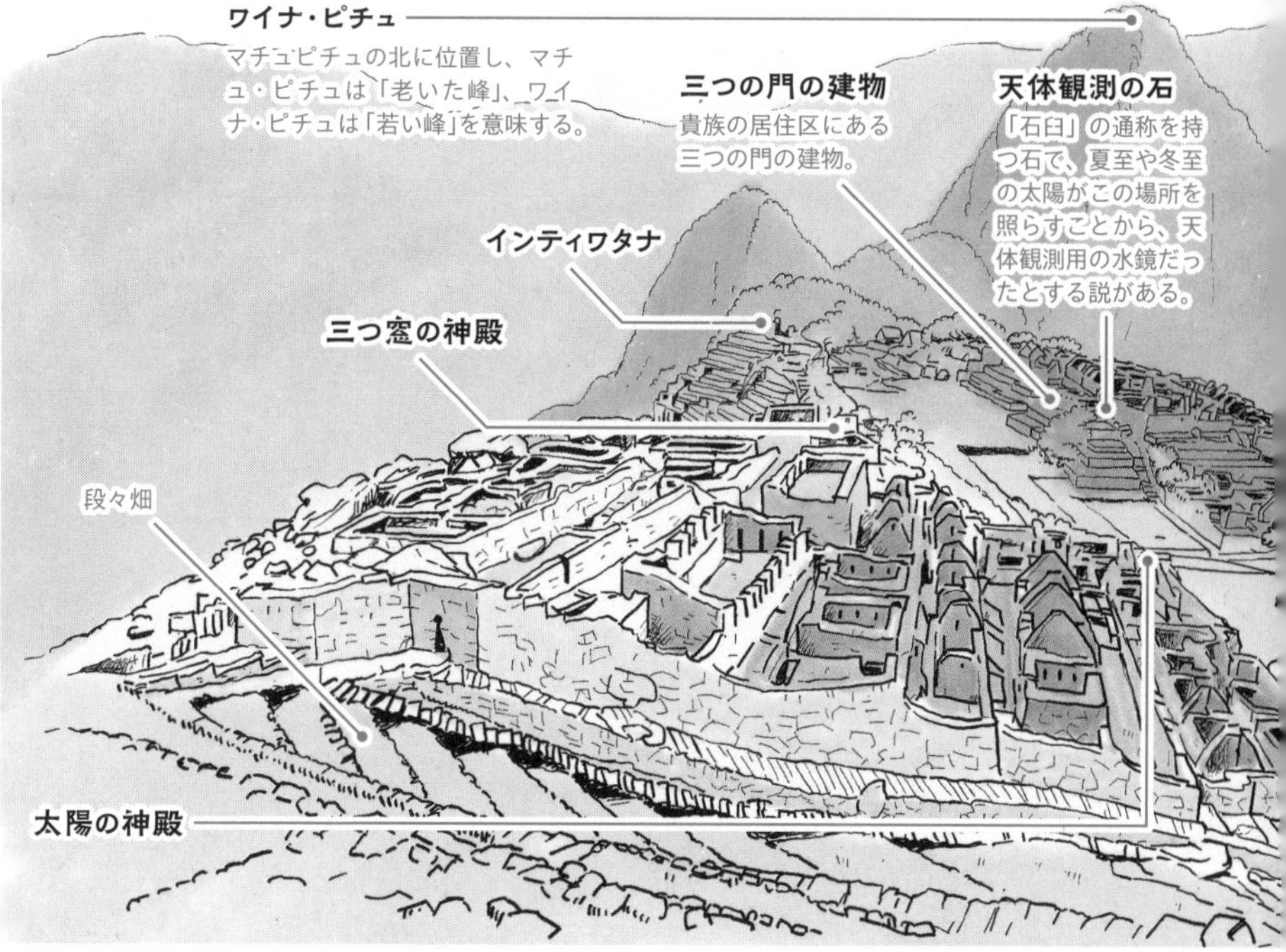
ワイナ・ピチュ
マチュピチュの北に位置し、マチュ・ピチュは「老いた峰」、ワイナ・ピチュは「若い峰」を意味する。
三つの門の建物
貴族の居住区にある三つの門の建物。
天体観測の石
「石臼」の通称を持つ石で、夏至や冬至の太陽がこの場所を照らすことから、天体観測用の水鏡だったとする説がある。
インティワタナ
三つ窓の神殿
段々畑
太陽の神殿

## TOPICS

### マチュピチュ最大のパワースポット

「太陽をつなぎ止める場所」という意味のインティワタナ。四つ角の隅石が東西南北を正確に向いており、一種の日時計として機能していたと思われ、冬至のときの太陽の位置に方向づけられている。また、ワイナ・ピチュをかたどったという説もある。

**太陽の神殿**

上部の塔の中に大岩があり、夏至と冬至の年2回、日の出の太陽が塔の窓を通して岩を照らす。下部は王陵と呼ばれている。

## マチュ・ピチュ全図

マチュ・ピチュに限らず、ウルバンバ流域にあるインカ皇帝の離宮は祭祀センターと耕地をセットにして築かれている。

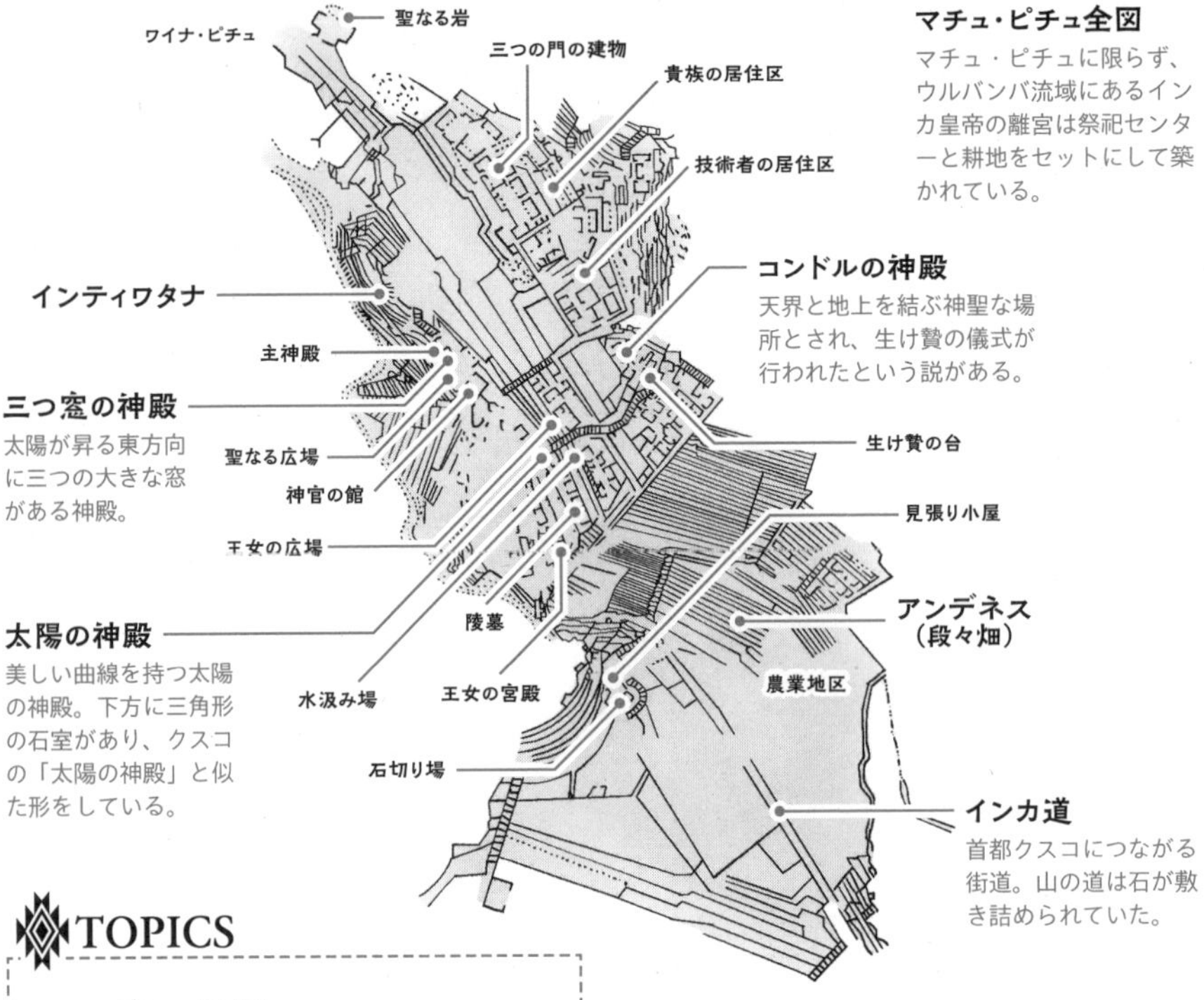

ワイナ・ピチュ
聖なる岩
三つの門の建物
貴族の居住区
技術者の居住区
インティワタナ
主神殿
三つ窓の神殿
太陽が昇る東方向に三つの大きな窓がある神殿。
聖なる広場
神官の館
王女の広場
太陽の神殿
美しい曲線を持つ太陽の神殿。下方に三角形の石室があり、クスコの「太陽の神殿」と似た形をしている。
陵墓
水汲み場
王女の宮殿
石切り場
コンドルの神殿
天界と地上を結ぶ神聖な場所とされ、生け贄の儀式が行われたという説がある。
生け贄の台
見張り小屋
アンデネス（段々畑）
農業地区
インカ道
首都クスコにつながる街道。山の道は石が敷き詰められていた。


### TOPICS

#### 三つ窓の神殿

ビンガムが名づけた「三つ窓の神殿」。儀式が行われたとされ、建物の外のテラスから大量の土器が発見されている。聖なる広場の一角からは南十字星の位置を示す石も見つかっている。

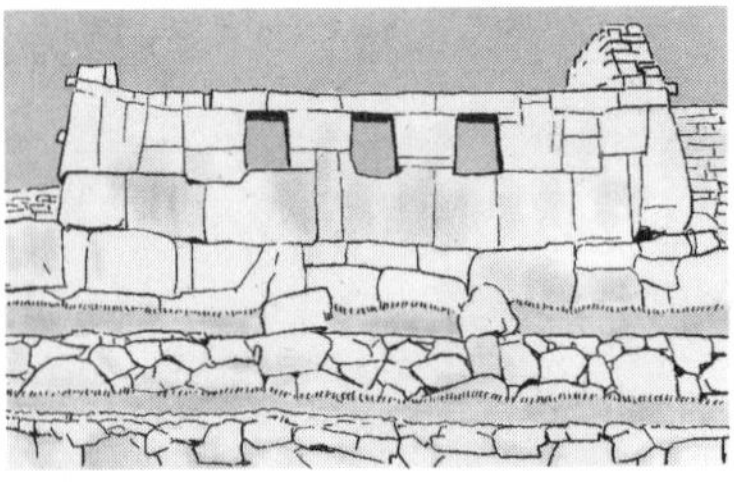

があり、東の窓は冬至、南東の窓は夏至の日の出が正確に差し込む。こうした太陽信仰や天文に関わる施設の存在から、マチュ・ピチュ自体が天文観測を目的として築かれたのではないかという説もあるほどだ。

「この世で最も美しい」とビンガムが称えた石組みは、神官の住居とされる「王女の宮殿」にもつながっている。やや離れたところに「聖なる広場」があり、窓から夏至の太陽が入る「三つ窓の神殿」や「主神殿」が建っている。

東西にはアンデネス（段々畑）が何十段にもわたって連なっている。食料確保というよりも地盤の安定が重要であった。

高地のため、水の確保が問題とされるが、「16の泉」の水源は南方にあり、十分に確保されている。雨の多いマチュ・ピチュではむしろ排水システムの方が重要であったようだ。

インカの遺跡

# 「サクサワマン」と石組み技術

## クスコの北に築かれた巨大な城砦と貯蔵庫

クスコの北方、丘陵にあるサクサワマンは巨大な砦の遺跡である。パチャクティの時代、1438年以降に建造が始まり、ワイナ・カパックの時代に完成した。スペインの侵攻によって破壊され、現在では巨大な石組みが残るばかりだが、砦の他、武器や食料などの貯蔵庫としても使われたとされている。かつては三つの塔の他、5000人を収容できる建物群があったといい、ある伝承によれば、これらの巨石はティワナクから運ばれたという。

石組み上の台地にはストーン・サークルが残されていて、この城塞が同時に宗教的性格を持っていたことを示している。おそらくはここで天体観測が実施され、さまざまな祭祀儀礼が執行されたと思われる。

1536年にマンコ・インカ・ユパンキ率いるインカ軍残党の反乱が起こった際には、クスコ奪還を企図する反乱軍の拠点となり、ここからインカ帝国亡命政権の短い歴史が始まった。

### クスコ奪還戦の拠点となった城砦

1536年、スペインに対して蜂起し、サクサワマンに立てこもった反乱軍であったが、戦いに敗れ、ビルカバンバに退却した。

リャマやヘビ、カモや魚などをかたどった石組みも見られる。
天上、地上、地下の三つの世界観から、壁は三重になったとされている。

**サクサワマン遺跡**
最大の石は高さ5m近くあり、ジグザグに築かれた三重の壁の長さは380mにもなる。建造には3万人が動員され、50年をかけて完成したという。

TOPICS

### レンガ積みの行政官

帝国の境界標識にレンガを積み、作業する行政官たち。画像の背景には、アンデス山脈に囲まれた別の領土標が見える。グァマン・ポマ画。

AMOJONADORES·DESTEREINO
MACAVCHOCONARAQVI
INGA
INGA

# インカ帝国の滅亡

## 繁栄を謳歌するインカ帝国を征服者ピサロが滅ぼす

### インカ帝国最後の皇帝アタワルパ

第11代王ワイナ・カパックの死後、異母兄弟の二人の王子ワスカルとアタワルパの間で王位継承争いが起こっていた。アタワルパは勝利し、第13代王となる。しかし、そこにはすでにスペインの手が忍び寄っていたのである。

CONQVISTA
ENLOSBANOSESTAVA
ATAGVALPAINGA
ピサロ
アタワルパ
聖職者が聖書を手にアタワルパに対して説教を行い、キリスト教への改宗を迫った。アタワルパが聖書の一部を破ったことに激怒したスペイン軍は総攻撃に出たという。

**13代インカ皇帝アタワルパと征服者ピサロ**

インカを滅亡へと追いやったのもまたスペイン人であった。征服者としてやってきたフランシスコ・ピサロ率いるスペイン軍は、1532年、カハマルカに到着。ピサロ（右）とアタワルパ（左）は対面する。グァマン・ポマ画。

TOPICS

## 亡命政権最後の皇帝

スペイン人が描いたトゥパク・アマル（在位1571-1572)。13代皇帝アタワルパの弟マンコ・インカ・ユパンキはスペインによるインカ征服後、ピサロの傀儡として皇帝に擁立された。しかし、1536年にクスコから脱走して反乱を起こした。反乱は失敗するが、マンコとその同盟軍はウルバンバ川の奥地「ビルカバンバ」に逃げ込み、約35年間亡命王朝を維持した。マンコは姦計によりピサロの後継者に暗殺され、最後の皇帝となったのがトゥパク・アマルである。彼はクスコで斬首され、インカ帝国は完全に滅亡した。

**アタワルパの処刑**

アタワルパは捕縛されて監禁されていた。死の直前、火刑を免れるためにキリスト教に改宗し、洗礼を受けたが、最期は絞首刑に処せられた。グァマン・ポマ画。

1532年11月15日、ピサロと200名足らずのスペイン軍はペルー北部のカハマルカに入城した。一方、13代インカ皇帝アタワルパとその大軍は郊外に滞在していた。ピサロは少人数の使者を送り、平和使節を装って会見を申し込む。

翌朝、ピサロとアタワルパはカハマルカの広場に面した建物の中で会見した。ドミニコ会の従軍司祭は輿に乗ったアタワルパに聖書を渡し、皇帝がキリスト教に帰依することを強要する。皇帝が怒って聖書の紙の数枚を破り捨てたとき、スペイン軍の攻撃が開始された。銃口が火を噴き、歩兵や騎兵が躍り出る。瞬く間にインディオ数千人が殺害され、アタワルパは捕縛された。

囚われの身となったアタワルパは、身代金として膨大な金銀を約束し、その約束を守った。しかし、ピサロはアタワルパの釈放を恐れ、最後には処刑する。

以降、インカではスペインによる傀儡《かいらい》皇帝が擁立される。マンコ・インカ・ユパンキによるビルカバンバ王朝を経て、1572年4月にトゥパク・アマルがクスコで斬首され、インカ帝国は完全に消滅した。

# 数を表す仕組み「キープ」

## 古代アンデスからインカの無文字社会を支え、統計を作成・管理した

インカの人は通常の文字を持たなかった。しかし、数量を記録する「キープ」を発明する。リャマの毛で作られた太いひもに何本もの細ひもがつけられ、この細いひもに位ごとに結び目をつくって数を記録した他、色分けすることで数が示すものの種類を区別していた。

キープによって、人口や農作物の収穫量、コルカと呼ばれる倉庫の在庫量などを表したとされている。キープを取り扱っていたのは、キープカマヨックと呼ばれるエリート官僚であった。彼らはインカ帝国時代のみならず、植民地時代にも仕事をしていた。スペイン人がインカ人に情報を求めると、キープに記録された数字を読みながら説明したという。

また、キープは数字だけではなく、言語的情報も表現できることが確かめられている。したがって、単なる数量だけではなく、状況の説明あるいは伝達・指示などが含まれていた可能性がある。

### 十進法によるキープの数字表記の方法

位取りの位置を定め、補助ひもの端から順番に1の位、10の位……となる。

**キープの表し方**

インカでは十進法が採用され、1本の主縄に数十、数百の下げひもがつけられ、また補助ひももつけられた。十進法に沿っていないキープもあることから、言語情報に関するキープの存在を主張する研究者もいる。

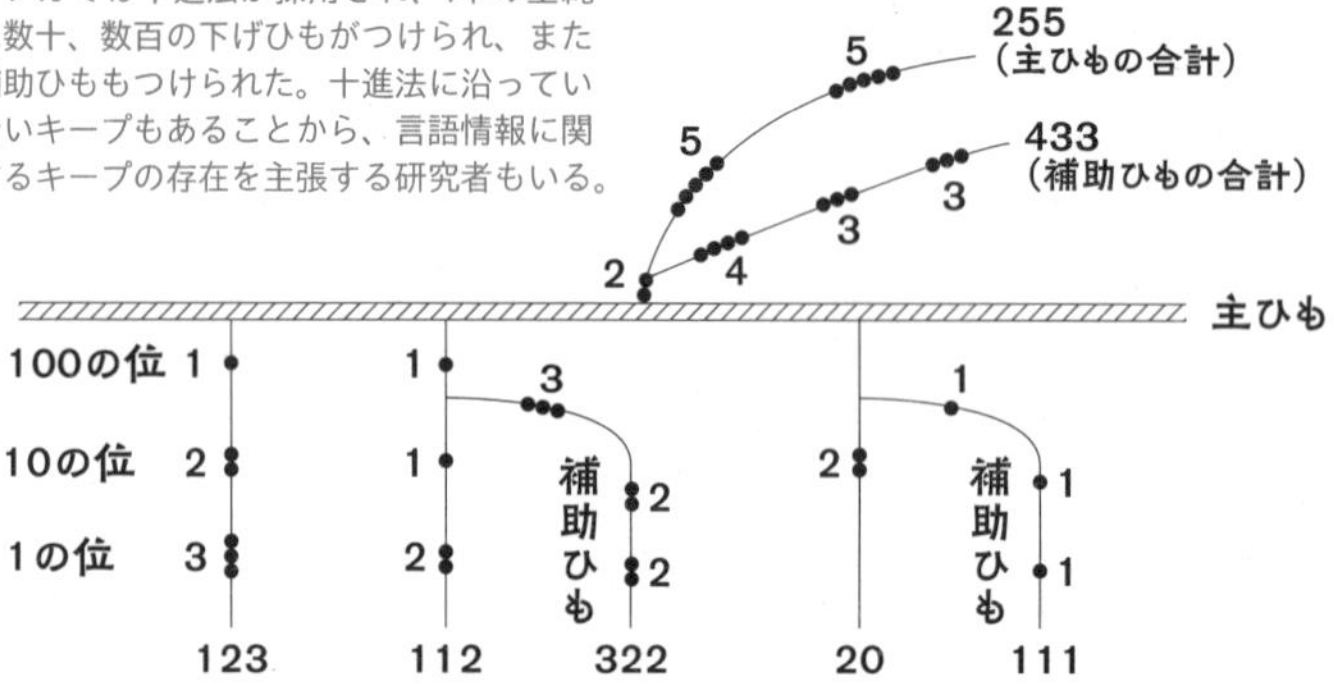
255
(主ひもの合計)
433
(補助ひもの合計)
主ひも
100の位
10の位
1の位
補助ひも
123
112
322
20
111

### TOPICS

#### キープカマヨックという存在

インカ帝国の統計を作成・管理するために、専門家が必要とされた。彼らは「キープカマヨック」と呼ばれ、エリート官僚であった。人口や農作物の増減は毎年正確に記録され、伝達された。グァマン・ポマの絵にも何度か登場する。

インカのくらし

# 外科治療と人工頭蓋変形

## 戦闘の方法から発達したインカの医療技術

インカの戦闘においては、棍棒と投石機だけではなく、吹き矢、弓矢、銅製の戦斧、投槍なども使用されたことがわかっている。

インカが原始的な武器しか使用しなかったというのは全くの誤解といってよいだろう。インカは鉄を知らず、鉄の製錬技術を持たなかったが、ティワナク文明以来発達した冶金術が存在し、銅や錫などの金属を利用していた。

これらの武器による近接戦闘においては打撲、骨折、挫傷、刺し傷、出血、内臓破裂などの肉体損傷が起こる。とりわけ頭蓋骨の損傷は重大である。

そこで頭部外科治療、すなわち穿頭《せんとう》術（トレパネーション）が発達した。青銅製のナイフ（トゥミ）で頭蓋骨に穴を開け、砕けた骨片あるいは脳内の血腫を取り除き、負傷者の命を救った。

手術の成功率は非常に高かったという。また、麻酔としてコカが使われたようである。

### 打撃型武器による頭部の傷を治療

頭部外科治療による術後生存率は、インカ時代で8割に達していたという。

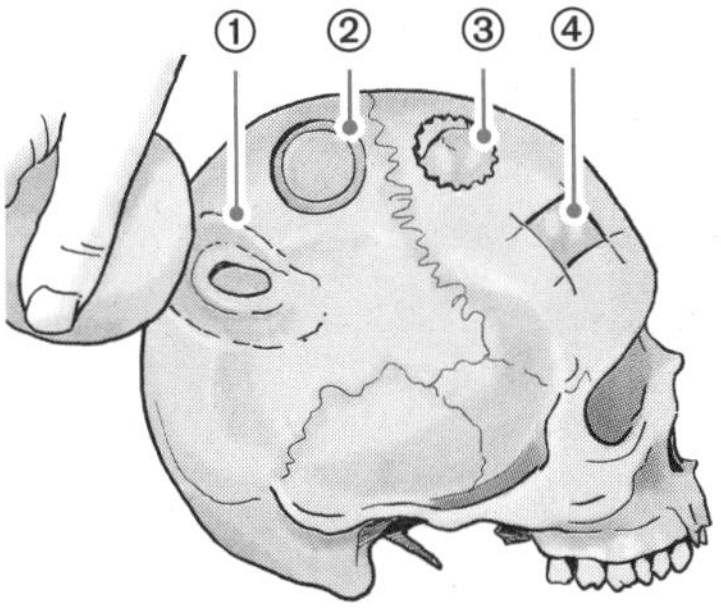


**頭蓋穿孔手術の方法**

手術には①削り法、②円溝法、③穿孔切断法、④方形切除法などの方法があった。頭蓋に穴を開け、骨の一部を取り除く外科手術が行われた。

### TOPICS

**人工頭蓋変形の2タイプ**

古代からアンデス地方では人工的に頭蓋変形を施す風習があり、①円錐形型、②扁平型に大別される。円錐形は主に高地で行われ、頭の周囲を布で強く縛り、上方に伸ばした。扁平形は海岸地域の一部で見られ、頭の前後を板で挟むものである。

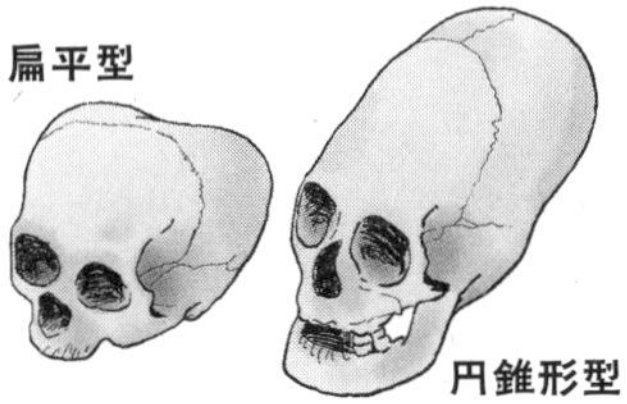

インカのくらし

# アンデスの作物と牧畜

## 大規模な灌漑水路の建設による農耕が発達

### 食の中心はトウモロコシとジャガイモ

トウモロコシとジャガイモは前5,000年頃に中央アンデスで栽培が始まった。インカ文明は農業革命を起こし、農耕文明がインカ帝国を生んだとも言えよう。

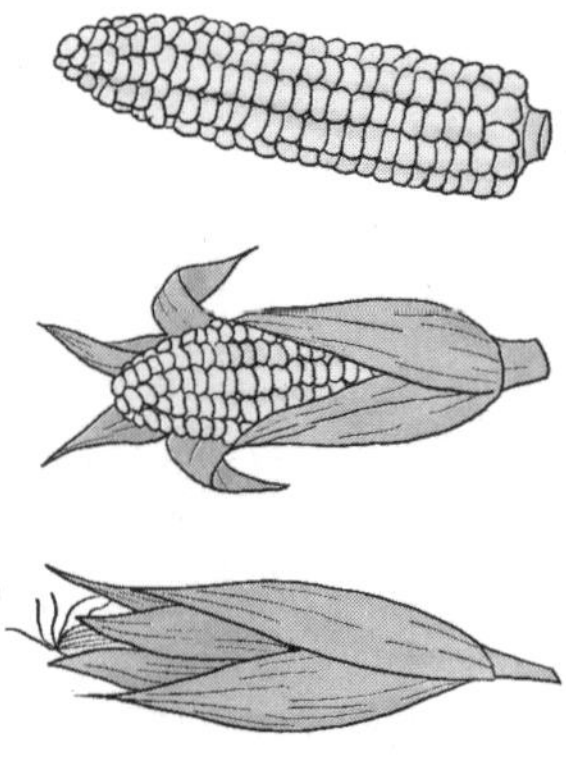

**トウモロコシ**

インカ文明の時代に品種改良が重ねられていった。食用よりも、祭祀儀礼で太陽神に捧げるために作られたチチャが重視された。

**インカ時代のトウモロコシ耕地**

太陽が見守る中、石組みの水路からトウモロコシ畑に水を引いている。グァマン・ポマ画。

アンデス高地の都市や祭祀センターの建造に当たっては、耕作面積の拡大を図るため、精巧な技術で段々畑（アンデネス）をつくり、農業や飲料水の確保のために灌漑と配水を行った。

インカの高度な灌漑技術は優れた石組み技術に裏づけられている。

トウモロコシやジャガイモなど多くの作物は、こうしてできた段々畑で栽培され、農業試験場も存在した。

主食のジャガイモは前５０００年頃から栽培が始まったとされている。

アンデス版石焼き芋「ワティア」として食べる他、乾燥芋「チューニョ」として保存され、水で戻してスープに使われた。

インカを征服したコンキスタドールが16世紀にジャガイモをスペインに持ち帰り、ヨーロッパ全土に広まることになる。

## 農業と牧畜に見られる垂直方向への生態系利用

高度や気候による生態系の違いを活用し、農耕や採集、牧畜などの生産的活動が完結する。

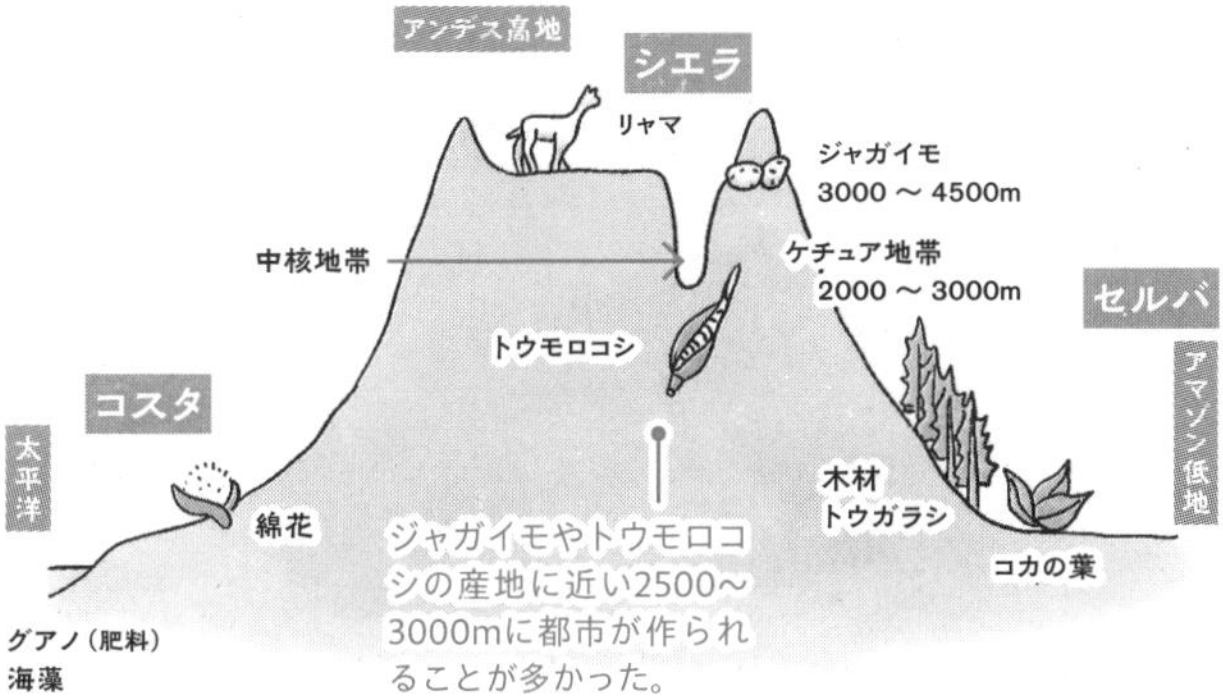
アンデス高地
シエラ
リャマ
ジャガイモ
3000 ～ 4500m
中核地帯
ケチュア地帯
2000 ～ 3000m
セルバ
トウモロコシ
コスタ
アマゾン低地
太平洋
綿花
木材
トウガラシ
コカの葉
ジャガイモやトウモロコシの産地に近い2500～3000mに都市が作られることが多かった。
グアノ（肥料）
海藻

### 垂直統御の例

アンデス世界は、海岸部「コスタ」、山間部「シエラ」、アマゾン低地「セルバ」の気候帯が分布しており、さらに生態系は緯度や地勢によって細かく分類される。高度によって異なる資源を入手し、自給自足生活を成立させる方式を垂直統御という。

### ビクーニャ

標高4,000m以上の高地に群れを作って暮らすビクーニャ。毛を刈り取って野に放つチャクが行われ、神の繊維と呼ばれるほど珍重された。

## TOPICS

### トウモロコシの酒・チチャ

トウモロコシは重要な食料であっただけでなく、「チチャ」という発酵酒の原料として扱われ、王たちの祭祀儀礼の必需品ともなっていた。チチャは主に儀礼に用いられ、彩色装飾された木製カップ「ケーロ」に受けて飲まれた。

**鐙形注口壺**

ペルー国立考古学・人類学・歴史博物館蔵。

### 荷物を運搬するリャマ

アンデスのラクダ科で最大のリャマ。体高1m、体重は100kgを超える。家畜として荷役に使われ、毛や肉も利用された。

### ピサク遺跡と段々畑（アンデネス）

高地における祭祀センターが建設される際は、段々畑も隣接してつくられた。農作物の生産だけでなく、地盤を安定的に維持する目的があったという。

インカの信仰

# 太陽崇拝と祖先崇拝、ワカ信仰

## インカの人々が死者を重んじた理由

### インカ皇帝＝「太陽の子」だった

創造神ビラコチャによって創られた太陽神はインティと呼ばれ、最高神として神聖視された。インカ帝国の支配者はインティの現人神と考えられていた。

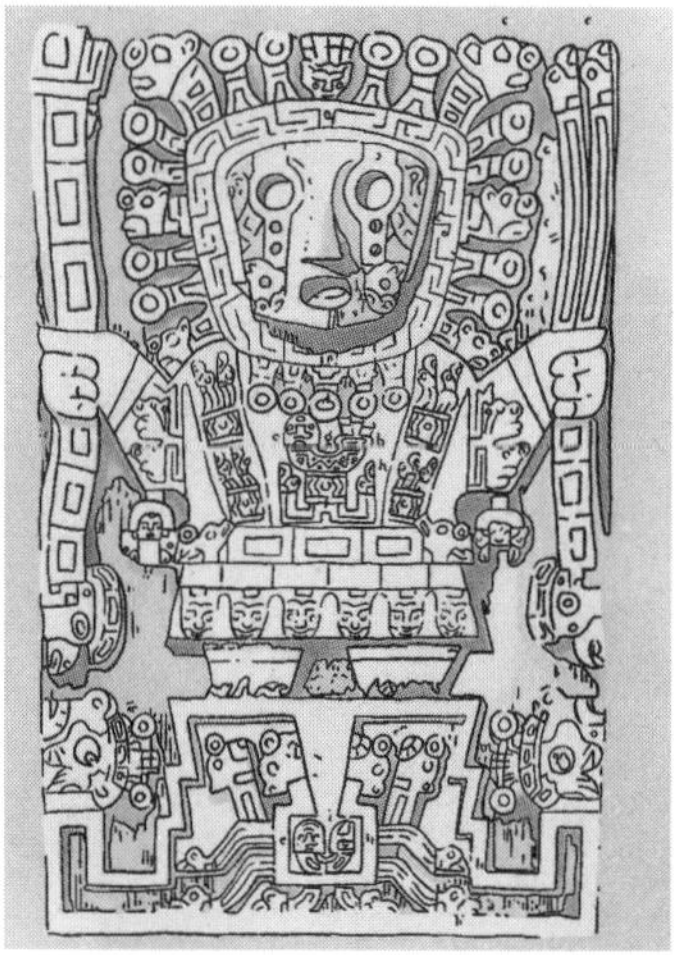

**インカの神ビラコチャ**

起源はティワナク文明。ティワナク遺跡の「太陽の門」に見られるビラコチャ像。

**カパック・ユパンキと太陽神**

5代王カパック・ユパンキが太陽神のもと、悪魔とともにチチャ酒を飲んでいる。

インカ帝国の国家的宗教の中心は太陽神崇拝である。太陽はインティと呼ばれ、万物の創造神ビラコチャの創造物であった。また、インカ皇帝は太陽の子として崇められ、神に連なる存在とされていた。

スペイン人の記録によれば、亡くなったインカ皇帝たちはミイラとなり、親族集団パナカの屋敷や洞穴などに安置されていたという。生きているかのように上質な服を着せられ、食事が与えられた。時には輿に乗って王を訪問したり、儀礼の際は神殿などでシャーマンを介して言葉を発したりもした。

死者崇拝の対象は王や王妃だけではない。

庶民もマチャイと呼ばれる洞穴に祖先の遺体を安置し、チチャ酒やコカ、リャマなどを捧げ、年に一度は服を着せ替えた。また、インカにはプレ・インカ以来「ワカ」と呼ばれる土着信仰があった。＊聖なるもの、呪術、護符などを意味し、古代アンデス人の精神に根差す概念である。

＊太陽、稲妻、海、川、泉、山や巨石などをはじめ、超自然的なものを「ワカ」と総称していた。

# インカを支えたミイラ信仰やワカ信仰

ペルー南端の太平洋岸にあるイロの地はチリバヤ文化の中心で、保存状態のよい大量のミイラが発掘されている。遺体は内臓を除かれ、獣毛や食べものを詰めて保存処理されていた。また、体は屈められて服の上から布を巻かれ、コカの葉や土器、楽器が添えられていた。

**ミイラにされたインカ王**

インカ皇帝たちはミイラとなった後も崇拝され、儀礼の場で宣託を行った。「11月、死者を運ぶ月」(グァマン・ポマ画)。

**インカ時代のワカ信仰**

トゥパク・インカ・ユパンキ王の前に信仰の対象となるさまざまな「ワカ」が置かれている。グァマン・ポマ画より。

## TOPICS

### チャチャポヤス族の空中墳墓

北ペルーのチャチャポヤス族は「カラヒアの柩」という断崖の空中墳墓を築いていた。石棺の中には副葬品と一緒にミイラが保存され、死者崇拝が続けられている。また、2体の石棺の頭部には頭蓋骨が置かれている。

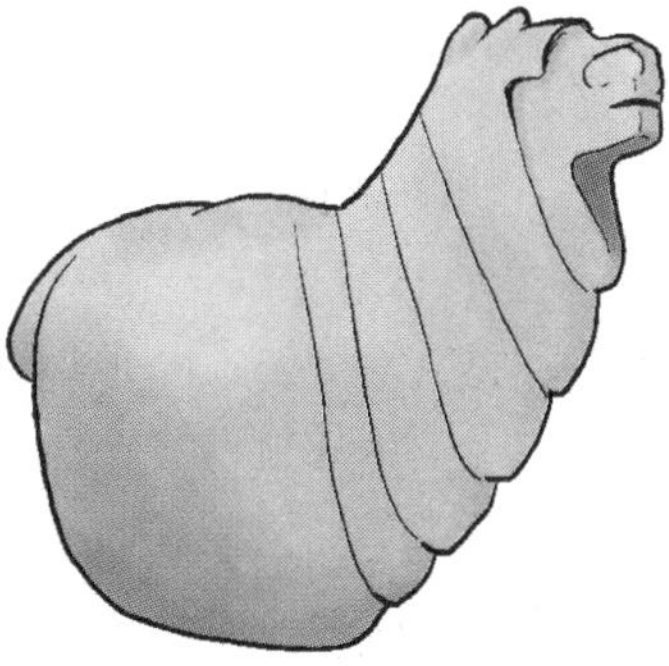

**黒いアルパカのイリャ**

イリャとは儀礼に使う呪物。アルパカは毛織物を作るために飼育され、神々に捧げられる生け贄でもあった。アルパカ像も儀礼に使われた。ペルー国立クスコ大学インカ博物館蔵。

インカの信仰

# インカの神話と暦

## ティティカカ湖の創造神、インカの儀礼

### ティティカカ湖に現れた創造神ビラコチャ

ケチュア族の言葉で「ビラ」はインカ人のエネルギーとなる脂や血、「コチャ」は湖を表し、全知全能の意味を持つと形容されている。「海の泡」の意もある。

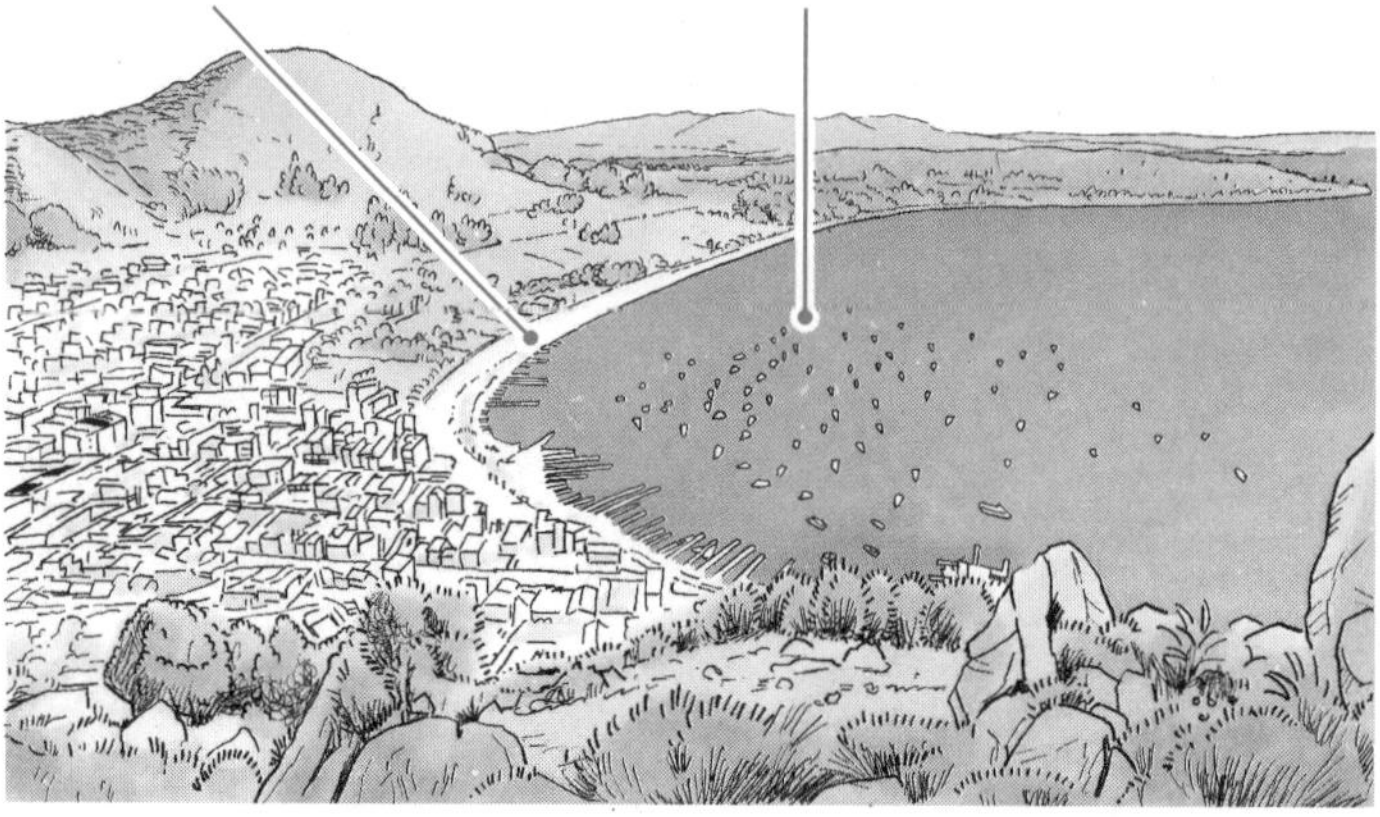

コパカバーナの美しい海岸。標高3800mを超えている。
ティティカカ湖は現在のペルーとボリビアの国境にある。
「太陽の島」は画面右奥の方向にある。


**ティティカカ湖の町、コパカバーナ**
コパカバーナのカルバリオの丘から望むティティカカ湖。町の北北西方向約15kmに、小さな遺跡の点在する「太陽の島」がある。

インカの創世神話では、太陽神ビラコチャが世界の創造神である。彼は最初に天と地を創った。後に創った人間を闇に閉じ込めたが、彼らが不誠実を働いたため、石にした。次にビラコチャはティティカカ湖畔のティワナクに現れ、太陽と月と星を創った。そして人間の見本を石で作り直す。それを従者に与え、各地の湖や泉、洞穴などから生み出させた。*

国家の起源神話としては、太陽が自分の息子と娘を人間に遣わしたという神話がある。二人は北に向かい、金の笏《しゃく》が地中に沈む場所を探していた。クスコ近くのワナカウリの丘で金の笏を投げると、それは地中に沈んでいった。二人はクスコを都とし、インカの礎を築いたという。これが初代インカ王のマンコ・カパック（兄）と、ママ・オクリョ・ワコ（妹）の出自であったとされている。

太陽以外には、月（ママ・キリャ）、星、雷（イリャパ）、虹（生命の象徴）などが神聖視されていた。

*ビラコチャ自身も人間を創りながら北に向かい、最後にマンタという海岸に到着し、海に消えていったという。

# 年間を通して行われた、国を挙げての儀礼

インカの1年は12カ月である。首都クスコでは暦に沿って年中儀礼が盛大に行われていた。

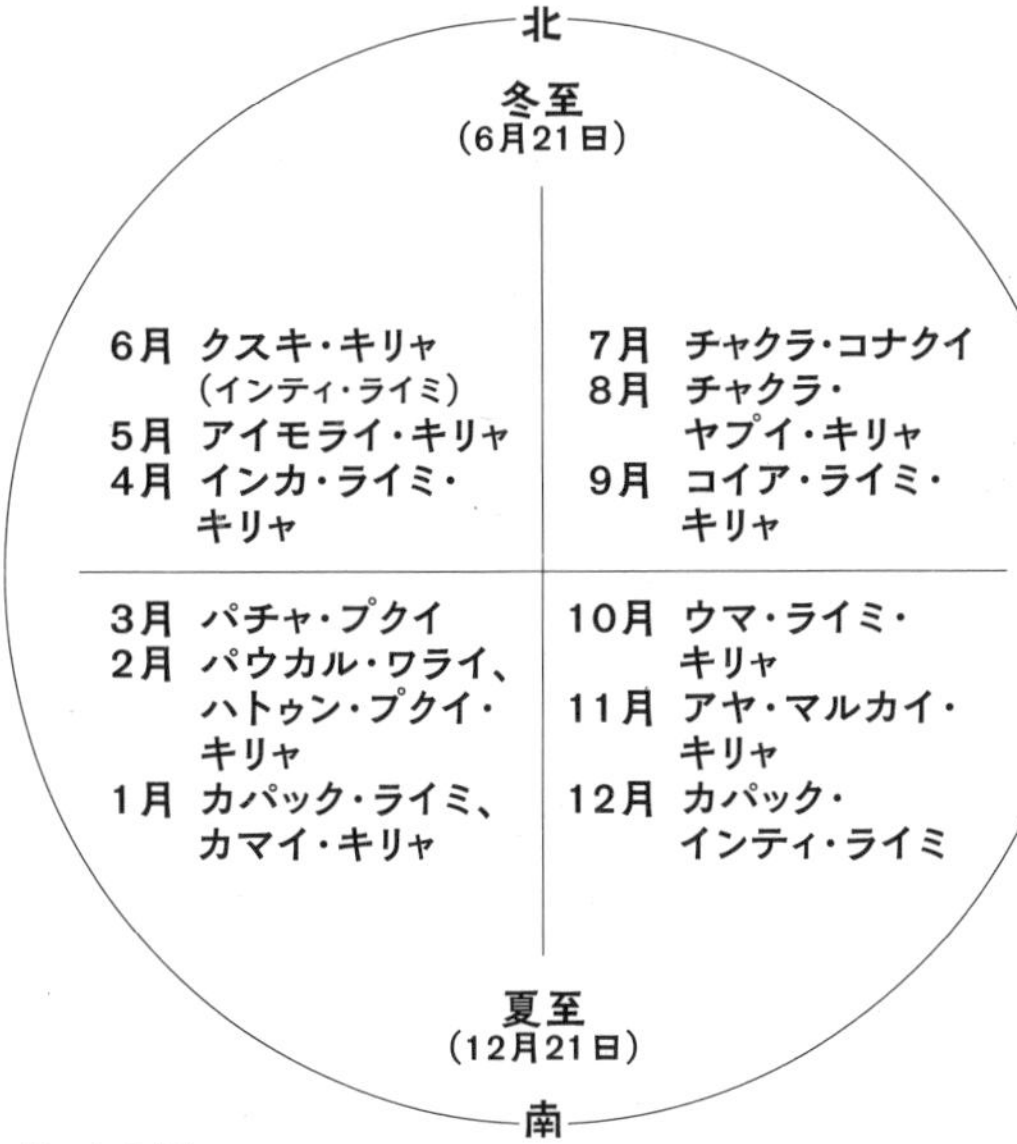
北
冬至
(6月21日)
6月 クスキ・キリャ
(インティ・ライミ)
5月 アイモライ・キリャ
4月 インカ・ライミ・キリャ
3月 パチャ・プクイ
2月 パウカル・ワライ、ハトゥン・プクイ・キリャ
1月 カパック・ライミ、カマイ・キリャ
7月 チャクラ・コナクイ
8月 チャクラ・ヤプイ・キリャ
9月 コイア・ライミ・キリャ
10月 ウマ・ライミ・キリャ
11月 アヤ・マルカイ・キリャ
12月 カパック・インティ・ライミ
夏至
(12月21日)
南

**インカの暦**

インカの1年は12カ月からなり、暦月と月は同じ呼び方がされ、ケチュア語でquilla(キリャ)と言っていた。なお、各月の名称は記録者によって大きく異なり、ここではグァマン・ポマ(Guaman Poma)の記述に沿って月の名称を記した。インカの暦の基準となるのは、6月の冬至と12月の夏至に行われる儀礼である。この他、春分の9月に行われるシトゥアの儀礼を含めて「三大儀礼」とされる。2月～4月は儀礼がなく、農耕に専念した。暦月の年首を5～6月とするもの、12月とするもの、また、カトリックの1月とするものなどが挙げられるが、太陽暦と太陰暦の調整やうるう月に関する記録が存在しない。

**インティ・ライミ**
**[太陽の祭典](冬至・6月)**

6月は収穫後の休息月。インティ・ライミの日、インカ皇帝がチチャを飲み、また、悪魔がチチャを太陽神に手渡している。グァマン・ポマ画(部分)より。

**カパック・インティ・ライミ(夏至・12月)**

成人儀礼ワラチコが行われた。王の後ろにいる人たちは楽器を演奏している。ワラチコとは、初代王の苦難の旅を模倣した成年儀礼。徒競争や鞭打ちなどを経て「ワラ」と呼ばれるふんどしが与えられ、貴族は耳飾りの着用が許された。

## TOPICS

### クスコ最大の祭礼インティ・ライミ

太陽神の祭りインティ・ライミは冬至の6月に行われる。クスコの冬至は最も昼が短く太陽が低い。これを太陽が最も弱っていると考えた。なお、クスコは南半球にあるため、北半球とは季節が反対になる。太陽が弱ると王権も衰弱することになってしまう。そこで、太陽の復活を祈願する祭祀が行われた。王は一度クスコを離れ、冬至を過ぎて太陽神とともに戻ってくる。元気を取り戻し若返った神と王権の健在ぶりを示していたのだ。南米三大祭りの一つとして、現在もクスコの北の丘陵サクサワマン遺跡で大規模な祭礼が行われている。

column

# インカ王と貴族のファッション

## 王や貴族は金や羽毛の頭飾りに豪華な衣装、庶民はチュニックにポンチョ

王は装飾の施された衣装を着ていた。唯一インカ王だけが身につけることができたものは、金の縁や羽毛のついた「頭飾り」であった。胸には太陽神が彫刻された黄金の盾。コートはトルコ石のモザイクがつけられ、靴は革と毛皮でできていた。リャマなどの動物が使われたと考えられる。

王が移動する際は天蓋のついた輿に乗り、道は常に浄められた。王に謁見する人は荷物を背負い、王に背中を向ける決まりがあったという。

貴族の大半は王の血族であり、婚姻による親族で構成されていた。王に準じた贅沢な衣装を身にまとい、ヘッドバンドやペンダントなどを与えられた。

一般的な男性の服装はふんどしにシンプルなチュニックで、1枚の布を二重にして両脇を縫い合わせた。

金の縁や羽毛のついた頭飾り
太陽神が彫られた盾
随所に金や宝石
トルコ石などの宝石のついたコート
革と毛皮でできた靴
最高級のウール素材
コレケンケ鳥などの羽毛を身につけることもできた
金や宝石で装飾


**インカ王のファッション**
豪華な衣装に身を包み、顔や腕、脚などにペイントを施していた。

**インカ貴族のファッション**
最高級の毛織物による服で、金や宝石の装飾も施されていた。

## 参考文献


- 青山和夫著（2007）『古代メソアメリカ文明　マヤ・テオティワカン・アステカ（講談社選書メチエ）』講談社
- 青山和夫著（2012）『マヤ文明　密林に栄えた石器文化（岩波新書）』岩波書店
- 青山和夫著（2013）『古代マヤ石器の都市文明（増補版）（学術選書／諸文明の起源）』京都大学学術出版会
- 青山和夫編、井上幸孝、坂井正人、大平秀一著（2023）
『古代アメリカ文明　マヤ・アステカ・ナスカ・インカの実像（講談社現代新書）』講談社
- A・レシーノス原訳、林屋永吉訳（2016）『マヤ神話　ポポル・ヴフ（中公文庫）』中央公論新社
- 網野徹哉著（2008）『興亡の世界史 12　インカとスペイン帝国の交錯（講談社学術文庫）』講談社
- アントニオ・アイミ著、井上幸孝日本語版監修、モドリュー克枝訳（2020）
『マヤ・アステカ文化事典』柊風舎
- 市川彰著（2023）『メソアメリカ文明ガイドブック（シリーズ「古代文明を学ぶ」）』新泉社
- 岩崎賢著（2015）『アステカ王国の生贄の祭祀　血・花・笑・戦（刀水歴史全書）』刀水書房
- 大貫良夫、加藤泰建、関雄二著（2010）『古代アンデス　神殿から始まる文明（朝日選書）』朝日新聞出版
- 嘉幡茂著（2020）『図説 マヤ文明（ふくろうの本）』河出書房新社
- カルメン・ベルナン著、阪田由美子訳（1991）『インカ帝国　太陽と黄金の民族（「知の再発見」双書）』創元社
- 木村秀雄、高野潤著（2015）『インカの世界を知る（岩波ジュニア新書）』岩波書店
- 譽田亜紀子著、寺崎秀一郎監修（2023）
『知られざるマヤ文明ライフ　え？マヤのピラミッドは真っ赤だったんですか!?　生贄だけじゃない！』

誠文堂新光社
- サイモン・マーティン、ニコライ・グルーベ著、中村誠一監修、長谷川悦夫、徳江佐和子、野口雅樹訳（2002）
『古代マヤ王歴代誌』創元社
- 実松克義著（2000）『マヤ文明聖なる時間の書　現代マヤ・シャーマンとの対話』現代書林
- 実松克義著（2003）『マヤ文明　新たなる真実』講談社
- 実松克義著（2010）『アマゾン文明の研究　古代人はいかにして自然との共生をなし遂げたのか』現代書館
- 実松克義著（2016）『マヤ文明　文化の根源としての時間思想と民族の歴史』現代書館
- ジェフ・ストレイ著、駒田曜訳（2009）『古代マヤの暦　予言・天文学・占星術』創元社
- 関雄二著（2015）『古代文明アンデスと西アジア　神殿と権力の生成（朝日選書）』朝日新聞出版
- 関雄二著（2017）『アンデス文明　神殿から読み取る権力の世界』臨川書店
- 染田秀藤著（1998）『インカ帝国の虚像と実像（講談社選書メチエ）』講談社
- 高橋均、網野徹哉著（1997）『世界の歴史18　ラテンアメリカ文明の興亡』中央公論新社
- 高山智博著（1979）『アステカ文明の謎　いにしえの祭り（講談社現代新書）』講談社
- 寺崎秀一郎著（1999）『図説 古代マヤ文明（ふくろうの本）』河出書房新社
- 土方美雄著（2005）『マヤ・アステカの神々（Truth in Fantasy 69）』新紀元社
- フランクリン・ピース、増田義郎共著（1988）『図説インカ帝国』小学館
- マイケル・D．コウ著、加藤泰建、長谷川悦夫訳（2003）『古代マヤ文明』創元社
- 増田義郎、青山和夫著（2010）『古代アメリカ文明　アステカ・マヤ・インカ（世界歴史の旅）』山川出版社
- 松本亮三編（1995）『時間と空間の文明学 I —感じられた時間と刻まれた時間—』花伝社
- メアリ・ミラー、カール・タウベ編、増田義郎監修、武井摩利訳（2000）
『図説マヤ・アステカ神話宗教事典』東洋書林
- 森谷公俊、鶴間和幸、中村誠一監修（2022）『古代遺跡大図鑑（Newton大図鑑シリーズ）』ニュートンプレス
- 柳谷杞　郎著（2000）『写真でわかる謎への旅　マチュピチュ』雷鳥社
- 山本紀夫著（2011）『天空の帝国インカ（PHP新書）』PHP研究所
- リチャード・F．タウンゼント著、増田義郎監修、武井摩利訳（2004）『図説アステカ文明』創元社

**監修／実松克義（さねまつ・かつよし）**
立教大学名誉教授。宗教人類学者。中南米の文化、シャーマニズム・古代の伝統と英知、および古代文明を主な研究分野とし、主に南米アンデス、アマゾン地域、中米マヤ地域でフィールドワークを行なう。主な著書に『アンデス・シャーマンとの対話』『マヤ文明―文化の根源としての時間思想と民族の歴史』『アマゾン文明の研究』（現代書館）など。

**三千年以上続いた謎多き文明のすべて**
**古代マヤ・アステカ・インカ解剖図鑑**
2024年7月19日　初版第一刷発行

監修者　実松克義
発行者　三輪浩之
発行所　株式会社エクスナレッジ
〒106-0032　東京都港区六本木7-2-26
https://www.xknowledge.co.jp/

問い合わせ先　編集　Tel　03-3403-6796
Fax　03-3403-0582
info@xknowledge.co.jp
販売　Tel　03-3403-1321
Fax　03-3403-1829